JN409247

잊어버린 여행

세계의 오지를 가다

장 한 기

머리말

잊어버린 여행

– 세계의 오지를 가다 –

내가 아침저녁으로 걷고 있는 경복궁 전철역 서울 경찰청 전광판에는 "사람이 하루에 세시간만 걸으면 20년이면 온 세계를 다 걷는다."고 나온다.

그리고 얼마 전에 읽은 저 프랑스의 기자출신 베르나르 · 데 · 올리비에는 나이 60을 넘어서도 누구나가 가기 어려운 그 멀고도 아득한 때로는 무서운 들짐승과 가재 거미 등이 나오는 그 길을 터키에서 출발 중국 서안까지 걸었던 여행기, 「나는 걷는다」를 읽은 적이 있다.

때로는, 뱀도 야수들도 나온다는 그 멀고도 아득한 사막의 길—

나는 본래 산 중에서 태어났기 때문일까?

어려서도 커서도 걷기를 좋아한다. 뿐만 아니라 내 어렸을 적 어느 날, 이웃마을 어느 신수쟁이아저씨는 내가 저녁하늘에 떠가는 저 비행기를 보고, 이를 부러워하자 “자네는 앞으로 저 비행기를 타고 온 세상을 돌 팔자”라던 그 말이 지금도 생각난다.

지금에 와서 생각해보니, 그는 일자무식에 그냥 떠돌며 그저 남의 신수께나 봐주는 사람이었지만, 그때 그 말이 어쩌면 반은 적중했다라고 생각된다. 그리고 또 지금에 와서 생각해보면, 나는 말띠해인 경오(庚午)해에 태어나서 말과 승마도 좋아하고, 또 말처럼 살아왔다. 아니 어쩌면 또 말처럼 천방지축으로 살아온 사람인지도 모른다. 그래서 나는 일찍 고향(경북 울진) 산골 마을에서 초등학교를 마치자 중학은 서울의 수의 축산과(京農, 현 서울시립대)를 갔었고, 대학에서는 국문학을 전공한 나는 일찍 교직에 몸담으며 틈 날적마다 나는 국내 아니가본 산이라고는 거의 없을 정도로 많은 산을 오르고 국내 여행을 즐겼었다.

뿐만 아니라, 내 태생이 본래 시골첩첩산중이라서 인지는 몰라도 나는 항상 한갓진 산이 좋았고, 걷기 또한 좋아한 사람이었다. 그때는(1940~50년대) 차도 길도 험하던 시절, 나는 고향에서 서울로 오자면 적어도 3일은 소요되었다.

울진에서 영해, 영덕까지 때로는 걸어서 왔고, 포항에 와서야 기차를 타고 서울 유학을 올 수 있는 시절이었다. 때문에 나는 걷는데 이골 난 사람이다. 그리고 지금도 내 성가후로는 산이 좋아 세검정이 골짜기를 떠나 살아본 적 없고, 내 재학시절 썼던 처녀 희곡 「산골」(1막2장)도 내 출생지 산골마을 이야기를 썼던 작품이며, 이 책에 나오는 타골의 「우체국」과, 노르웨이 뵤른솔의 「아르네」도 모두가 내 어렸을 때의 산골마을을 연상케 하는 작품들이었다.

나는 시골산골의 그 순진 순후함이 좋고, 뿐만 아니라 그 때묻지 않은 자연과 인심들을 사랑하고 있기 때문인지도 모른다. 그래서 이 글 거의 모두가 그 순후 순박한 자연에서 자연을 동경하며 다녔던 내 나름의 감상문임을 솔직히 밝혀둔다.

지은이 장한기

경오년 말띠해인 2014년 1월

광화문 薪谷齋에서

차례

멕시코와 카리브해의 낭만

어느해, 5월의 멕시코 관광과 마야의 유적을 찾아서

멕시코 5월의 태양은 참 따갑다. 그들의 열정이 베어나는 계절이다. 그들은 오랜 옛날부터 이 열사의 땅에 해와 달의 신전을 짓고 일월을 숭상함은 물론, 천체를 관측하며 살아왔다.

그들의 옛 수도였던 아즈테카의 테노치틀란은 16세기까지도 분지로 둘러쌓여 호수 한가운데 위치해 있었다고 한다.

허나 지금은 호수는 간데없고 많은 빌딩과 그 사이 넓은 길마다 관가와 상가들로 매워져있고 길에는 수많은 세계의 많은 차들이 질주하고 있다.

16세기 초반, 세계는 힘센 왕조들의 등장과 이합집산으로 서구제국들이 숨가쁘게 돌아가던 그 시절, 스페인과 포르투갈은 프랑스와 이태리 그리고 영국을 앞질러 중남미의 땅에 식민제국을 건설하는데 여념이 없었다.

1492년 콜럼버스가 대서양에 면한 현재의 쿠바와 산토밍고를 인도땅으로 잘못 오인했고, 피사르의 중남미 상륙이 포르투갈에 뒤지고 있을 때, 스페인에서는 더 없는 행운을 맞게도 된다.

이 때, 스페인의 침략자 코르데스가 아스데카 점령에 이어 그 나라의 피사로가 잉카제국에 상륙하면서 스페인은 항상 경쟁적이든 포르투갈 콤플렉스에서 벗어나 금과 은 담배로 이들을 유혹한다. 그러나 멕시칸들은 무자비한 정복욕에 사로 잡혀있는 그들을 구원의 신으로 착각, 이들을 받아들이게 되었으니, 그들이야말로 수세기를 거치면서 마야와 아즈테카의 혈통에 새어미로 들어온 백인의 피를 마구 뒤섞어 버린 격이 되고야 말았다.

그때가 1521년, 스페인군에게 정복 1810년까지 300년간을 스페인의 지배가 계속 된다. 그 후 반란으로 1721년 스페인의 치하를 벗어나 독립, 1887년 Diaz(디아스)장군의 혁명으로 그가 대통령에 취임재직 30년간, 선정으로 황금시대를 맞으며 자본주의 국가로서의 기반을 닦는다. 그러나 1911년의 혁명과 잇따른 내란으로 1934년까지 23년간에 19회의 대통령 경질이 있었다.

그 후 코르티네스(Cortines)가 급진적 사회주의를 주창했으나 실패하자, 1940년 카마초(Camchyo)대통령의 자본가 옹호정책을 시행, 2차대전때 미국에 협력, 일본, 독일, 이태리에 선전한다. 그리고 1950년 우리나라 한국전쟁 때(6·25), UN군으로 참전한 나라이다.

내가, 이 나라에 첫 발을 들여놓게 된 때는 2006년 5월5일, 멕시코 항공 975편이었다. 시간으로는 이틀 전 서울을 떠나 미국 LA에서 잠시 내렸다가 다시 이 비행기에 올랐다.

12시 조금 지나 로스엔젤레스를 떠난 항공기는 그 아름다운 미국 샌디에고를 지나는가 싶더니 곧 바다 위를 나른다.

눈 아랜 삼각 돛단배, 바다는 창황하다.

흰 백사장 모래위에도 집들이 점점하다.

이들은 무엇을 먹고 살아갈까? 그 모래 뻘 위로 푸르게 자를 잰 듯, 모난 것이 농지일까?

집들은 뵈질 않는데 전지가 깔려있다. 모래산과 많은 산들이 보이나 나무라곤 없다.

강줄기는 구불구불 길은 마냥 곧다. 그 위로 뭉게구름 피어난다.

잠시 후 사방으로 산으로 둘러싸인 그 분지위에 멕시코시티가 전개 된다.

인구는 2,000만? 과연 대단한 도시라고 생각된다. 활주로가 그 도시 한가운데로 뻗어 있다.

출찰구에선 내리는 사람, 맞는 사람들이 그 볼에 뽀뽀하고 입 맞추는 소리. 그 소리 속에서도 반가운 이에겐 꽃을 주고 서로 받는 사람들. 한눈에도 정겹고 정열적인 사람들 같다.

마중 나온다는 안내인을 우리는 기다려야만 했다.

제 2일째인 5월 5일 화요일

어젯밤 공항에서 Westin Gallenia plaza Hotel로 오는데, 길에선 아이들이 차를 막고 서서 돈 달라고 야단들이었다.

오늘 이곳에서 오전의 일정은 멕시코씨티 관광으로 우선 〈소깔로 광장〉과 대통령궁, 그리고 〈까데트랄 성당〉이라고 했다.

나는 내 나라에서의 습관처럼 일찍 눈이 뜨이자 혼자서 거리로 나온다.

그리곤 지도를 펴들곤, 1918년에 지어졌다는 〈아펠탑〉으로 간다. 일명 천사의 탑으로도 불리는 이탑은, 1985년대 지진으로 한때는 붕괴 상태였다곤 하나, 지금은 그런대로 제 모습을 유지하고 있다. 그리고 이 곳 〈레·프로마〉거리라고 했든가? 동서로 이어지는 이 거리는 프랑스의 상제리제 거리를 모방하였다고 하는데, 그곳엔 아스텍의 마지막 전사의 한 동상이 우람도 하다.

다시 남과 북을 잇는다는 거리 〈인스렌테스〉거리로 나온다.

많은 차들이 붐비고 있었다.

이곳에서 멀지 않은 곳에 1521년, 지진으로 말미암아 우로 64cm나 기운, 일명 기적의 성당으로도 불리 우는 〈과다롯베 ·바시락〉 성당이 있다.

이곳은 일명 기적의 성당으로도 불리 우며, 그곳에선 무릎 끓고 기어서나 다니는 곳이라고 한다.

주인 없는 개들이 여기저기 누워있다.

발원에 의해, 성모를 처음 봤다는 이곳이기도 하단다. 이곳에는 여덟 개의 예배당이 있다. 그 위로는 바로크 형태도 있다.

무게를 못 이겨 성당은 약간 기운 듯도 한데, 사람들의 신심은 계속 이어져 오고 있단다.

그 앞쪽 돌담들엔 특이한 우리나라 철쭉을 닮은(붉은)넝쿨 꽃이 핏빛으로 곱다.

한곳에 이르니, 목각 인형시계 같은 나무 상자 안에도, 성모마리아며 예수의 십자가, 그리고 철로 만들어진 성모상도 거기에 있다.

그 앞엔 인간의 환희와 기구, 그리고 기악이 연주되고 제물이 바쳐져 있다.

〈후안디에고〉 라는 한 청년이, 백부의 병을 고치기 위해 약초를 캐다가 성모마리아를 만났다는 이야기. 그리고 1531년 12월 12일 성모께 요리를 바치는 이야기 등. 옛 그들의 역사를 담은 많은 조각들을 본다.

나는 이곳에서, 우리 동양뿐만 아니라 어느 종교에서건 신과 조상 앞에 제물을 놓는 풍습을 확인도 한다.

이곳 본당에서는 아침 예배가 한창이었다.

이 나라에 천주교가 들어온 시기를 물었더니, 누군가 1492년이라고 일러준다. 이곳에는 우리나라 수녀들도 파견되어 와 있다고 한다.

다시 늦게서야 Hotel로 돌아온, 나는 일행들과 함께 이 도시 중심가인 〈쏘칼로광장〉으로 나온다. 대통령 궁과 〈바시락성당〉 앞을 지나 국립박물관, 중앙우체국을 지나 그 큰 길과 광장 시가지로 나오며 많은 것을 구경한다.

라틴아메리카에서도 가장 아름답고 발달한 도시. 과거엔 호수 아래 있던 도시였다는 이 도시가, 이렇게도 변화할 수가? 마치 프랑스의 샹제리제 거리를 방불케도 한다. 아닌 게 아니라 이 거리는 그 샹제리제 거리를 모방하였다고 한다. 그 곳 국립은행, 국립극장, 국방성, 그리고 산타마리아사원들을 차례로 돌아본다.

많은 상점들엔 고가의 견직물, 금은보석과 도기, 모자 피혁, 의류 등 많은 것들이 진열되어 있다. 모두 고가품들이다.

그러나 이 도시야말로 세계에서 가장 공해가 심하다는 도시 멕시코시티. 그 이유는 분지 탓이라고도 하는데, 시 인구 2천2백만이라니 그럴 만도 하다.

공항 뒤로는 또 이 도시 유일의 〈떼스꼬꼬호〉가 아직도 잔존해 있는데, 남쪽 쏘치밀크란 곳까지 도시 가운데 노출된 채 연결되고 있다고 한다. 이 호수야말로 그 예전 이 도시가 본래 수중도시였음을 말해주는, 유일한 증거라고 한다.

차도엔 많은 차들이 붐비고 있다. 얼마 전부터 5부제가 되면서 이것도 덜 한편이라고 안내인은 말한다.

〈전설로 남은 옛도시 테노치틀란〉과 이 나라 역사

이 도시야말로 원래가 그들 아스떼카의 시대에는 호수위에 떠있든 〈테노치틀란〉이란 도시였다고 한다. 16세기 스페인이 이 나라를 지배하기 이전, 이 곳의 풍경을 어느 신부는 이렇게 묘사하고 있다.

"호수 한가운데 떠 있는 수도 테노치틀란은 그야말로 환상의 도시였다. 사통오달로 뚫린 넓은 도로와 운하를 끼고 즐비한 6만 채가 넘는 벽돌집, 더더욱 놀랍게도 멀리 지평선 너머로 또 다른 도시들이 아지랑이 속에 잠들어 있다. 석조의 높은 탑과 건물들이 모두 물속에서 이제 막 솟아오르고 있는 듯도 하다. 이게 다 꿈은 아닐런지? ”

이 얼마나 환상에 찬 예찬일까?

〈테노치틀란〉의 어느 피라미드 꼭대기에서 바라 본 그때의 풍경을 회상한 글이었다.

또, 이곳을 처음 점령했던 스페인의 한 장군 코르테스가 그의 고향 〈안달루시아〉로 보낸 편지에도 다음과 같이 적고 있다.

“이 도시는 너무도 웅장하고 아름다워, 말로서 표현하기조차 어렵다. 우리의 그라나다 보다 웅장하고, 그라나다 보다 강건한 방어시설을 갖추었으며, 건축물과 주민의 수도 그라나다 보다 많았다.” 고 적고 있다.

나는 이것을 읽으며, 이 나라의 그 평화롭던 그 예전을 떠올리며 오늘의 현실, 어젯밤 이리로 들어오는 길가에서 초라한 아이들이 쫓아 나와 원 달러를 절규하던 그 모습을 비교해 본다.

그러나 16세기 스페인의 식민지로 전락한 이후, 그 호수를 메워 버렸기 때문에 현재와 같은 분지로 남아 있다.

이 〈아스때카〉도시에 있던 많은 건축물들은 지하에 그대로 묻히고 말았으며, 그 지하에 그 옛날 〈아스때까〉의 도시가 그대로 잠들어 있다고 한다.

이 거대한 유적위에 현재의 멕시코시티가 있는 것이다.

일찍이 이곳을 정복한 스페인의 정복자들은 이 곳, 연안 지방은 너무나 더워서 일을 할 수 없었기 때문에, 식민지의 본거지를 이 곳, 해발 2,200m의 고지 위에 멕시코시티로 정하였다는데, 그 시대의 훌륭한 콜르니엄 건축물들이 바로 이 〈쏘칼로, 산·앙헬, 요꼬아깐〉들에 많이 많이 남아있다고 한다.

청바지에 양장, 히피차림에 외제차를 굴리고 있는 것은 우리와 다를 것이 없다. 이는 세계의 풍조를 반영하고 있음이었다.

그러면서 한편, 그들은 수 천 년에 가까운 오랜 세월, 밀림과 황폐 속에 잠자고 있는 유적들의 소중함을 깨닫고, 지금 정부 차원에서 이를 발굴해 나가고 있다.

〈떼오띠와깐으로〉

시가지를 벗어나자 산위에는 서민들의 주택들이 볼품없다.

모두가 판자촌, 그러나 듣자하니 수도와 전기도 산상마을에 공급되고 있다고 한다.

도로가엔 많은 잡목들이 숲을 이룬다.

멀리 지평선으로 산들이 우거들고 가로수는 주로 버드나무인데, 그 등성이마다 식용선인장들이 말뚝처럼 서있다.

아직도 이곳은 봄이 일러서일까? 빈 밭들이 많다. 〈떼오띠와깐〉이란 곳은 멕시코시티에서 북쪽 약 50km 지점에 있다고 한다.

이곳에 세워진 〈떼오띠와깐〉의 피라미드들은, 모두가 기원전 2세기경으로 추정되며, 당시 이곳은 라틴아메리카 최대의 도시국가였다고 한다. 그리고 이 거대한 피라미드를 건설한 것은 이 또한, 〈떼오띠와깐〉으로 불리는 사람들이었다고 한다.

그러나 그때, 이들은 도대체 어디에서 온 사람들인가에 대해선 아직도 수수께끼로 남아있다.

뿐만 아니라, 어떤 이들은 이 아메리카 대륙 끝이기도 한 멕시코의 많은 섬들을 거쳐 〈파나마〉, 그리고 그 운하를 지나 남미 안데스 산맥을 끼고 있는 저 페루의 산상도시 〈마추픽추〉의 유래처럼 이곳,

해의 신전

떼오띠와깐은 그 알 수 없는 그 어떤 묘연한 생각도 들게 하는 곳이기도 하다.

그러나 많은 사람들의 전하는 바에 의하면, 이곳 〈떼오띠와깐〉의 문명은 멕시코분지를 중심으로 A.D 350년에서 650년 사이 번영의 절정에 있었다고 한다.

도시 면적은 20만 제곱미터를 상회하진 못했으나, 인구는 20만 이상으로 추정되고 있다.

이를 당시의 유럽 국가들과 비교해 볼 때, 유럽에서는 〈콘스탄티노플〉을 제외하곤 인구, 20만이상의 도시를 찾기 어렵다.

이 한 가지 사실만으로도 이곳이, 그 얼마나 큰 도시였는가를 짐작해 볼 수가 있다.

그들이 이룬 모든 정치형태는, 행정을 관할하는 신관을 정점으로 군인과 상인들이였으며, 최하층의 장인들도 직종에 따라 각 지구별로 나뉘어 살고 있었다고 한다.

그리고, 신관직에 있는 사람들은, 잠시도 쉬지 않고 〈피라미드〉 건설을 독려했고, 종교제례를 정확하게 치루기 위한 수학과 천문학의 지식을 탐구하고 있었다고 한다.

후일, 폐허가 된 이 〈떼오띠와깐〉, 아스떼까인들은 이 벌판 위에 선 장엄한 피라미드 군을 보고, 이것이야말로 신들이 이룬 도시라고 믿고, 그들 우주관이라고 할 수 있는, 〈태양과 달의 신화〉의 무대로, 삼았었다고 한다.

얼마를 달렸을까? 드디어 전면에 두 개의 피라미드, 〈해〉와 〈달〉

의 신전이 동시에 나타난다.

그 높이, 태양의 신전은 65m, 달의 신전은 48m라고 한다. 허허한 벌판위에 그 모습도 마냥 허허롭다.

지금 이곳은, 식용 선인장의 산지로, 이달고주에 위치하고 있다.

당시 사람들은 이 두 개의 피라미드, 〈해〉와 〈달〉의 신전을 짓고 신과 가까이 하기 위해 이를 조영했었다고 한다.

멕시코시티에서 북쪽 약 50km 지점에 위치하고 있다. 그 건축연대는 대강 기원전 2세기경으로 추정하고 있다.

그 당시, 라틴아메리카 중 최대의 도시국가였던 이곳에, 이 거대

달의 신전

한 피라미드를 건설한 사람들은 〈떼오띠와깐〉이라 불리는 사람들이었다고 한다.

그러나, 그들은 의문의 쇠퇴와 함께 어디론가 사라졌다니, 이는 부유하는 우리의 인생과 무엇이 다르며, 전기 페루의 마추픽추의 주민 그리고, 그 공중 폐허의 도시와 그 무엇이 다르겠는가?

이 곳 떼오띠와깐의 문명은 멕시코분지를 중심으로 AD 350년에서 650년, 그 사이에 번영의 절정을 이루었다니, 나는 이 곳, 이 두 신전 외엔 아무것도 남은 것이 없는 허허로운 이 벌판 위에 서서 망연자실 나를 잊고 있었다.

마치 멀리서 보면, 이 황폐한 들판은 우리나라 경주와 부여의 옛 성터와 무덤들을 떠올리게도 하는데, 그 높이가 태양의 신전은 65m, 그리고 달의 신전은 48m라고 한다.

안내인을 따라 우선, 그의 설명에 귀 기우린다.

태양의 신전 높이는 65m, 달의 신전은 48m, 〈이달고〉주에 위치해 있으며, 이곳은 식용선인장의 산지로도 알려져 있다고 한다.

내부의 돌담들은 전부 돌에 회벽을 섞어 그 사이사이 마다 철골이 베어나 있다.

그 예전 〈띠오떼와깐〉의 제사장이 살았다는, 피라미드 뒤쪽 공간에는 원주민이 살던 우물도 있다.

이 피라미드 서쪽에는 당시 지배층들의 식당 터가 발굴되어 있고, 그곳엔, 또 1968년 멕시코 올림픽 당시의 모습을 새긴 현대의 부조물도 남아있다.

신전 벽에는, 깃틀 달린 용의 모습이 새겨져 있고, 이 피라미드 전체를 휘감아 돌고 있다. 벽에는 아직도 낡은 단청들이 그대로 있다.

서쪽으로는 당시 지배계층들의 식당 터였던 그 발굴 자국이 보이는데, 발굴 그 이전에는 밭으로 방치되어 있었다고 한다.

이곳엔 1968년 멕시코 세계 올림픽 당시의 잔해들도 볼 수가 있다.

11시경, 이곳의 상징인 〈태양과 달의 신전〉으로 옮겨간다.

오랜 옛날 피라미드 위에 새로운 피라미드로 장식되고 있다.

본래는 AD, 5세기경에 조영되었고, 태양의 신전은 256계단으로 점차 줄어들고 있다는 만큼, 훼손도 심하다.

중간쯤 숨차게 올라 전면을 바라보니 마치, 몇 년 전 이스라엘의 〈예루살렘〉으로 갔을 때의, 그 성지를 보듯 나무숲들이 얕게 깔려 들과 구릉을 덮고 있다.

저 맞은 쪽 산위에는 푸르고도 하얀 깃발, 무엇을 상징하는 걸까? 그 분지가 마냥 넓기만 하였다.

우측엔 비스듬히 〈달의 신전〉이 마주보고 있다. 오르기는 해도 더 힘들다고 말한다.

나는 또 일어나 오르기를 시작한다. 숨이 차고 다리도 뻣뻣해 온다.

돌층계와 벽체는 모두가 화석암으로 붉고도 검다.

그 돌들 사이사이엔 잔돌들로 점을 매우고 있다.

층층마다 돌아볼 겨를도 없이 정상에 오르자 이 올랐다는 감회밖

엔… 피로에 쌓인 채 망연자실,

다만 1300년 전의 그때를 더듬을 밖엔, 아무것도 나에겐 아는 것

떼오띠와깐의 폐허에 서서 신근재교수와 함께

이 없었다.

사람들은 저 멀리 북미 혹은, 유럽각지에서 온 관광객들로 차림새도 형형색색. 가파르고 또 가파른 이 계단을 쉼 없이 따라 오르고 있었다.

정오가 되자 어디선가 울려오는 큰 대포소리, 이 곳 정오를 알리는 울림이라고 한다.

몸은 지쳐 있었지만, 〈태양의 신전〉을 내려 온 나는, 이어서 또 〈달의 신전〉으로 발걸음은 옮겨지고 있었다.

나는 〈해의 신전〉을 내려와, 또 〈달의 신전〉을 향해 갔다.,

언제 다시 이곳을 밟을 수 있을까? 중간계단 위에서 사방을 굽어보니, 그 나름의 감회가 또 다르다.

정상은 3,627계단, 나는 완등에 성공했다.

전방 일직선 위엔 그 큰길이 넓고도 황량하다.

이 성을 조영하는데, 하루 500명을 동원 할 경우 1000년이 걸린다는 계산이 나온다.

고대 인간들의 무궁한 노력과 그 신념들이 깊었기에, 오늘의 이 과학 문명도 생겨날 수 있었을 거란 생각도 들게 한다.

일행은 다시 서둘렀다. 오늘 저녁 7시 〈캉쿤〉으로 가는 비행기를 타기 위해 …….

기상에서 본 멕시코씨티-, 정말 넓고도 광활하다.

캉쿤에서의 하루 〈5월6일〉

어젯밤 기상(비행기)에서 본 〈캉쿤〉의 그 야경은 많은 조명등으로 그야말로 불야성이었다.

섬은 섬과 섬으로 이어지고, 한일자로 연결되어 있다. 계기의 소음이 적어지며 귀가 멍멍해 오더니 〈캉쿤〉으로 내린다.

잘 다듬어 놓은 한밭 뜨기 섬 같은 도시가 바로 이 〈캉쿤〉이란 도시다.

지형 상으로는 남미의 플로리다 반도의 대서양의 바하마, 그리고 '쿠바' 의 아바나를 마주한 지점으로, 그 곳을 〈유카탄 해협〉으로 부르고 있다.

4km, 육지 주변에는 왼쪽으로는 호수와 우측엔 창창한 바다로

둘러싸여 있다. 그 호수의 넓이는 우리나라 여의도의 4배나 된다고 한다.

어젯밤(5월6일) 이곳에서 일박한 일행은 다시, 이곳을 나와 그곳 〈환상의 섬〉으로 간다.

그곳은 〈이즐라무헤레트〉 즉, 출산의 신들에게 제사하던 곳이었다고 한다.

멕시코 캉쿤 해변에서

이곳엔 1988년, 모진 태풍으로 이곳의 많은 유적들이 유실된 곳으로, 현재 배낭족들이 즐겨 찾는 곳이라고 한다.

서핑과 수영, 비치파리솔 등 운동으로, 카리브의 낭만을 마음껏 누릴 수 있는 곳이라고도 한다.

이 섬의 면적은 폭이 3.4km에 길이 9km의 작은 섬 안에는 1만5천의 멕시칸이 거주하고 있으며, 모두가 관광수입으로 살아가고 있다고 한다.

그곳에는 작은 공항도 있다. 먼 바다 빛이 에메랄드빛으로 곱고도 곱다.

이곳엔 강이 없고 산 또한 없다. 없을 수 밖에 없다. 그러나 호텔 앞, 코랄비치가 그렇게 아름다울 수가 없다.

〈이슬렘 ·부해레스〉따라 위쪽, 시청사 앞에는 마야인들이 돌에 조각한 〈출산의 신〉, 몇 조각이 벽에 전시되고 있다.

그 앞에는 망망대해, 석양볕을 받아 7색 무지개빛으로 변하는 바다의 풍경, 이곳에서나 볼 수 있는 유일한 아름다운 풍경들이다.

바람은 시원한데 태양은 아직도 따가웠다.

1517년 스페인의 탐험가 〈코르도바〉에 의해, 이 섬이 처음으로 세상에 알려졌으며, 그를 기리는 그의 동상이 시중 한복판에 서 있다. 그러나 내 눈엔 어쩐지 너무나도 외롭다.

〈캉쿤〉이란, 이 말은 원래가 뱀의 뜻으로, 그 뱀이 마야인을 입에 문 조각이 시가지 한복판에 서 있다.

한 골동품 가게 안에서 이곳 마야인들의 유적과 그들이 남긴 문물들을 감상한다.

그리고, 그들의 생활 풍속을 담은 많은 자료들을 본다.

거기에는 그들이 그림으로, 돌조각에 새겨 놓은 상형문자며, 뱀에 관한 전설, 뿐만 아니라 그들이 제일 무서워했던 뿔 달린 여우가면, 그 빨간 얼굴이 나는 소름끼치듯 무서웠다.

그 외에도 이 나라 사람들의 주식인 옥수수를 들고 있는 인디언, 또 그들의 삼각진 모자, 그리고 아이를 낳는 출산의 풍속도 등, 다양하게 모각되어 있다.

특히 출산의 모조품 중에는 산모와 산아를 지키는 그의 남정네, 이제 막 산모가 아이를 출산하는 모습과 산파역이 있는데, 이들은 모두 신관임이 틀림없는 것이 그의 의관부터가 다르다.

그 옆에는 또 산아를 씻기기 위한 두 사람의 부인네가 물 항아리를 들고 있고, 그에게 물을 따라 주는 또 한 여인이 있다.

더욱 재미난 것은 인간의 원초적 성행위를 20가지 가깝게 질그릇으로 빚어 만든 것들로 그것은 마치, 인도 힌두교도들의 나상조각의 그것들보다 더욱 리얼하게 묘사되고 있다.

그 곳, 컨벤션 센터에서의 만찬

저녁 7시부터 이곳, 컨벤션 센터에서는 만찬 겸 밤 공연이 있다해서 그리로 간다.

스페인의 피를 받아서일까? 이들 무희나 관객 모두들, 누구나 할 것 없이 모두 정렬의 화신들 같다.

관객 중 여인이나 젊은이. 노파 할 것 없이 기악이 연주되자 그 흥을 못 이겨, 온 몸을 뒤 털군 한다.

음악을 사랑하는 국민인 것만도 아닌 것 같다.

흥이 있고, 신명이 있다.

이 곳 사람들의 모습을 보면 대개가 목이 자르고 머리는 크다.

몸통과 엉덩이에 유독 살이 쪄 있고, 팔다리는 그에 비해 빈약하게 말라 있다.

개장과 함께 음악소리, 역시 인디언의 후예인가?

그들은 북미 대륙에서부터 어느 날 갑자기 나타난 백인들에 쫓겨 산을 누비고 골을 지나며 살길을 찾아 헤매던 그런 애수와 길~게 메아리치든 여운의 한스런 소리로 들려왔다.

무대에서 울려오는 소리는 혼자서 뿜는 그 소리가 아니라, 기타고 바이올린이고 그 모든 기악 음들이 하나같이 끝은 높고 길며 그리고 가늘다.

처음은 단순한 농부가인 것 같은데, 길어질수록 길~게 뻗어가는 합창의 메아리도 구슬프고, 그 합창은 더 더욱 어울려 멀리 멀리 번져가는 그런 박자들로 일관한다.

그것은 사람의 소리라기보다 신의 소리, 아니 영혼의 소리로 그곳을 영원히 떠나가는 그런 소리였다.

그럼에도 앞에 여인 한분은 그 흥을 못이긴 듯, 요리를 가져오면서도 엉덩이는 씰룩이고 어깨가 파도친다,

그 소리는 구원의 소리일까? 아니면 구원을 주겠다는 울부짖음일까?

점차 분위기가 짙어간다.

인디언의 나팔소리, 일련의 남녀군무, 이들 인디언의 고유의상들이 멋지다.

현대화는 되었어도 그들의 뛰노는 박자의 울부짖음과, 그 메아리는 살아있다.

그리고 많은 민속무용 중에는 발랄하다 할까?

이는 그들을 지배해 온 스페인화의 상징이었다.

그 소리들은 길고 길어라. 그 소리는 산을 넘고 그 소리는 어디론가 메아리치고 있었다.

술병을 인 플라밍고, 거기의 반주악은 인디언

그 소리! 축제의 소리! 수렵무도 있다.

그곳의 장송곡일까? 처음은 경쾌하게 시작되나, 나중엔 울부짖는 그들의 정열을 본다.

끝으로, 이들 예전의 수렵무를 감상하고는 이곳을 뜬다.

호텔로 향하는 길, 밤거리에서 동행들과 함께 맥주 한잔씩을 나누는데, 그 앞 광장에서는 또 이곳 민속 놀이가 한창이었다. 높은 기둥 위에 밧줄을 매고 노는 우리나라 광대 줄타기와 같은 놀이였다. 거기엔 피리와 북소리, 그리고 울긋불긋하고 화려한 복식에, 탈까지 쓰고 등장하고 있다.

이 곳은(캉쿤)은 본래 관광과 면세지역으로 명성이 높다. 지금으로부터 35년 전 유럽인들에 의하여 관광지로 알려지자 현대식 호텔이 건립되어 오늘에 이르고 있다 한다.

사계절을 맑은 날씨와 에메랄드빛의 이곳 카리브 바다는, 이곳만

이 지니는 특이한 지형과 맞물려 세계적인 관광지로 알려져 있다.

24시간 치안이 안전할 뿐만 아니라 밤거리를 카리브의 동풍과 함께 마음 놓고 다닐 수 있는 관광의 천국이라고 한다,

깨끗한 밤의 월광과 함께 또 많은 위탁시설을 갖춘 곳이 이 곳, 카리브의 장관이라 말하고 있다.

〈5월7일〉- 마야의 유적지 〈뚤름(Tulum)〉으로 -

이 곳 또한 카리브 해안에 위치해 있다.

이 곳 특유의 마야어를 사용하는 민족이 2만 혹은 3만에 이른다고 한다.

늪과도 같은 광활한 대지 위에 많은 잡목과 고사목이 늘어져 있다. 이곳엔 한번 비만 오면 그 수량이 엄청나다고 한다.

길에는 비바람에 씻긴 흙과 돌이 마구 뒹굴고 있다. 온통 땅이 모두 석회가루 같은 바닷모래들로, 흰 돌가루를 뿌린 듯 아름답다. 그 옛날 12세기 이전까지 살던 마야인의 자취가 묻어나는 곳이라고 한다.

그들(마야인)은, 본래 멕시코뿐만 아니라 과테말라 등 각지에 흩어져 있었다고 한다.

그들이 남긴 흔적들은 모두가 너무나 아름다움으로 남아있다. 12세기 마야인의 마지막 생활 상태를 알 수 있는, 유일한 흔적은 오래전 발견된 그들의 무덤안의 광경이라고 한다.

당시 귀족들은 편히 누워서 매장되어 있고, 그 옆에 노예들은 앉은 채로 매장되어 있다.

백옥 같은 모래를 밟으며, 한 돌담 입구로 들어서니 광활한 터전 안에 제단과 회의실이 있는데, 동쪽으론 마냥 푸르고 넓은 바다가 전개되는 곳, 그 곳에 무덤이 있고, 또한 백성들의 생활터전이 그대로 남아있다.

이들은 바다와 함께 바다를 숭상하며 살아왔다고 한다. 이 끝없는 카리브해상에서 그 바닷가 한 바위 절벽에도 이끼는 푸르고, 그 넘어 원주민의 마을은 자취만을 남긴 채 쓸쓸하기 그지 없다.

나는 그 곳 백사장 모래뻘 한쪽 따가운 햇볕아래, 한 무리 지어 피어있는 내나라 얄구꽃(해당화), 그 옆으로 다가가 많은 상념에 잠겨도 본다.

그 날, 밤 호텔에 돌아온 나는 베란다에 홀로 앉아, 이 곳 카리브의 야경을 본다.

마치 한일자로 뻗어 있는 호수 같은 환각에 사로잡힌다. 카리브

해의 그 곱던 물결도 해저믄 이 밤, 검정색과 푸른색으로 잠잠도 하다.

그 바다위엔 예전 콘도라를 옮겨 온 것 같은 배 두 척엔 휘황찬란한 전등불이 밝혀져 있다. 나중에서야 안 일이지만 관광카지노 선이라고 한다.

맞은 쪽 백사장은 마치 고운 떡가루를 깔아 놓은 듯, 보드랍게만 보이는데 어디선가 옛 인디언들의 하염없는 긴 노랫소리 들려온다.

열길이 넘는 야자수 아래, 한 낮에는 그늘을 만들어 주는 야자지붕이 마치나 넓은 우산 버섯처럼 쓸쓸하기도 하다.

나는 이제 막, 그 카리브의 물빛이 고와 혼자 나가 그 물에 온 몸을 담근 뒤, 호텔로 돌아와 또 정글처럼 꾸며놓은 풀장에서 혼자 놀다가 들어와 이 글을 쓴다. 다시 또 내일이면 어디론가 떠나야만 한다.

미국 〈켈리포니아〉 해안따라 멕시코의 〈티와나〉까지
샌디에이고에서 멕시코의 캘포니아 반도에 위치한 〈티와나〉

어제 (5월8일) 멕시코시티에서 LA도착 하룻밤을 지낸 다음 날, 친구(전병렬군과 신근재교수와 함께 미 최남단의 도시 샌디에이고 (San Diego)를 거쳐, 일명 캘리포니아 반도라고도 불리우는 〈티와나〉섬으로 들어간다.

샌디에이고의 21개 성당이 밀집해 있다는 〈SAN Juan〉 성당을 거쳐, 이 곳 미국령 5번 도로에 들어선다. 내륙은 끝나고 바다로 이어진다. 일명 〈켈리포니아 해안선〉이라고도 부른다.

〈오렌지·카운틴〉시가 끝나자 〈센크레멘터시〉로 들어선다. 미 대통령 닉슨이 살았다는 집과 그의 도서관. 사후 그는 부인과 함께 알링톤 국립묘지를 사양하고 평소에 사랑했던 개와 함께, 그의 이름을 딴 생전 도서관 앞뜰에 묻혀 있다고 한다.

이 곳은 아직도 미국령, 한적한 바다와 공원. 정계와 재계의 은퇴한 많은 분들의 묘소도 이 곳에 있다 한다. 그만큼 아름다운 곳으로 소문나 있다.

바다와 육지가 이어진 곳에 미국과 멕시코의 연방검문소가 나온다. 그리고 이 곳 국경지에는 세계적으로 이름난 해병대의 훈련장이 있는데, 우리나라 해병대 훈련은 물론 월남(베트남전으로)이 망했을 때 그 곳 피난민 35만을 피난케 했던 곳이기도하다.

국경도시 〈티와나〉에 들어서자, 미국과는 그 산야가 다르고 사람들의 몰골과 움직임 또한 다르다.

이 곳 티와나의 인구를 70만이라고 하든가. 멕시코 4대 도시중 하나로 관광도시로서 소문난 곳이다.

주로 약방과 토산품, 해물 같은 것들로 유명하다지만 이 곳(약방)에선, 일정한 처방 없이도 모든 약은 살 수 있다 한다.

물론 목숨을 끊을 수 있는 독약도 있다지만, 대개는 함량미달이라고 한다.

집집마다 높은 담으로 둘러져 있는데, 주변 산야에는 코딱지 같은 작은 집들, 지저분하기 짝이 없다.

이곳(티와나)의 풍물시장으로 들어선다. 주차장마다 정복 경찰관들의 감시가 심한 이 곳 풍물시장에는 돼지고기, 쇠고기 등으로 만든 〈따꼬〉라는 요리가 있는데, 이는 모두 그들 주식인 옥수수 잼병이에 싸서들 먹는다.

바닷가 좋은 집들은 모두가 미국 사람들의 집들로, 대개는 별장 겸 휴양처로 이용되고 있다 한다. 그중에서도 미국인들이 가장 선호하는 곳은, 지금 우리가 가고 있는 〈깔라피아〉라는 해안도시로 스페인의 어느 작가는 이 곳을, 지상천국으로 묘사하고 있다.

그 예전, 인디안들이 남긴 많은 그림과 유적이 있고, 지금도 이 곳에는 11월과 12월, 바다 위로 지나가는 고래 때의 그 장관을 볼 수 있는 기막힌 곳이라고 한다. 그리고, 그 앞 태평양에서의 바다 낚시와 수쿠바, 그리고 써핑의 천국으로도 알려져 있다.

이곳은 주로 미국 부호들의 거주지역으로, 그 주민 99%가 다 미국인들이란다. 임차시 50년 계약 후, 다시 50년 연장도 가능하다기에 미국 부자들은 이 곳을 선호한다고 한다.

한 20분은 달렸을까? 길은 왼쪽으로 꺽인다. 도로는 울퉁불퉁, 비상계엄령이나 내린 것 같이 교외에서 시내로 들어오는 곳곳마다 군인들의 경비가 삼엄도 하다.

여기서 일박하기로 한 우리는 저녁을 먹어야겠는데, 이곳에서 유명하다는 한 랍스(큰 새우 튀김집) 가게로 들어간다. 내 식성에 맞는 요리로, 함께 들이킨 양주 한잔이 나를 취하게 만든다.

5월9일 〈티와나〉에서의 하루

미국과의 국경도시 〈티와나〉에서 아침을 맞이한다. 인구는 70

만, 멕시코 4대 도시 중 하나라고 한다. 그 곳 어느 번화가엔 1542년 포르투칼 CABRILHO의 동광이 우람도 하다.

철갑에, 오른손엔 긴 칼, 그리고 왼손에는 지도와 콤파스가 들려 있다.

허나 이들은 (포르투칼)이 나라를 선점했을 뿐, 피사로에 의해 멕시코 전역은 스페인의 지배를 받게 된다.

인구 70만, 멕시코 4대 도시중, 그 하나로 꼽히는 도시라고 한다.

무엇보다 예부터 산업도시로, 그 중, 양재업이 발달하고, 처방없이 무슨약이든 살 수 있는 곳이 이 곳 〈티와나〉라는 도시다. 그 외에도 토산품과 관광업, 그리고 주류 판매업이 그 중에서도 각광을 받고 있다 한다.

길가의 집들은 그 추녀가 안보일 정도로 담들이 높다.

그리고 행길에서는 차 사고가 많은 곳이라, 황색간판에 노오란 점하나, 길 좌우로 비국과 멕시코로 갈리는 국경지내이기도 하다.

미국으로 들어가는 왼쪽 찻길엔 코딱지 같은 많은 집들이 운집하여 지저분하기 그지없다,

〈티와나〉의 풍물시장으로 들어간다. 주차장마다 정복경관들이 나와 일일이 검문들을 하고 섰다.

우리는 아침을 걸른터라 한 가게에 들려 이 곳, 멕시코 요리중 으뜸가는 〈타꼬〉라는 요리를 시켜서 먹는다.

우리나라 옥수수 〈젬벵이〉와 같은 것에, 돼지고기와 쇠고기를 싸서 먹는 요리인데, 이는 까다로운 내 입맛에도 맞는다.

길에는 일거리를 찾아 헤매는 사람들이 많다.

물었더니, 최하 막노동을 하는 사람들의 일당이 하루 미화 4불이라고 한다. 미국은 시간당 4불 75센트라든데... 이곳의 못 사는 사람들은 대개 바다 쪽 저지대를 선호한다고 한다. 그 중 값비싼 주거지는 〈바하켈포니아〉 쪽으로, 사설 도로가 나 있는 반도쪽이라고 일러준다.

이 곳은 3면이 모두 바다(태평양)를 끼고 있어, 바다낚시와 스쿠버 그리고 서핑의 천국으로 알려져 있는 곳이다.

바닷가 경관이 좋은 집들은 거의 전부가 미국 부호들의 집들로, 50년 임차계약 후 또 50년 연장이 가능하다고 한다.

우리가 가는 〈깔라훠아〉란, 곳은 스페인의 어느 소설 중에도 등장하는 곳으로 지상천국으로 알려져 있다.

그 곳 해상에는 고래가 지나가는 곳으로, 지금도 11월과 12월에는 많은 고래떼들이 이곳을 지나간다고 한다.

한 20분쯤 달렸을까? 길은 왼쪽으로 접어든다. 도로는 울퉁불퉁 고르지 않다. 비상계엄령이라도 내렸는지 교외에서 시내로 들어오는 길목에는 군인들의 경비가 삼엄도 하다.

저녁을 먹어야겠기에 한 음식점을 찾았는데, 역시나 〈랍스〉의 전문음식점이라고 한다.

〈뿌에 또 누에브〉 즉 새로운 항구라는 뜻의 이 곳 마을엔 인구 80프로가 모두 미국인들이라고 한다.

입맛을 돋우기 위한 전식에 우리네 입맛에도 맞게 양파와 마늘, 고추 등을 섞어 만든 〈싸싸〉란 음식이 뚝배기에 담겨 나온다. 이를 옥수수 가루로 튀긴 꽈배기 – 똘찌아에 싸서 먹으니 일품 중의 일품이라 할 밖에…….

우리는 이곳 엔시나에서 일박한다.

그 곳 〈아스틱〉 달력에도 태양신을 위한 달력으로 태양을 중심으로 한 토끼, 원숭이 등 진.사.오.미.신.유.술,해... 같은 12지신들이 표시된 달력이 걸려 있다. 이곳도 우리와 같은 음력을 중시하는 걸까 하는 생각이 든다.

이 곳 음식 중, 좌판과 포장마차의 그 음식들이 더욱 맛있다. 그리고 그 곳엔 토담으로 쌓은 벽 또한 우리와 닮아 있다. 흙에 짚을 썰어 넣어서 만든 흙벽돌 말이다.

이 마을 이름은 〈뿌에또누에브〉란 곳으로 〈뿌에또〉는 항구, 〈누에브〉는 새로운 뜻으로 〈새로운 항구〉라는 마을이다. 이 곳 주민 80%가 미국인들이란다. 이 곳 「엔시니다」의 〈Baja.inn〉에서 또 일박한다.

차마고도를 가다

– 중국(中國)서남부(운남성)
소수민족문화와 변경 문화(文化) 탐방 –

성도(成都)에서 서창,(2011년 2월 15일 화요일)

옛날 촉한의 유비(劉備)와 제갈량의 유허지로 두보(杜甫)와 설도(薛濤)가 시를 짓고, 현종 또한 난을 피해 이곳에 머물었다던 곳으로, 이백의 시엔, '촉도지난 난어상청천'(蜀道之難 難於上青天)이라, 표현했을 정도로 그 예전 이곳은 오기 힘들었던 곳이라 한다.

그러나 이곳은 일명 천부(天賦)의 땅으로도 알려진 만큼 이곳, 분지에는 많은 논과 밭이 있고 주위의 높은 산들로 습도가 높다. 농사에도 아주 적지일 뿐만 아니라 사람들도 천성이 부지런하여 많은 소득을 올린다고 한다. 그러나 한 20여 년 전까지도 밭과 논이었던 이곳, 신공항에서 시내로 들어오는 길에는 많은 집(빌딩)들과 고가도가 새로 생겨, 어디가 어디였는지 분간이 가질 않는다.

어젯밤 자정이 가까워서야 이곳에 도착한 일행은 아침 9시가 되기 전 이곳을 떠나 오늘의 목적지 서창으로 향한다. 중형버스에 일행 열두명(12명)이고 보니, 좌석은 그런대로 안락하다.

시내를 벗어나 고속도로에 들자, 「出行 平安」(편안히 가라는)이란 전광판이 나온다. 〈민강〉을 건너 한 시간을 더 왔는데도 습기에 젖은 안개는 그치질 않는다. 이곳은 일 년 내내 항상 주위의 높은 산들로 이렇게 안개로 젖는 날이 많다고 한다.

길가엔 층층으로 산을 일군 다락밭이 흔하다. 이렇게 이곳 사람들은 한 치의 빈 땅도 놀리지는 않는다. 고속도로로 진입한다. BMW 등의 외제차들이 많다. 이들은 월 50만원의 소득에도 외제차를 좋아한다니 그 이유는 알 수가 없다.

몇해 전, 지진으로 이곳은 황폐화 된 땅이다.

졸며 자며 얼마를 더 왔는지 누군가 〈차마고도〉 입구에 이르렀다고 가르쳐준다.

산에는 다락밭들이 보이더니 몽정산 영진이란 곳을 지난다. 이 산중에도 개발붐이 일고 있다.

길가엔 갈대며 대나무, 흙은 검다. 빈 땅이라고는 없다. 이 넓은 천지에—. 해발 3,000고지에 이르자, 차들은 서로 비껴가기조차 어렵다.

한쪽으로 피해 선다. 산 쪽으로는 가고 절벽 쪽으로는 거의 정지상태에 있다.

〈해안〉이란 곳을 지나자, 물안개 서서히 거치며 좀 전에 내린 나뭇가지위의 설화(雪花)가 기막히다.

체인을 감으라든 말이 헛말이 아니다.

나는 이곳에서 雪花의 진수를 맛본다. 오르면 오를수록 여기 말로는 〈리바〉라는 고개, 체인을 감아야만 할 것 같다. 해발 2,400미터, 옛날 이곳을 〈차마고도〉라고 불렀다. 엄청난 과적차량들이 밀려있다.

그 산에서, 톨케이트가 있는 청계진(淸溪鎭)에 내려오니, 날씨는 봄날처럼 화창하다. 작은마을 〈九哀〉에서 점심을 든다.

중국의 별천지가 전개된다. 漢源(縣)에서 차에 기름을 넣고 절경지지로 소문난 마사하(馬斯河) 따라 백가(百家)에 이른다. 주위엔 산위에 도시가 열려 있고, 물과 강 그 위에 石橋 또한 아름답다. 그 아래엔 수력발전소도 있다. 이곳엔 또 50년 상환에 거의 공짜에 가까운 나라에서 제공한 집들이 산위에 있으나, 사람들은 이를 기피한다고 한다. 이유를 물었더니 거주이동불가가 그 원인 이라고 한다.

황토로만 이루어진 산들을 지나자 거악한 산과 물, 거기에 수상육교와 터널이 이어진다. 먼 산위엔 백설(흰눈) 마사河에서부터 무한한 댐이 연속되고 있다. 그길 따라 고속화도로, 집들은 산위에 白家로 아름답고 댐에는 배 한척, 사람은 보이질 않는다. 집들은 모두 흰색들인데, 물은 푸르고 산은 알록달록 개간으로 덧나있다.

착한가이드, 부모는 연변에 계시나 남한을 동경하고 있다.

그러나 한편 그는 남한사람들의 그 인심에 싫증난다고도 한다. 왜 그럴까?

강위의 육교와 고가길 이렇게 좋은 경치, 허나 백성들은 길가에서 함지박에 귤을 올려놓고 하루를 번다.

이 길이 수 백리로 이어진다. 毛澤東의 혁명 근거지인 석면(石棉)이란 곳을 지나간다. 역시 내가 흐르고, 고가교가 사통팔달, 그 개발들이 눈부시다.

빈 땅에도 유채와 배추꽃이 피어 노랗다. 고가교가 절벽과 계곡 사이에 100개가 넘는다. 그 한 녘에는 갈대꽃이 2m를 넘는 것도 있다. 가이드는 오늘의 도착지 서창까지 거의 다 왔다고는 하는데, 그 거리를 물었더니 아직도 서울에서 부산거리만큼 남았단다. 과연 큰 나라구나 하는 생각이 든다.

다시 댐이 나오고, 그 계곡 안에 수력발전소도 보인다. 이용할 것 다하고 있다. 부강한 나라, 세계 2위로 발돋음하고 있다.

하늘위에 치솟은 고가도로, 교각과 터널 또 山을 넘고 지난다. 이곳은 그 옛날 삼국지에 나오는 제갈량의 고향이란다. 제갈량은 한때 조조(154–220)에게 쫓겨 유비(160–223)의 신하가 되었다가 드디어 조조의 위군을 격파한 탁월한 지략가로서, 지성(知性)과 충의(忠義)의 사람으로 알려져 있다.

그리고 도교(道敎)의 창건자 장도령도 이곳 사람으로, 이곳은 유서 깊은 고장이다.

차는 건천을 끼고 절벽 위를 계속 달린다. 천야만야한 절벽아래 새로 뚫린, 그 길과 새로 놓은 고가교 하나가, 아직 그 개통을 기다리고 있다. 완공되기 전의 그 경치가 기가 막힌다.

완공되면 이 길도 자연 패도가 될 것이며, 이를 조망하는 이 절경도 영영 볼 수 없을 것 같은 마음에 한 가닥 아쉬움이 인다.

맞은편 산비탈엔 양떼들, 그리고 인가 흰 벽엔 야크와 산양 그림,

이것은 라마교의 옛 풍속이라고 한다.(벽 위에 그림 그리기)

고원 위엔 전지(田地)가 넓다. 강도 산 따라 흐른다. 아직도 두 시간을 더 가야 예정지 서창에 도착할거란다. 집들엔 우리와 같은 창문이 없다. 이유는 많다. 우선 모래바람을 막고 외부와의 차단을 위함이다.

드디어 고속도로에 접어든다. 원시와 현대, 나는 이를 번갈아 생각해본다.

드디어 고속도로에 들어온다. 오늘의 목적지 사창까지는 거의 100km.

산비탈, 손바닥 만한 좁은 땅에도 배추며, 우리가 먹는 야채들이 심어져있다.

서창을 목전에 둔 석양볕이 아름답다. 장장 12시간, 사천성 제일 담수호(27km^2)인 충하호숫가의 한 호텔에 도착한다.

인구 600만의 도시 서창시는 같은 사천성 서남부에 자리 잡고 있다. 소수민족 이족이 190만이 살고 있는, 이 도시는 청하호수로 더욱 시원한 감마저 없지 않다. 항상 맑은 호수와 푸른산이 아름답고, 해발고가 높아 언제나 청정한 공기와, 일년 365일, 밤마다 달빛이 또한 아름다워 인문경관이 다채로운 곳으로 소문나있다.

그리고 이 서창에는 중국 고대 빙하공원으로 불리는 라길산의 원시림과, 또 이족을 비롯한 소수민족이 거주하고 있어, 그 민속적 운치 또한 돋보이는 곳이라고 한다. 뿐만 아니라 이곳에는 중국의 「휴스턴」이라 불리는 중국의 3대 우주비행기지도 이곳에 있다. 그리고 역사적으로는 사마상여, 사마천, 제갈량, 그리고 후비라이, 마르코폴로, 석달개, 장개석 등 유명 인사들이 일시 거주했던 곳이기도 하단다.

〈나길산〉으로

다음날 이족 150만이 거주한다는 나길산으로 향한다.

한시간의 거리라고 한다. 해발 2,000미터의 고산족의 마을이다. 이들 주식은 호밀로, 검은옷에 검은 얼굴을 하고 있다.

대개는 문맹으로, 그들만이 사용하는 언어가 따로 있었다고 한다. 사전에는 1899개로 나와 있으나 9,000여개의 언어가 잔존해 있으며, 학자와 연구가외엔 거의 문맹에 가깝다.

이들은 주로 주술사 중심의 생활로, 원시에서 바로 오늘날 공산주의 사회로 진입했으며, 봉건을 거치지 않은 사회였다고 한다.

생활풍속도 남녀가 어려서부터 결혼약속이 되어있으나, 강제에 의한 강제결혼이 많으며 평생을 통하여 날때(出生)와 혼인(결혼), 그리고 죽어서(임종시) 세 번 목욕하는 것이 고작이라고 한다. 신(神)의를 받들며 접객(接客)을 반기는 것이 이들 풍속이라고도 한다.

이들의 명절 설날은 음역 11월 20일, 나그네에겐 무상으로 대접하는 풍속이 이어져 오고 있다. 그리고 음력 6월 29일은 모닥불 피워 횃불놀이가 3일간 계속된다.

거기서 말타기, 소타기, 미인남녀 선발대회가 있고, 마지막 날은 횃불 놀이로써 끝난다. 이들의 불 밝힘과, 불씨는 생명의 지속을 의미하며 그 불씨는 영원히 살려가야만 한단다. 이는 그 예전 우리나라에서도 불씨는 영원히 살려가야 하는 풍속과 동일하다.

해발 2,800 고지에서 생활한다. 산위에는 길가 오두막집을 떠나 이를 버리고 정부에서 지어준 새집들에서 살고 있다. 집집마다 벽에는 소머리 그림이 그려져 있다. 층층으로 밭을 일구고, 거기엔 수답(水畓)도 있다. 風俗과 행색은 모두 티벳 사람들과 비슷하다.

원시와 현대가, 공존하는 사회 같기도 하다.

케이블카를 타고 45분만에 나길산에 오른다. 해발 3,588m라고 한다.

나길산의 어의는 女人들의 상투머리에서 유래되고 있다.

여인들은 모두 티벳인의 몰골을 하고 있다. 머리며 의상, 행색이 동일하다. 케이블카 아래로는 참죽과 쫄대나무, 그리고 잣나무들로 숲을 이룬다.

숨이차다. 그 정상엔 흰눈이 깔려있다.

케이블카에서 내리자 좌측엔 또 더 높은 그 정상으로 오르는 길과, 곧게 가면 천지가 있다.

바위는 굴러있고, 고목은 쓰러진데다가 호반을 두른 나무다리 그 안, 호수 속엔 빙원이 깔리고 오랜 고사목들이 그 어름 물속에 잠겨 있다. 호수위 바위틈으론 앙증맞은 소나무, 내가 걷는 이 길엔 일행들이 보이질 않는다.

그러나 나는 서두를 것 없이, 천천히 그 호반의 둘래길 나무다리를 걷는다. 멀리 사천성에서 왔다는 아백족, 그들에게 부탁하여 사진도 찍고, 중국의 많은 부잣집 아이들이 이곳을 관광하고 있다. 호수안의 언 바위들은 석양볕을 받아 황금처럼 빛난다. 거기에 아름드리 고사목이 허이옇게 말라, 얼음 속에 가로누워있다. 혹은 기둥처럼 뻗어있다.

나는 외롭게, 그 다리위를 혼자서 걸었다.

夕陽에 아무도 없다.

나길산의 어의는 여인들의 상투머리에서 왔단다.

다시 케이블카로 하산, 그곳 시장에서 이곳 여인들의 인정에 취한다. 그렇게 친절하고 편의를 봐준다. 그리고 그 대가를 바라지 않는다. 머리장식하며 그 검정얼굴, 영양(英陽) 김만수 부부의 친절이 못내 고마웠다. 그는 일부러 가지고온 지팡이를 나를 위해 제공되었다.

〈2월 17일(목요일)〉 –동방의 女人국 로고호(瀘沽湖)로 가다

서창에서 이틀을 머문 일행은, 아침 8시 이곳을 떠나 신비의 여인국으로 불리는 로고호로 떠난다. 이동거리는 270km에, 약 일곱시간 거리라고 했던가?

산길은 몹시도 험하다. 차들이 아슬아슬 비껴서 지나간다.

오늘의 목적지, 로고호(瀘沽湖 Luoguhu)는 해발 2,700m의 고원호수지를 일컫는다. 염원(鹽源)이란 곳에서 점심, 그로부터 또 산길에 접어든다. 상대방에서 오는 차들과 부딪힐까 겁난다.

아슬아슬 피해서 잘도 간다. 이곳은 사천성과 운남성의 변경지역으로, 반은 운남성에 속하고 반은 사천성에 속해 있다.

해발 2,700m 산상의 고원호수로서, 그 면적은 50평방 킬로미터라 하든가?

푸른 산속 많은 산들이 중첩한 그 안에, 평균깊이 40m에 길이 9.4km에 달한다고 한다. 최대수심은 93.5m에 이르며, 그 전체 모양은 말발굽 모양이다.

우리가 도착한 그날도 그랬지만, 맑게 개인 날이면 흰구름과 푸른하늘이 맑은 호수에 비껴 하늘과 호수가 하나가 되는 아름다움을 연출한다. 사위가 푸르른 많은 산들에 안긴 로고호는 그야말로 진주처럼 아름답다. 중국사천성의 최대의 호수이며, 중국에서는 세 번째로 깊은 호수라고 한다. 사천성과 운남성의 변경지역에 위치한 염원(鹽源)으로서, 반은 운남성과 반은 사천성에 속한다.

후수에는 가는 비늘 물고기와 그 유명한 귀수(貴水)의 수달이 서식하며, 또 중국 고유의 보예하이(波葉海)란 꽃모양의 양배추 등, 여러 수상식물이 자라고 있다. 그리고 이곳은, 물이 많은데다가 토양이 비옥하여 예로부터 농업이 발달하고 물고기와 쌀의 고장으로도 유명하단다.

첫날, 우리가 도착한 로고호 입구 찻길에서 호수에 이르는 나무다리가 하도 아름다워 그 호수에서 잡은 밀물고기와 골뱅이 등을 삶아 파는 강변 풍경도 보면서 그 다리 위를 혼자서 걸었었다.

이곳은 저 티벳의 장족마을과 그 풍속, 종교, 사원들이 거의 동일하다 할까. 내 눈에는 그리 낯설지도 않았다. 이것이 곧 인간의 본모습으로 비춰졌다. 첫날은 이곳 여러 사원과 민가를 구경한다.

이 호숫가의 무쏘인들은 지금도 원시사회와 같은, 모계씨족 사회의 대가족제도와 남자는 장가들지 않고, 여자 또한 시집가지 않는 혼인 풍속이 있다. 밤에만 남자가 여자를 찾아가 아이를 만들고, 이

혼은 자유란다.

그리고 어머니를 숭배하고 여인을 존경하는 무쏘인들의 문화전통이 그대로 남아, 이곳의 산과 물은 더욱 수려하고도 아름답다.

그리고 이 호수에 다가서면 마치, 여신의 땅에 들어선 듯한 감흥마저 일게도 한다.

그날 도착한 일행은 그곳에서 나온 이곳 안내하는 현지인을 따라 우선 모계사회의 간략한 이야기를 듣는다.

지금까지 이어져오는 무쏘인의 가족상황과, 조모는 그 권위가 가장 막강할뿐더러, 재산관리는 말할 것도 없다. 한집에는 조모방이 단독으로 따로 마련되어 있을 뿐만 아니라 이곳은 온가족 구성원의 중심이 되어 있다.

우리가 돌아본 그 조모방은 이집안의 중심부인 거실 옆으로, 따로 큰방을 차지하고 있었다. 거기서 손을 맞고, 잠자는 가제도구가 무척이나 위엄 있어 보인다. 이 조모방이야말로 가족구성원의 중심이자, 이곳 무형자산인 무쏘 문화를 이어가고 있는, 모계사회의 상징적 존재라 아니할 수 없다.

일행은 그곳을 나와, 한 사찰을 방문했는데 그곳 경내는 물론 향을 사르고 시주를 하는 풍속은, 저 티벳의 라마교와 별로 다를 것이 없다. 나는 오래전 티벳의 〈라마〉교외에 있는 세라사(色拉寺)와 테폰사(晳폰寺)를 방문(1993년) 했을 때의, 그 밀 냄새와 시주함을 떠올린다. 이들은 티벳에서는 보지 못한 요청에 나는 말없이 응해주었다.

이들 사회에는 언어는 있어도 문자가 없다고 한다.

완전 모계중심 사회인 이곳 가족 구성은, 한가족이 대개는 15명에서 25명까지로, 결혼은 남자가 걸어서 여자집으로 가서 혼인을 하며, 아기는 여자 집에서 양육되고 재산에도 각각 지분이 다르다. 종교는 라마교이다.

완전 모계사회인 이곳은 문자도 없을뿐더러 문맹에 가까우며, 그러나 그런대로 규율은 엄격히 지켜지고 있다고 한다. 일행은 호반의, 방문객을 위한 한 호텔에서 하루의 피곤을 달랜다.

2월 18일 (금요일)

오늘은 〈로고호〉의 선상 관광을 위해 아침부터 서두르나, 배를 젓는 사공이 부족한 것 같다.

어찌, 어찌 수소문하여 앞뒤로 나뉘어 젓는 남녀상공둘과, 일행 4명이 한배에 승선한다. 이 통나무 같은 나룻배의 운행이 수월치가 않다.

이 호수안에 흑와오(黑瓦吾)섬과 리무비(里無比)섬, 그리고 리격(理格)섬이 가장 아름다워, 〈봉래 세섬〉으로도 불리고 있다.

그 목적지 지명은 생각나질 않으나 그 섬까지, 이 배를 저어가는 앞뒤 남녀사공의 수고가 만만치가 않았다.

갈매기는 사람을 따랐고, 우리는 그가 먹을 밤풀과자를 던져주며 목적지 뱃길을 따라 저어가고 있었다.

중간에 어리는 강안의 산과 절묘한 그 경치, 이러한 곳에서 한세상 살았으면 하는 생각도 없질 않았다. 천하의 절승지이자, 낙원으로 느껴진다.

왕복 한두신간을 내왕하는 동안, 우리는 자연과 그 조화에 반했었고, 때묻지 않은 맑은 공기가 온 몸과 마음을 씻어 준다.

일행은 이곳 봉래 세섬으로 불리는 〈흑와오(黑瓦吾)〉와 〈리무비(里無比)섬〉, 그리고 〈리격(理格)〉섬을 돌아, 다시 육지로 되돌아오고 있었다.

호수는 5,300평방미터라 하든가? 앞으로 10년뒤면 천하의 낙원

일 것 같은 생각도 든다.

이곳 마사족(모쑤어족)들은, 본래 중국의 55개 소수민족중 남서족(마시족)의 한 지파로서, 중국 정부에서 말하는 그들 숫자와는 다르다.

실제 중국내에 사는 소수민족은 최고 400여개에 달한다고 알려져 있다.

이와 같이 같은 소수 종족으로 분류된 경우라도 서로간의 언어가 통하지 않을 경우도 허다하단다.

이들 묘족의 경우만 하더라도, 8개정도의 언어가 있다고 한다.

여기 아름다운 이 〈로구호〉를 중심으로 살아가는 모쑤어족은 불과 5만정도의 인구를 가진 소수민족이다.

이들은 아름답기 그지없는 산과 물사이에서 모계씨족의, 특징을 이어가며 살아가고 있다.

그들의 특이한 혼인풍속, 그리고 자연스럽고 원시적인 민속과 풍토는 이 땅에, 신비롭고 아름다운 색채를 더 할 뿐드러, 동방의 유일한 여인국으로도 불리운다.

이 호수가의 '무쏘' 인들은 지금까지도 원시적 모계사회를 유지해오고 있지만, 그 아무런 불평도없이 생활해 가고 있다.

정오가 가까운 시각에 이곳을 떠난다.

양 길가엔 양파와 밀밭이 이어지더니 드디어 산협속으로 들어선다. 3,430m의 긴 터널, 거의 심리 길이다. 광활한 이천지에 첩첩으로 우거든 산과 산이 중첩해있다.

여기에는 아직도 못사는 산위의 오두막집들, 산을 쭈어 살고 있다. 이 산중에 고가도가 개통된지 20일째라고 한다.

길까 인가엔 흑우(黑牛)가 논다. 한참을 내려오니, 그 산 비탈진 곳에 선인장이 돋고, 검은 염소들이 이산 저산위에 놀고 있다. 층층으로 일군 밭과 산가(山家), 그 아래 강물이 흐르고 있다.

동행인 영양(英陽)인 신여사는 산위를 가리키며 그 절경에, 감탄한다.

그 아래, 천야만야한 계곡에는 토질이 그래선지, 진한 녹색으로 띠를 두른 듯 신기하다. 나는 지난봄에 쿠르즈여행을 갔었던 〈노르웨이〉의 어느 설산(雪山)을 떠올린다.

길에는 〈平安萬里〉라는 표지판이 나온다.

산위에는 선인장, 중국의 70%를 차지하는 철광지대를 지나간다. 흙 또한 붉다. 깎아지른 절벽위로 올라가는 山羊때들.

자두꽃도 보인다. 소들은 물소와 같은 검은소가 많다.

도로변, 검은 개와지붕 끝에는 모두 흰 페인트칠로 한결 돋보인다.

「염무현」의 중심 시가지에 이르자 그곳에서, 잠시 쉬는데 첫인상에 들어오는 것은, 이족 여인들의 육각형 검정색 학사모이다.

시가엔 인산인해, 많은 인파들이 붐빈다. 凉山州라 하든가? 그들이 쓰는 모자종류만도 10여종, 육각 혹은 사각모도 있다.

성(省)은 사천성, 가로수는 백양목, 오토바이가 흔하다. 꼭 티벳 여인들과 같은 장식들을 하고 간다. 차가 달리는 계곡엔 기암절벽들, 이곳은 라마의 본거지로, 티벳의 풍속을 떠올리게도 한다.

산위의 전깃줄, 깃발, 그리고 많은 사찰들, 해발 3,600m 이상되는 많은 산들에 둘러 쌓여있다.

호숫가의 햇볕이 노오랗다. 햇볕과 물빛이 황금 빛처럼 빛난다.

한참을 내려오니, 푸른 물에 흰 거품이 인다. 물벽을 기댄 천년 묵은 땅굴,

그 바위엔 이끼 묻은 흙물이 흘러내리고, 길가의 등나무집들, 이들은 어떻게 살아갈까?

길에는 물소와 같은 검은 소와 노새, 그리고 귀가 쫑끗한 개 한 마리, 여기에 질주하고 추월하는 차가가고, 하늘위엔 구름이 지상을 본 딴 듯이 들고나고 얼키며, 지상을 닮아간다.

나라에서 지어줬다는 민간가옥들이 흰 칠에 곱고도 곱다. 이산마을 메마른 가지위에 피어있는 흰 꽃은, 매화라고 일러준다.

계곡타고 흐르는 물은 바위에 흰 거품을 일구고, 소들은 물소를 닮은 듯이 뿔도 안으로 휘어져 들어가 있다.

다락마다 일군 밭에 새로운 신록이 푸르다.

산위에 박힌 저돌이 구를까 겁난다. 저 산위 비탈에도 한 두 집, 딸 낳고 아들 낳고, 그렇게들 살아가겠지—

길을 가는 장족의 여인들, 한 둘이서 뒷짐 지고 걸어간다.

산을 내리자, 한마을 시가지가 일자로 뻗어있다.

아래로 갈수록 개울물은 황토빛, 이곳 처녀들은 모두가 꽁지머리를 하고 있다.

길은 험하고도 험하지만, 만약 이곳에 고속화도로가 노이는 날을 생각해 보라. 멋도 경치도 없이, 그냥 지나가는 그날은 제발, 오질 않을 날을 기다리는 내 마음을 이해 할이도 있을 것 같다.

정부에서 지어준 흰 집외엔 길가의 집집마다 상점을 열고 있다. 어쨌든 장사에는 알뜰하고 이골 난 사람들이다.

도로가 좀 넓어져 온다. 포장길이 순조롭다.

장장 3,340미터의 새로난 터널을 지나자 오늘밤 '昆明(곤명)' 으로 떠날 기차역에 와 닿는다.

2월 19일 (토요일)

서창에서 어젯밤 세 시간을 서성이다가 오른, 곤명행 열차는 3층으로 된 침대칸인데도 그리 좋은 시설은 아니다.

자는 둥 마는 둥 새벽 9시경 곤명(昆明) 역에 도착한 일행은, 모두 모두 지친 상태였다.

어제까지의 가이드는 바뀌고, 새로 마중 나온 가이드는 대단히 친절하고도 상냥한 조선족 청년으로, 그의 할아버지의 고향은 우리나라 강원도 철원이라고 했다.

모두가 제정 일제하에서 못살아 이곳에(연변쪽) 이민온 후예들이다. 말끔하고 교양도 있어 보이는 30대 초반의 청년이었다.

이곳은 소승(小乘)과 대승 라마 등, 불교가 성한 곳으로 시내 분위기도 맑고, 깨끗하다.

주위엔 많은 호수들이 있고, 토기와 청자 등 옛 문화 생태마을로서 널리 알려진 곳이다. 호수의 이름은 扶仙湖라 하던가? 그 수심이 무려 320m라고 한다.

이곳 운남성(雲南省)은 중국 서남 변경지역에 있는 성으로 인도와 버마, 터키, 라오스, 베트남 등 여러 나라들과 인접해있다. 일명 진성(滇省)으로도 불린다.

묘족과 터키인, 라마족이 약 60프로가 분포하여 있는 중국 최남단 지역이다. 그곳 성도(省都)가 곤명으로, 13세기 이후에 와서야 점차 중국화 되었으며, 심산계곡들이 남북으로 중첩된 곳이다. 거기에 큰 강들의 발원지이기도하다.

지형 상 교통의 발달이 어려웠으나, 예부터 이곳에는 진월(滇越)과 천진(川滇)의 2개 철도와, 버마와 인도를 통하는 공로(公路)가 나 있다. 2차 대전 까지만 하여도 경제적으로 미개발 된 분야가 많았다. 쌀, 밀, 콩, 차, 소와 양가죽 돼지털과 고기의 산출이 많고, 주석과 구리 등, 광물질의 매장이 많았던 곳이다.

동기(銅器)와 석기(錫器), 제혁(製革)과 제차(製茶) 중 특히, 보이차의 수출과 수공업 등이 행해졌을 뿐, 허나 지금에 와선 경관 등 이들 특유의 생활풍속을 익히려는 세계인의 이목이 이곳으로 쏠리고 있다.

그리고 이곳은, 꽃의 도시로도 불리고 있다.

다양한 장미와 유채꽃들이 노오랗게 피어있다.

밥풀 같은 매화꽃이 이제 갓 움을 티우고 있다.

청자로 유명하다는 玉溪市에서 점심을 마치자, 일행들은 다섯시간 거리의 신평으로 이동한다.

이곳은 타이족의 지류인, 화요타이족들의 생활상을 볼 수 있는 빈랑원의 〈대가문화 생태촌〉이라고도 한다.

일찍 저녁(식사)를 끝내자, 이들 오랜만의 풍속인 태가족의 〈켐

프 파이어〉에 동참한다. 저녁 식사 때도, 이들은 우리를 위해 따로 마련된 무대에서 귀여운 소녀들이 나와 춤을 추어 주었지만 식사 후, 한마을 광장에 이르자 본격적인 이들 〈캠프 · 파이어〉는 시작되고 있었다.

일본 춤(봉오드리) 과도 비슷하다. 대나뭇잎 모자와 의상, 발놀림.

그때, 나는 이를 보는 관광객중, 가장 나이 많은 연장자라 하여 그 〈켐프파이어〉에서 불을 점화하는 영광을 갖기도 하였다.

모두의 박수와 환호, 그리고 그 불길은 밤하늘에 하늘높이 치솟았다.

일동의 박수와 많은 여인들의 (남성은 별로 가담하지 않았다.) 환호, 그리고 원무로 이어지는 화려하고도 열띤, 그리고 우아한 원무는 계속되었다. 그 불길을 중심으로 들고 또 돌았다.

여인들은 화려한 의상에 머리에는 황금빛 댓잎, 둥근 쟁반 같은 모자로 온 관중의 환호속에, 경쾌한 노래 박자에 맞추어 돌고 또 돌

았다.

원무의 일종이나 누구나가 가세 할 수 있는 모닥불 축제였다.

그들의 손놀림과 박자는 강열하지 않고, 누구나가 따라 할 수 있는 원무에 가까웠다.

그 의상과 대나무 모자, 그리고 손발놀림들이 어쩌면 저 일본의 〈봉오도리〉를 연상케도 한다.

불꽃은 하늘을 타고 올랐다.

그리고 우리 일행들도 그들, 군중 속에 섞여 손을 잡고 돌았다.

이곳은 아직 오지중의 하나로, 단체 관광객을 맞는 것은 우리가 첨이었다고 말한다.

〈신평에서 보이차가 지나간길 애뢰산(哀雷山)으로〉, 2월 20일

약 한 시간의 이동거리, 그러나 일행은 서두를 것이 없었다.

산상에서 운해를 바라보는 재미도 쏠쏠하다.

온산에 깔린 다락 밭과 〈남은 폭포〉, 원시림 공원과 차마고도의 옛길(지고 3,000m) 등, 그리고 석문협 풍경구를 감상하며 가는 길이다. 이곳은 그 옛날 못살던 시절 보이차의 장사꾼이 지나든 옛길로서, 많은 애화를 간직하고 있다.

산위에는 비단폭 같은 폭포가 드리워지고, 길까엔 복숭아꽃이 만발해있다.

그러나 이곳엔 호랑이도 출물하는 지역이란다. 산위의 민가에는 토종닭이 길에서 논다.

산을 오르는데 순식간에 물안개 일더니 계곡을 가린다.

애뢰산(哀雷山) 풍경구에 왔음을 환영하는 현수막이 걸려있다. 그곳에서 또 얼마를 내려오니, 청문(淸門) 협곡이라 하던가? 그 애뢰산 안에 있는 협곡인가 싶다.

나는 이곳에서 내 고향 덕구(경북, 울진) 계곡을 연상한다. 함소꽃이 희다. 그 계곡이 이렇게도 아름다울 수가. 그저 감탄사가 절로 나온다. 이곳저곳에서 야! 야 야호! 자연을 아끼고 보전하려는 이 나라 사람들, 정말정말 존경스럽다.

돌벽에 환 그림하나 없고, 낙서 하나 없는 아니, 못하게 자중하는 그들이 놀랍기만 하다.

우리네 산과 계곡 바윗돌에 새겨진 그림과 글씨, 그리고 그 방문객들의 이름들, 이 얼마나 부끄럽고 추잡한 짓들인가?

이 자연에 죄를 짓는 짓들이다.

금강산 어디에는 김아무개를 추모하고, 그 공적들을 기리는 대문짝만한 붉은 조각 글씨, 이 얼마나 후손들에게 죄를 짓고 욕을 보이는 자죽들일까?

나는, 이 계곡을 숨이 차 뒤쳐져 거닐며, 혹은 그들이 만들어준 쉼터 나무 벤취에 앉아 이 글과 그 경치를 나름대로 적고있다.

이 내 글이, 이 자연 그 아름다움을 해치지나 않을까 하는 두려움도 없지 않다. 나는 일행에 뒤쳐져 한 바위 아래서 이 경치를 메모한다.

이곳을 나와 일행은 다시 버스에 올라, 목적지 차마고도의 정상으로 오른다. 많은 다락밭들과 남은 폭포, 원시 산림공원과 석문협 풍경구등이 전개된다. 이곳은 또 서상반나를 가로지르는 큰 산맥인 애뢰산(해발 2,300에서 5,136m), 그 오지중의 오지로 알려져 있다. 그리고 이곳에 사는 사람들의 그 슬픔이 우래와도 같다고하여 이렇게 불여진 이름이라 한다. 20세기간을 지탱해온 묵은 보이차 나무숲 사이에도 중국정부에서 인정한 가장 오래된 〈2700년이나 묵은〉차 나무가 아직도 생존해있다.

슬픔이 우뢔와도 같다는 이 애뢰산(哀雷山)은 본래는 〈하나족〉과 〈이족〉이 거주했던 지역으로, 많은 다락밭들과 〈남은 폭포〉, 원시 산림공원과 〈석문협 풍경구〉등이 전개된다.

이곳은 또, 서상반나를 가로지르는 큰 산맥인 애뢰산과 함께 오지중의 오지로 알려져 있다.

그리고 이곳에 사는 사람들의 그 슬픔이 우뢔와도 같다고 하여, 이렇게 붙여진 이름이라고 한다.

이곳엔 지금도 중국정부에서 인정한 2700년이나 묵은 차나무가 아직도 생존해 있다.

그리고 슬픔이 우레와도 같다는 이 애뢰산(哀雷山)은 본래는 하니족과 이족이 거주했던 지역이다.

애뢰산(해발2,300에서5,136m)의 차마 고도는 곤명에서 보이현간의 가장 단거리에 위치한 이곳에는, 많은 이야기가 전하고 있다.

이곳은 운남의 차마고도 중, 중남부 최고의 오지를 관통하는 옛길로 전설에 따르면 옛날 이곳에는 산적이 많았는데 티벳에서 내려오던 마방들이 산적을 만나자, 먹을 것을 포기하고 며칠을 헤메이며, 이곳 차마고도에 당도했다고 한다.

마방은 우선 말과 사람부터 허기를 채울 목적으로 모든 짐을 〈짱아오(티벳의 맹견)〉에게 맡기고 산을 내려간다. 몇 일후 산을 올라와 보니 '짱아오' 는, 산적들에게서 돈주머니와 보이차를 끝까지 지키고 죽어있었다고 한다.

그 후, 이곳 차마고도에는 그 충직한 '짱아오' 를 기리고 추모하는 전설과 함께 그곳에는, 충견 '짱아오' 의 동상과 그를 기리는 추모의 비석하나가 서있었다.

나는 그 충의에 감복하여, 그 동상 앞에서 사진 한 장을 찍는다.

젊음이 부럽다.

우리 일행과는 달리 우리나라 〈정읍〉에서 왔다는 두 젊은이가 벌써 열흘째, 차를 빌려타고 이곳을 관광하고 있다.

그 길 아래 '잉화' 라는 붉은 벚꽃 같은 꽃들이 군락을 이루고 있다.

다른 이들은 동행한 그 친구들과 가족끼리 그 산에서 사진들을 찍고 놀았으나, 나는 혼자 그 잉화, 벚꽃 같은 숲길을 따라 걷기도 하였다.

그리고 그 숲 속 바위에도 걸터 앉아 많은 회상에 잠기기도 하였다. 말할수 없는 감회가 있다.

내 젊은 날과, 살아온 많은 것들이 한 파노라마처럼 지나간다.

그리고 먼저 간 아내생각에 눈물 지운다.

짙푸른 계곡은 천야만야한데, 먼 먼 산위로 한가닥 실오라기 같은 구름이 떠간다.

그리고 군락을 이룬, 잉화꽃이 사방에 깔려있다.

이곳에서도 양봉을 하는지, 저 길위 조그마한 오두막집에선 꿀을 떠서 팔고 있다.

이곳에는「哀雷山風景區香山別莊」이라는 팻말이 있고, 일행은 이곳에서 점심 겸 간단한 요기들을 한다.

오늘의 목적지 보이로 가는 길엔 이족과 한족 등 많은 인종들이 층층마다 밭을 일구어 살고 있다.

산위엔 정부에서 지어주었다는 흰 집들이 있으나, 백성들은 그곳을 기피한다.

우선 길가 옛집들은 보다 편안하고, 장사해먹고 살 수 있는 집이기에, 보다 옛집들을 선호한다고 한다. 〈오세〉라는, 곳으로 내려오면서, 이나라 옛 중서건축방식의 귀족정원인 〈통서세족장원〉이라는 데를 구경한다.

마약 밀매로 치부한 이윤(1886-1950)이 약 8,000평에 지은 대저택이란다.

그 곳에는 〈百年挑梅에 百年鐵樹(소철),南鎮一柱에 李潤之臥宅〉, 그리고〈三老婆臥宅〉이란 간판이 달린, 이윤(1886-1950)의 집을 구경하는데, 그곳에는 가장 셋째 마누라를 위했던 「三老婆臥室」이 따로 있다.

상층 암도(暗道)엔 유품들이 있는데, 四弦를 비롯한 경대 등이 있고, 그는〈三房生有六女二男〉으로 부인 셋에, 6녀 2남을 두었다고 기록하고 있다. 집은 삼단으로, 층층이 모두 다른 울안에 있고, 매화 등 보기 드문 많은 꽃들이 피어있다.

그 집을 나오는데, 길가 주변의 밭들에는 이곳에서 생전 첨보는 파나나 같은 줄기에 붉고 노오란 주발등과 같은 꽃을 달고 있는 작은 나뭇가지가 나의 주목을 끈다.

산과 이 마을을 내려와, 보이현으로 이동하는데 장장 여섯 시간이 걸린다. 중간에 한마을을 지나는데, 마치 저 「티벳」의 포타라궁을 연상케 하는 돌산마을이 이채롭기도 하다.

그 마을이름이「漢沙」라고 했던가?

그 아래, 다락밭과 수답(물논)이 있고, 〈남은 폭포〉라는 외줄기 폭포가 계곡을 울린다.

원시 산림공원,

이 모두가 차마 고도로서, 그야말로, 그 옛과 현재를 분간하기 어려운 공존의 세계가 존속해오고 있다. 뿐만 아니라 이곳은 그 옛날 「삼국지연의(三國志演義)」에서도 보이는, 유비(劉備)와 제갈량(諸葛亮181-234)의 고사가 얼켜있는 곳으로 제갈공명은, 본래 낭아양도(琅玡陽都)라고 불리는 산동 沂水사람이었다.

그가 형주(刑州)라는 곳에 있을 때, 위(魏)의 조조(曹操)에게 쫓겨 형주에 와 있던 유비(劉備)와 알게 되자, 그 신하가 되고, 오(吳)와 연합하여 조조의 군사를 적벽(赤壁)에서 격파하고 이로써, 유비는 강남 형주를 점령, 파촉(巴蜀)을 잡고, 공명은 유비의 사후 어린 군주를 도와 남정(南征)하여, 여러 민족들을 토벌하여 225년에는, 이곳 운남까지 평정한 역사의 고장이다.

아직도 이곳(漢沙)에서 산을 내려, 보이현 까지는 여섯 시간이나 걸린다고 한다.

산아래에는 다락논이 충층으로 이어진다.

좀 더 아래로 아래로 내려오자 한마을이 상상외로 꽤나 크다.

털없는 남방 검은물소들이 길을 막는다.

우리는 이미 남방으로 오고 있었다.

길가의 갈대꽃 하나가 큰 빗자루만하다.

여기서 또 「안수」라고 불리는 나무는 대줄기 같은데, 한데모여 죽림(竹林)을 이룬다.

남방으로 오고 있음일까? 또 검은 염소들이 길을 막는다. 해발 1,500에서 2,000에 가까운, 그 산위에 밭과 논들이 마치나, 몇 해 전 터키의 「에페소」와, 그곳 여러 곳의 극장유적지를 찾았을 때의 그, 극장유적지처럼 충층으로 정연하게 잘도 가꾸어져있다.

그리고 갈수록 천야만야한 산위에도 집들이 한두 집, 혹은 몇 집씩 모여서 살고 있다.

오르내리기도 힘 드는 이곳에서, 어찌 일을 하고 수확할까 하는 생각도 인다.

그 산 비탈 논에도 물이 있고, 물 없는 밭에도 무엇인가 심어져있다.

이곳에 기노족이라 하던가? 차에서는 고맙게도 운전사도 지루했던지, 이곳 운남성 기노족과 노강부근의 민정(民情) 민속, 민구(民具)를 담은 비디오를 틀어준다. 해발 6,700미터 서족들이 모여 사는 그들이, 부정을 쫓기 위해 설산 높은 노천온천에서 구름으로 목욕하며, 다양한 놀이의 축제를 벌리는 이 놀이로, 보통 음력 2월4에서 6일간의 놀이라고 한다.

차는 계속 미얀마 접경지인 산을 내리는데, 집집마다 저녁연기가 뿌우옇다.

벽계(碧溪)라고 하든가? 집들마다 모두 붉은 기와에 흰 벽채로 지어져있다. 그 집들이 곱다. 이곳에 또한 새로운 인터체인지가 나온다. 새로 난 터널이 있는 것으로 보아 이젠 오늘의 목적지, 〈보이〉도 얼마 남지 않았나보다. 漠沙에서부터 흑강(黑江)표시가 나오고, 인구20만의 보이현(일명, '링얼')이라는데서 저녁식사를 한다.

어두움이 짙게 깔리고 있다. 그 곳 광장을 일러〈다원(茶園)광장〉이라 하든가?

그리고 그 곳 표시판의 「흑강」은 베트남으로 가는, 〈난창강〉과〈메콩강〉으로 이어지고 있다고 한다.

그리고 이곳은, 앞에서도 말했던 「삼국지(三國志)」에 나오는, 촉한의 초대왕 유비(160~223)와 제갈량의 고향이자, 그 활동무대였던, 유서깊은 고장으로서 널리 알려진 곳이기도 하다.

2월 21일(월)

아침부터 일행들은 이곳, 보이차 시장과 우선 그 주변의 차농장부터 돌아보기로 한다. 그곳을 일러 〈中國普洱茶叶交易市場〉이라 했던가?

이곳은 민가와 행객들, 그 모두가 남방분위를 자아낸다.

집집마다 정원에는 남방의 붉은 '번지화' 가 피어있다.

시내 곳곳상가에는 찻집들이 즐비하다. 우리가 그곳을 방문하자 우선 차(보이차)의 시식부터 권한다.

나는 본래 깊은 차 맛을 모르는 사람이지만, 〈보이차〉로 유명한 이곳이기에, 마다않고 따라주는 보이차 한잔을 시음한다.

일행 중 몇 사람이 한 봉지씩 사서 넣길래, 나도 따라 작은 보이차 한 봉지를 산다.

허나 나는 그 차의 깊은 맛을 모른다.

다시 차에 올라 교외로 나서자, 그곳 한갓진 시골산야의 풍경이 우리와 다를 것이 없다. 얼마를 지나오자 먼 산, 가까운 밭과 산에 층층으로 일군 인공재배 보이차밭들이 온 산과 들에 계단처럼 곱게 곱게 다듬어져 있고, 모두가 10년생들이란다.

과연 보이차의 고장임을 다시한번 실감하게 된다.

그리고 이 곳 대도강엔, 그 예전 인민 해방군에 의한 많은 애화가 서려있는 곳이라고 누군가가 일러준다.

그리고 오후에는 야상곡 열대상우림경구경홍시(野象谷熱帶常雨林景區景洪市)로 이동 중, 보이현의 가장 큰, 보이차 교역시장인, 〈만무차원〉을 관광하고 이 곳, 열대우림풍경으로 야생코끼리와 이생동물들을 볼 수 있는, 야상곡(野象谷景區)이란 계곡을, 케이블카로 오른다.

장장 45분간의 거리를 왕래한다.

그리고 한편에서는 코끼리쇼와, 앵무새 다루는 묘기도 감상한다.

그리곤 버스에 올라, 장장 세시간을 달려 베트남과의 접경지, 〈 서상반나〉로 들어 들어선다. 이곳은 인구 100만의 도시이자, 메콩강으로 이어지는 난창강이 유유히 흐르고 있었다.

2월 22일 화요일

서상반나, 이곳은 중국 운남성(雲南省)최남단의 도시이자 베트남과의 접경지이다. 내가 묵은 호텔은 이곳 4성급「활발대주점」이라는 최상급 호텔이었다.

호텔조식을 끝내자 일찍 '라오스'와 '방그라데시' 접경지인 〈감람패〉로 떠난다. '베트남'으로 이어지는 메콩강 상류, 난창강을 따라서 간다.

도로는 다 비포장길, 우툴두툴, 그 기폭과 진동이 너무나도 심하다.

강 속 바위섬들이, 바다 위의 섬처럼 장엄하면서도 기이하다.

강 건너 산에는 포플라와 고무나무, 가로수길에는 야자나무가 병렬해 있다.

티벳의 〈상글리라〉 산맥에서 흐르는, 계곡물이라고 누군가가 일러준다.

강 속 바위섬은 두꺼비 등처럼 우툴두툴, 험하기도 하다.

그러나 한편으론 저 섬과, 바위들이 멋지게도 보일 때가 있다. 시시각각으로 변하여 나타나곤 한다. 한 바위와 섬이 멋진 것도 있다. 드러누운 바다 속 소라 같기도, 그리고 무서운 독사머리 같은 모양의 바위와 섬들이, 그렇게도 많이많이 있다.

바다위에 뿌려놓은 만두 모양 같은 바위들이 가관이기도하다.

강 속의 바위섬이 계속계속 따라 붙는다.

내려갈수록 뗏목과 고기 잡는 풍경도 풍요롭다.

강변 이쪽은 푸른데, 저편에는 아침햇볕에, 그 푸르름이 노오랗게 반사된다.

드디어 아침 10시경, 태가족의 〈감란페〉에 들어온다.

이곳, 가옥들은 남쪽나라 월남이나, 라오스처럼 기둥이 많을수록 부자란다.

우선 시장부터 돌아보기로 한다.

없는 생선이 없고, 없는 물건이라곤 없다. 옷과, 과자 많은 음식들 주로 어패류와 물고기가 많다.

〈가람패〉 타이족마을과, 그곳 타이식 불교사원, 그리고 그 경내를 돌아본다.

밖으로 나오자, 그 광장에는 이 곳 특유의 고유의상을 걸친 많은 사람들의 물놀이가 한창이었다.

이곳 타이족마을을 돌아 구경하고, 〈맹륜〉이라는 데서 중국에서는 가장 크다는 열대무림식물원(표고570m, 면적270만평)을 관광한다.

바나나숲이 온 시가지와 산천에 무성하다. 중국제일의 바나나 생산지로 알려져 있다. 그곳을 나와 다시 과학수목원을 나오자 큰 광장 분수대에서는 물놀이 축제가 한창이었다. 그곳「과학식물원」을 나와, 그 다음날(2월23일) 남나산으로 이동(약1시간거리), 고차수(300여년묵은 보이차나무), 그리고 애니족 마을을 돌아보고, 오후2시25분 〈서상반나〉를 떠나며, 이번 여행을 끝낸다.

중국 복건성(복주,하문,영정,무이산)과 강서성(삼청산,상요) 세계자연(문화)유산, 삼청산과 무이산 그리고, 객가토루

2010년 11월 24일, 상해(上海)를 출발한 MU 5631호기는, 한시간 반 만에 복주(福州)에 도착한다.

이곳은 중국 남동쪽 연안에 있는 따뜻한 곳으로, 옆으로는 동중국해를 건너 〈타이완〉을 마주 보고 있다.

그래서 이곳 인구 거의 절반이상은 대만사람들로, 그 해안선 길이가 무려 3,300여km나 된다.

춘추시대에는 민월(閩越)의 영토였고, 진(秦)나라가 중국을 통일한 뒤, 민중군(閔中郡)을 두었으며, 한(漢)나라에서는, 양주(揚州)에 속하였다가 당(唐)대 이후, 복주(福州)와 건주(建州)의 첫글자를 따서 오늘날 복건성이 되었다.

이 지역에도 원래는 인구가 많지 않았으나, 송(宋)나라 이후부터 인구가 급증하면서, 북송(北宋)시대의 서예가 채양(蔡襄)과 남송시대의 민족영웅 이강(李鋼), 그리고 명(明)나라의 이지와, 청나라의 정성공(鄭成功=민족영웅), 임칙서(林則徐)—. 모두가 이곳 출신이며, 그 외에도 많은 계몽사상가 과학자, 노동운동가 및 화교지도자들을 배출한 곳이, 바로 이 고장이었다고 한다.

그 외에도 해외에 거주하는 이지역 출신의 화교가 무려 700여만에 달하고, 또 이곳에 거주하는 대만(臺灣)의 교포가 전국의 3분의1을 차지한다.

주민 구성은 한족, 서족, 후이족(回族), 만주족, 묘족(苗族), 고산족등, 무려 49개 민족으로 이루어져 있는 곳으로, 4계절 내내 따뜻한 곳으로도 이름나 있다.

그곳에서 한시간여 버스로 달려 영덕으로 이동한다.

이곳은 인구 350만의 대도시로 그곳엔, 이미 작년에 완공되었다는 시속 250km의 고속철도를 보게되어, 중국의 양진상을 보게도 된다.

그 곳에서 다시 해안가로 나와 바닷가, 섬으로 이루어진 삼도오로 가는길은 이제 막, 새로운 확장 공사와 포장으로 어수선한 분위기다.

주변에는 조기류, 전복 등 물고기양식장과, 복건성 특유의 가옥형태들을 살펴볼수 있었다.

바닷가엔 많은 수상가옥들과 어장들이 늘여있다.

이곳에서 유람선에 올라, 그 기기묘묘한 바위산 '투모도'에 상륙. 그 아름다운 돌산위의 나무들과 바위굴 그리고, 그 해안선을 따라 근래에 잘도 만들고, 축조한 철책과 돌계단을 오르고 내리며 오늘의 중국, 관광국으로서의 발돋움하는 그 약진상을, 다시 한번 느낄 수가 있었다.

유람선으로 다시 영덕으로 귀환하여 버스로 갈아타고, 새로 뚫은 긴긴 터널을 지나 복주로 돌아와, 그 곳에서 일박한다.

11월 26일 (금요일)

복주에서 하문으로의 이동시간은 약 4시간.

이곳은, 중국 경제특구의 하나이며 비취리조트등, 풍경이 아름다운 휴양도시로도 알려져 있다.

인구는 약120만에, 중국경제의 색인차로 불리우는, 경제 특구의 하나이다.

해안에는 비치리조트등, 아름다운 휴양도시로 그곳에는, 또 하문항에 떠있는 〈고랑서섬〉이 더욱 유명하다.

우리는 이 고랑서섬에 가기 전, 우선 인구 120만의 이 하문시에 도작하자, 이 지방 재벌가인 진가경,(1968년사망)에 의해 설립되었다는 집미학촌〈集美學村〉이라 했던가? 그 곳에는, 수십개의 학당과 다양한 중서(中西)접목의 건물 및, 조각들이 돋보인다.

이곳의 대표적인 명소로는 학교의 용주(龍州)못과, 시를 상징한 용과 봉황을 닮은 많은 조각 및 건물이 돋보이고, 해마다 단오절엔 용주경기로, 북소리와 징소리에 맑은 호수가 설레이고, 많은 인파로 미어진다고도 한다.

서양풍을 닮고, 그 위에 중국식 건물로 지어진 학교와, 그 주변을 한바퀴 돌아, 〈해상 화원〉으로도 불리는 아름다운 '고랑서' 섬으로, 배를타고 들어간다.

이 곳은, 일명 해상 화원으로도 불리우고 있다.

이 아름다운 작은 섬 안에는, 그 유명한 일광암(日光巖)이라는 바위산, 그 일광암이란 어원은 일본의 관광지 '닛꼬(日光)' 에서 따온 이름이라고도 하지만 ,그곳에 비길바가 아니니다.

이는 속칭 황암(晃岩)으로도 불리는데, 이는 고랑서 중부의 남쪽에 위치해 있는, 해발 9,268미터의 고랑서 최고 높이인 그 봉우리위에 있다.

전해지는 얘기로는, 1647년 정성공(鄭成功)이 이곳에 왔을 때, 이곳 경치가 일본의 일광산(日光山)보다, 더 아름답다고 여겨, 밝을황(晃)자를 나누어 일광암이란 이름을 지었다고 한다.

그 일광암으로 가는 길은, 케이블카를 내려서도 수월찮은 언덕바윗길로 이루어져 있어, 자칫하다간 많은 관광객속에서 일행을 놓칠뻔 하였다.

그 곳 정상에서 바다건너 하문시내와, 아니 맑은 날에는 대만령으로 포함된, 그 섬들까지도 조망할 수 있다고도 한다.

이 뛰어난 절성지지에도, 그 절경을 탐하는 나라가 있어 이곳은, 또 그 옛날 영국의 조계지로서도 발전되어 왔고, 곳곳에는 아직도 열강들 —, 특히 영국인들의 집자취와 그 흔적이 많이 남아 있다.

다시 그 섬(고랑서섬,Gulangyu lsland,)안에 있는 화원〈숙장원〉으로 간다.

이는 1913년 바다를 면하여 일광암과 함께 세계의 화원중, 가장 넓고 보기드문 화원으로 알려져 있다. 전기 〈일광암〉쪽을 기대고선 이 숙장화원은 본래, 이 지방의 지주로 이름난 임이가(林爾嘉)의 개인 별장으로, 그 자신의 호인 "숙장"을 따서, 지은 이름이라고 한다.

그는 본래 대만사람으로, 1895년〈마관조약〉으로, 대만이 일본에 귀속되자, 그의 아버지가 가족들을 데리고 하문에서 자리를 잡으면서, 이곳과 인연을 가지게 되었다고 한다.

그 후, 이곳에서 사업으로 크게 성공한 이 사람은, 고향에 대한 그리움으로 고랑서에 이 화원을 조성하게 되는데, 그것이 바로 이 숙장화원이란다.

1945년 2차대전에서 패한 일본이 물러난 후, 임이가는 대만으로 돌아갔고, 그 뒤에 남았던 그의 친지들이 1,956년 7월1일, 이 숙장화원을 국가에 헌납하면서 현재의 공원이 되었다고 전한다.

그 곳에는, 아직도 임이가의 동상이 그대로 서있다.

숙장화원은 크게는 장해원(藏海園)과 보산원(補山園)두부분으로 나뉘어져 있고, 장해원 오경(5景)에는 미수당, 임추각, 진솔정, 사십사교가 있으며, 보산원 5경에도 완석산방, 십이동천, 역애오하, 청조루, 소란정 등이 있다.

그 후 정자와 다리를 만들고 화원을 가꾸어 이 곳은, 마치 화원안에 바다가 있는 듯한 착각을 일으킬 정도로, 주변 환경과 더불어 뛰어난 조화를 이루고 있다.

필자는 이 곳에서 또 바위속을 흐르는 냇물과, 많은 나무와 새들의 지저귐, 또 그 위를 가린 천공(天空)의 그 무한한, 거물 주머니를 보며, 이 대자연 하나를 잠식한 그 세계가, 하나의 동화처럼 한편으론 신기하고 가소롭기도 하였다.

일행은 이곳을 나와 그 섬안에서, 또 진귀한 그 예전 피아노만을 수집 진열해 놓은, 이섬안의 피아노 박물관으로 향한다.

이는 같은 숙정화원에 자리잡고 있는, 중국 유일의 피아노 박물관이란다.

이는 또 오스트레일리아 출신 어느 이주민이 자신이 소장했던 30여대의 진귀한 피아노를 이곳에 전시해 만든 박물관으로, 세계 피아노 발전상을 한눈에 엿볼수 있는 곳으로, 고랑서섬은 예로부터 음악가, 특히 피아노 연주가를 많이 배출한 곳으로 〈음악가의 요람 피아노섬〉으로도 불리고 있다.

이 곳에서 다시 하문으로 나오는데는, 바닷길로 배 편을 기다리는 선착장엔 엄청난 관광객들로 그 곳은, 마치 전쟁터를 방불케도 한다.

그날밤 하문에서는 동남아 최대의 5성급, 그랜드호텔(객실 모두 1,524개)에서 하룻밤을 쉰다.

11월 27일(토)〈토루(土樓)가 보인다〉

오늘도 날씨는 맑았다. 〈하문〉에서 3시간 〈남정〉으로 간다.

이 곳은 2008년, 7월 7일 〈유네스코〉 세계 문화유산으로 등재된 그 〈객가토루〉를 보기 위해서다.

길 아래 멀리 숲 사이로, 토루 몇채가 나타난다.

누군가 일행중, 한사람이 제2차대전 후 미군 정찰기가 이곳을 지

福建 土楼
永定客家土楼
2010.11.27 16:39

날 때 저 토루를 보고, 숨겨진 〈미사일 기지〉로 착각했다는 이야기를 들려준다.

마치 그릇만도한 것이 이 넓고, 깊은 산중에 몇채뿐인 이 둥근모양의 토루야말로 어떤 미사일기지거나, 그 저장소가 아니고서야 도저히 상상을 초월하는 것이기도 하였다.

떠나기 전 '산하여행사'에서 보내온 「남정과 영정의 객가토루」 안내서에 보면, 대충 그 설명이 가능하다.

수많은 민족들이 뒤섞여 사는 중국에서도, 복건성의 토루는 그 규모와 구조, 역사적 배경이 독특하다. 토루를 만든 이들을 객가라고 하는데, '객가'란 화북에서 화남산간에 이주한 소수민족을 뜻한다.

중원지역에 살던 이들이 전란과, 여러 가지 이유로 수차례 남하를 거듭하게 되는데 이들은, 언젠가는 또 고향으로 돌아갈 것이라는 믿음을 갖고, 그들 토착민이 아니라는 이유로, 객(客)자를 써서, 스스로를 객가로 이름지었다.

이들은 광서, 광동 , 복건과 강서성, 심지어는 타이완과 동남아까지도 진출했으며, 실제 동남아 지역의 화교들은 대부분, 이 객가에 속한다.

이들은 모두가 복건성과 광동성, 강서성의 접경지대인 산속에 집합주택 형태의 집을 짓고 살았는데, 이들은 언젠가는 또 고향으로 다시 돌아갈 것이라는 믿음을 갖고 있었다고 한다.

이들은 또 그 곳, 토착민이 아니라는 이유로 손님 객(客)자를 써서, 스스로를 객가라고 부르게도 되었다.

현재 복건성 일대, 2개현에만 총 2만여개의 토루가 존재하며, 이중 규모가 크고 잘 보존된 46채가 지난 2008년 7월7일, 유네스코 세계문화유산으로도 등재 되었다고 한다.

유네스코 심사위원들에 의하면, "복건성의 토루는 아시아 특유의 씨족문화와 높은 건축기술, 그리고 독특한 건축구조가 세계문화유산으로 손색이 없다"고 말하고 있다.

토루는 중국의 5대 민가건축양식의 하나로, 송,원(宋,元)나라때 생겨나기 시작해, 명(明)왕조, 초.중기에 가장 많이 지어졌다고 한다. 그 모양으로는 원형과 사각형, 오각형등으로 이루어진 토루는, 적게는 수십가구에서 많게는 수백가구가 거주할 수 있다.

적의 공격을 피해 도피하던중, 짓게된 주거형 건축물은 외부와는 완벽하게 차단하고도 오랜시간을 버틸수 있게 설계되었다.

이 때문에 어느 토루에 가 보아도 토루의 중앙마당에도 공동우물이 한두개식은 반드시 있다.

복건성의 토루는 주로 영정과 남정등지에 분포되어 있는데, 유구한 역사와 기묘한 생김새, 교묘한 구조, 웅대한 그 규모로 세계 민가 건물의 정화로도 불린다.

그 중 복건의 객가토루는 사각형 토루와 원형토루로 나뉘는데, 원형 토루는 객가민가의 전형이며, 침범하는 적의 방어적기능과 지진방지, 그리고 방화와 야수들의 방지 및 통풍, 채광등, 또 다른 기능을 가지고 있다 한다.

한편으로는 외부와 완전히 차단되어 외부와 섞이지 않고, 자신들만의 전통과 문화를 고수하고 이어가겠다는 의식이 반영된 건축물이라는 견해도 있다.

단순한 물리적 공격에 대한 방어와 동시에 이(異)문화 침입에 대한 방어로서의 기능도 겸하고 있다는 말이다.

복건(福建)지방 남서쪽 영정(永定)과 남정(南靖)지역에 지어진, 46채의 토루로, 2층 구조의 원형 토루(흙으로 만든)이며, 한 토루에 800명까지 수용 할 수 있다고 한다.

우리가 돌아본 이 토루는, 외부는 흙으로 되어 있으나 내부는 나무를 사용, 그 토루 네에는 우물과 욕실, 학당 등을 갖추고 있다.

중심을 이루는 안뜰은, 위로 개방되어 있고 벽에는, 바깥쪽으로 몇개의 창이 나있다. 그러나 외부로 통하는 출입문은 단 하나 뿐이다.

외관은 단순한 것같이 보이나, 내부는 편안한 생활을 할수 있게 고안되었으며, 매우 공을 들여 지었다.

토루(土樓)는, 원래 중국의 5대 민가 건축양식 중 하나로, 송(宋)과 원(元)나라때 생겨나기 시작해, 명(明)나라 초.중기에 가장 널리 지어졌다고 한다.

특히 산이 높고 고개가 험한 복건성의 서부와 남부에서 그 지역 특성을 살려, 오랜 세월 이어져 왔으며, 외부의 벽 형태에 따라, 원형, 혹은 사각형, 반원형, 때로는 5각형 등으로 여러모양으로 지어져 있다.

이 광활한 대륙에 다양한 민족들이 살고 있는 중국이지만 토루만큼은 그 어디에서도 보기드문 가옥 구조로 되어있는 것이다.

하늘에서 보면 삼삼 오오 모여있는, 도넛 모양의 토루들이, 집인지 아니면, 앞에서 말한 미사일기지인지 착각할만큼 이색적 풍광을 보여준다.

이처럼 작은 요새와 같은 토루는 중국 내에서도 복건성 영정에만 있었던 것으로 마치, 땅에 솟은 버섯이나 UFO를 닮아, 미국이 위성을 통해본 이 토루들을, 원자로로 착각해 2차대전때, 직접 확인 작업을 벌렸을 정도 였다고도 한다.

우리가 돌아본 몇개의 토루들은 전부 중앙대문 하나를 빼놓고는, 외부출입이 절대 불가능했기 때문에 일종의 작은 요새처럼 생각되었다.

그러나 그 내부에 들어서면 우물과 수도는 물론, 식량창고와 심지어는 닭과 오리, 돼지까지도 사육 할 수 있는 공간이 마련돼 있다.

그리고 이층, 삼층에는 밖을 내다 볼 수 있는 작은 문들도 있다. 이는 곧 이 토루들이 방어요새인 동시에 충분한 생활공간이었음을 말해주고 있다.

토루들의 외벽은 생토에 가는 흙석탄과 대쪽나무 등을 섞어 여러번 반죽하고 눌러 만든 것인데, 흙벽의 두께는 기본이 1m이고, 더한 것은 2m 실히되는 것도 있다.

방마다 하나의 문을 가지며, 10cm정도 두께의 문을 단다. 토루 꼭대기에는 또 비적들을 방어하기 위한 총구를 만들어 만약을 대비하기도 한다.

외부에서는 지극히 폐쇄적인 것 같으나, 하나인 대문 안으로만 반 들어가면 가운데는 하늘로 뻥뚫려 푸른 하늘을 볼 수 있고, 그 내부는 전부 목조로 짜맞춘, 3~5층 규모의 집합주택인 것이다. 방들은 서로 연결돼있는 구조로 1층은 주방, 2층은 창고, 3층은 거의 침실들로 활용하는데, 1,2층에는 밖으로의 창문이 없고 3층부터 작은 창문을 내고 있다. 이는 외부 적들의 침입을 막기위한 방편으로서, 만일의 경우 외침이 있을땐, 그 창문을 통해 활을 쏘며 저항했다고 한다.

★영정과 남정의 〈객가 토루〉

그 중, 우리가 돌아본 영정과 남정의 객가토루는, 단지 세계문화유산이란 점에서가 아니라, 객가인들이 수백년 자신들의 언어와 문화를 지키기위해 안간힘을 쓰고 있는, 이 토루들은 건축이상의 의미를 부여하고 있다.

이들은 그 토루가 세계문화유산이라고 해서 사람들이 살지 않는 집이 아니라, 현재에도 그들은 외부에 차밭을 일구며 살아가는 그들이었다.

토루들은 모두 저마다의 ㅇㅇ루(樓)라는, 이름들을 갖고 있다. 이는 곧 성(姓)이 다른, 하나의 집성촌으로 이해하면 된다.

일행은 이 남정 토루중, 영화촬영 현장으로 가장 아름답다는, 〈운수요〉를 관광한 후, 인구 30여만명의 소도시, 영정으로가 1880년, 임씨가에서 3년에 걸쳐 지었다는 〈북유루토루〉에서 하루밤을 쉰다. 좀 낡은 시설이긴 해도 그곳의 인정과 생활상은 우리와 진배없었다.

큰 원형토루 대문하나를 들어서면 그 곳, 특유의 차맛을 음미할 수 있고, 정원엔 수도와 간단한 취사장, 그리고 창고들이 널려있다.

삼층으로 오르는 계단들은 이미 낡아 삐걱대고 있었다. 살림살이를 갖춘 3층 위엔 공동 응접실에 방방으로 들어가는 문들이 낭하를 따라 빙 둘러져있다.

조식 후, 영정으로 떠나기전 이 토루를 나와, 아침에 돌아본 이 마을 풍경은 바위위로 흐르는 냇물이 맑고, 나는 한참을 걸어 다리를 건너고, 다시 토루 건너에 있는 작은 마을, 그리고 개울가의 정자 하나를 찾아가는데, 그곳에는 속신(俗神)인지, 미신인지 알 수 없는, 작은 신당하나가 우물가에, 이마을의 안녕과 평화를 비는 듯이 환으로 그려지고, 그앞에는 몇가지 제물이 올려진 것을 보며, 인간과 자연 그 믿음같은 것을 다시 한번 반추해 볼수 있었다.

영정에 이르러서는 1972년, 지진에 의해 한쪽으로 기운 「동도서왜루(東倒西盃樓)」를 구경한다. 높이 21.5m의 현존하는 가장 높은 5층 규모의 늪지 안에 있는, 2005년까지 13가구에 47명이 살았다는 화귀루(和貴樓)와, 임(林)씨의 19세손 '린쉰' 이란 사람이 주역(周易)을 연구하며 깨달은 바를 실천해서 새운 토루 등을 보고 다시 버스에 올라, 장장 4시간을 달려 영안에 도착한다.

11월 29일 〈도원동 풍경구〉에서

이 곳은, 그 옛날 동양사상의 이상향으로 불리는 〈무릉도원〉을 말한다.

아름다운 협곡과 냇물, 그리고 그 많은 개울물이 조화를 이루는 도원등 풍경구로 들어선다. 거대한 암석들이 재나름의 모양을 갖춘 산길 따라, 일행은 개울 건너 모진 산꼭대기 절하나를 지나, 가파른 산길을 오른다.

팔순을 갓 지난 나이지만 1,263계단이나 된다는, 이 산길은 아무래도 무리인 것 같아, 그 중턱 어느 절깐암자에서 쉴 수 밖엔 없었다.

그 아래로 돌출한 바위며, 계곡을 타고 흐르는 물빛은 주변의 산색을 닮아 진록색을 띠운다.

일행은 자꾸자꾸 올라갔고, 나는 한참을 그곳, 암자에서 서성이다가 혼자 다릿계로 내려와, 마침 그 곳엔, 계곡을 타고 오르는 나무배하나가 정박하고 있다. 이 산을 오르지 못한 몇 사람들이, 그 나룻배에 올라(세를 내고) 계곡따라 한참을 오른다.

산행 못지 않은 정취가 인다.

일행을 기다려, 그 웅장하기 그지없는 협곡을 따라 다시 한시가지에 이르자 그 곳, 길 한쪽 큰 바윗돌 위에 〈桃源(도원)〉이라는 표지석 하나가 돋보인다.

이 곳은 본래 후한(後漢)의 원남현(沅南縣)자리로, 현성이 바로, 이 원강(沅江)하류 왼편에 자리하고 있었다고 한다.

나는 이곳을 여행하며 더욱 가깝게 닥아오는 것은 그 예전, 동양사상의 이상향이라고도 불리우는, 「무릉도원도(武陵桃源圖)」와, 그밖에 주세붕(周世鵬)의 시문집으로, 우리 조선조 선조(宣祖)때 그의 아들, 박(博)에 의해 편집 공개된, 「무릉잡고(武陵雜稿)」가 있었음을 알고 있다.

그 후, 이는 모두 병화(兵火)로 타 없어진 뒤, 철종(哲宗)때에 와서, 그의 후손 병환(秉桓)이란 분이 이를 다시 수집 간행 하였으니, 그곳엔 부(賦),사(辭)시, 봉사(封事),잡저(雜著), 축제문, 묘지갈(墓誌碣)등, 많은 것이 남아있다.

모두 인본(印本)으로 16권9책으로 전해지고 있다.

그리고 이 곳, 원강(沅江)부근에는, 예로부터 복숭아꽃이 난발하여 그것이 물 위에 떨어지는 광경은 그야말로, 진경(珍景)이었다고도 한다.

그리하여 이곳에는 예로부터 많은 시인, 묵객들이 찾아와 시를 짓고, 그림으로 남긴 작품들이 많다.

앞에서 말한 현재의 「무릉도원도」가 그렇고, 조선조 중종(中宗)때의 신재(愼齋)주세붕(周世鵬1495~1554)의 〈무릉잡고(武陵雜稿)〉가 또한 그러하다.

일행은, 밤 10시가 지나서야 이곳 복건성(福建省)과 강서성(江西

省)경계에 있는, 무이산(武夷山)을 향해, 중국에서 첨타보는 야간 침대특급열차에 올라(4인1실), 어제하루의 피로를 풀 수가 있었다.

영양(영양)에서 왔다는 김씨아주머니는 밤새 열차의 멀미로 한잠을 못 자고, 복도에서 서성이는 그 모습이 측은하기만 했다. 부부동행으로 그렇게도 친절했던 아주머니셨는데-.

제 7일째인 11월 30일(화)

새벽 6시경, 이곳 무이산(武夷山)역에 도착은 했으나, 가는 빗방울이 뜯고 있다.

일행의 실망도 컸다. 허나 실망과 그 기우도 잠깐, 우리가 역에서 떠나 무이산 입구에 다다랐을 때, 하늘은 진정 우리를 보우하사, 숲속의 햇빛과 그 나뭇잎 물방울이 구슬처럼 영롱하다.

날씨는 점점 맑아왔다.

이곳 무이산 풍경구는, 세계적으로 그 풍경이 유명하다는 곳으로, 36개의 봉우리와 99개의 암석, 그리고 두 개의 병풍같은 절벽과, 또 81개의 고개, 4개의 계곡, 9개의 여울, 그리고 5곳의 웅덩이, 11개굽이 골짜기, 또 13개의 샘이 있다는 곳이다.

이곳은 (武夷山)복건성과 강서성의 경계, 북쪽에 위치해 있다.

이 산을 중심으로 북동에서 남서로 뻗어있는 무이산맥을 형성하고 있다.

그 최고봉 1,300m라든가? 그중에는 여러곳의 명승지와 죽림(竹林)이 무성하여 계곡을 덮고, 송나라때 주자학(朱子學)의 문공서원

도원동 계곡의 정자와 도원동 계곡

(文公書院)이 있든 곳이다.

여기는 태산과 황산, 아미산의 낙산대불과 함께 자연과 문화가 어우러져 중국 최초로 1999년, 유네스코 세계 복합유산-자연과 문화 유산으로 등록된 곳이라고도 한다.

중국 10대 명산이자, 동남부 최고의 절경지로 알려져 있다.

이곳은 또 남송시대 주자가 주자학을 완성한 곳이기도 하단다.

그 최고봉은 1,300m이고, 그 산중에는 명승지도 많이 많이 있다.

또 죽림(竹林)이 무성하여 그 계류를 덮었고, 송나라때의 주자(朱子) 강학(講學)의 문공서원(文公書院)이 있다고도 한다.

나는 나이를 핑계삼아 보교에 올랐으며, 일행중 젊은이들은 개울따라 그 곳, 삼보산에서 발원하여 성촌에 이르는, 구곡계를 눈아래로 바라보며 숨차게 이 산을 오르고 있었다.

그 정상에서 바라본 그 아래 구곡계의, 그 꼬불꼬불한 물길과 이에 조화를 이룬 암벽들, 그위의 소나무들하며, 왜 나는 저길을 걸어서 오르지 못했을까 하는 아쉬움도 없지는 아니했다. 아! 내 나이 몇

이기에-.

내 젊었을 때, 학생들과 우리나라 한라산을 내가 앞장섰고, 60대 초반에도 저높은 백두산 정상위에 내가 제일 먼저 올랐건만.? 한스럽고도 한스러웠다.

그곳을 다시 내려와 삼보산에서 발원하여 〈성촌〉이란 곳을 거쳐 〈일곡〉까지, 9.5km의 그야말로 꼬불꼬불하고 언어들이 헤엄치는 계류(溪流)를 따라 대나무 뗏목에 의지하여 1시간 반동안 〈무이구곡〉 산수의 아름다움과 자연의 비경을 마음껏 즐기며, 감탄하며, 내릴수가 있었다.

다음날(12월1일)은 인근의 큰 바위굴로 폭포와 동굴이 절묘한 조화를 이룬 수렴동과 주자, 유자휘, 그리고 유보등 유교의 유명한 3인의 현인들을 모신 사당인 삼현사와, 무이산의 특산차로 알려진 300년묵은 차나무를 구경하고, 마지막으로 청나라때 이곳 복건성의 건축양식을 보여주는, 하매의 민속촌관광후, 무려 5시간을 달려, 황산(黃山)이 있는 안휘성과 인접한 강서성 상묘시 옥산현 외곽에 있는 삼청산(三淸山) 풍경구에 도착한다.

12월 2일 (목) 삼청산 풍경구에 와서

안휘성 황산과도 가까운 강서성 상요시 옥산현 외곽에 위치한 삼청산은 중국 동진(東晉)때의, 갈홍(葛洪)도사에 의해, 생명에너지를 연구하기위해 선단(仙丹)을 만들었던 곳으로, 유명한 도교(道敎)의 성지 중 하나이다.

그 후 주자학을 집대성한 주희(朱熹1130~1200)도 19년간, 이곳에 머물며 강의 했다는 곳으로, 그 외에도 사상가는 물론, 이 곳 빼어난 산의 정기를 찾아 여행했던 많은 시인 사상가들이 있다.

「산하여행사」에서 작성한, 여행 안내서에는 중국 내의 다른명산들과 비유해 다음과 같이 적고 있다.

" 태산(泰山)은 웅위(雄僞)하고

화산(華山)은 준초(峻峭) 또는, 험준(험하지만, 준수하고)

형산(衡山)은 연운(안개와 뭉게구름이 좋고)

여산(濾山)은 비폭(높은 언덕에서 내리꽂는 물줄기가 볼만하고)

청성산(靑城山)은 청유(맑고 그윽하고)

황산(黃山)은 기송 또는, 기수(기이하고 빼어난)가 특색이라고 말하면서, 중국 산수화의 천연모본이라고 자랑한다.

이 때 삼청산은 기봉괴석, 즉, 신비한 산봉우리와 괴이한 바위, 규송두화, 용같이 휘어진 소나무와 두견화, 천폭용등(폭포와 동굴), 해운신광(바다같은 구름위로 떠오르는 햇살), 도교 건축물과 특이한 동식물 등을 골고루 갖춘 최고의 명산이며, '강남최고의 선봉' 이라고들 말한다."

삼청산의 주봉은 해발 1,817m의 옥경봉으로 그 밖에, 옥허봉과 옥화봉을 합쳐, 옥청, 태청, 상청의 삼청신(三淸神)에 비유하여 이 삼청산(三淸山)이란 이름이 지어졌다고 한다.

이와같은 이유로 오늘날 사람들은 삼청산을 '신선의 산' 으로 부르고 있으며, 중국도교의 유적과 성지로 전하고 있다.

그러다가 건륭제에 들어와 불교우대정책이 시행되면서 점차 도교에 대한 지원이 소홀해지면서, 1813년 화재로 인한 삼청산의 도교사원이었던 삼청궁(三淸宮)이 소실되면서 쇠락해 갔고, 더욱 민국시기에 와서 전란에 휩싸이면서 이 곳을 지키던 도사들 마저 떠나게 되자 도교 중심지로서의 그 역할도 종말을 맞이하게 된다.

그 후, 1986년부터 중앙정부의 지원을 받아 이곳 여러곳의 풍경구를 연결하는 돌계단과 잔도가 완성되면서 새로운 관광지로 주목을 받게도 된다.

뿐만아니라 2008년부터 〈유네스코〉, 세계의 자연유산으로 등재되면서 새로운 중국의 명소로 떠오르게 된다.

이 곳은, 산이 깊고 원래가 비가 많은 지역이라, 어제의 비로 한편으로는 걱정은 되었으나, 이 산을 오르는 케이블카에서는, 점차 맑아지기 시작하면서 그 아래 가리웠던 구름띠도 반대쪽 먼산 아래로 사라져 갔고, 그야말로 맑은 하늘, 푸른 계곡이 펼쳐지기 시작했다.

둘식 오른 케이블카가, 어느 중턱에 닿자 일행은 동쪽에서 서쪽으로 한바퀴 도는 돌계단과 절벽 위에 만든 아슬아슬한 보행길을 쇠줄잡고 올라간다.

가다가 멈추기도 하거니와 어느 곳에서는 천길만길 공중으로 난 길도 있어, 산쪽 벽을 의지하여 겨우겨우 걸을 때도 있다.

이 산에서 저 산으로 잇는 도선교를 지나자 한 돌벽에는 붉은 글씨로 "美景蟲可觀, 安全重要"라는, 「풍경도 좋지만, 안전이 더욱 중요하다」라는 주의하라는 팻말도 있다.

그리고 그 옆 벽엔 「天下三清山, 世界共分亨」이란 글귀도 있다.

'천하의 삼청산 세계가 함께하자' 는 뜻이다. 산죽(山竹)들은 바위에 붙어있고, 작은 소나무는 바위를 뚫고 자라고 있다.

어느 곳엔 「仙人指道」라 하여 유(儒), 불(佛), 선(仙)의 원조들을 기리는 바위가 있고, 「양광해안 삼청궁(陽光海岸三清宮)과 외쌍계색도(外雙溪索道)」란 팻말도 있다. 다함께 유(儒), 불(佛), 선(仙)의 원조들을 기리고 있다.

거기엔 모두가 화강암 삼림지역으로, 이루다할수 없는 기암괴석,
바윗길 홀로 돌아서니 구름도 눈아래.
구름타고 날아라! 어린시절 꿈꾸던 그때가 새롭구나.
바위 길 홀로 돌아 구름도 눈아래,
청산엔 기기한 소나무, 천길 만길 벼랑위의 외솔하나,
날개달고 비행하고 싶어라.

그리고 이 곳, 바위 위엔 이곳에만 서식한다는 원숭이 얼굴을 닮은 「키작은 진달래」와, 그 바위위의 소나무 한거루는 말없이 독야청청, 오랜 세월을 지켜주고 있었다.

동서문화가 공존하는 터키

터키라는 나라는, 마치 사람의 왼손바닥을 펼쳐 보이는 것과 같은 모양으로 유럽과 아시아대륙을 잇는 교차로상에 위치하고 있다.

아시아의 서쪽, 동부지중해와 흑해와의 사이에 돌출한 소아시아 반도로, 동남단의 이스탄불 주변의〈유럽터키〉와, 다마넬즈해협을 포함한〈아시아 터키〉로 구성되어 있다.

이와 함께 그들 오랜 역사는 히타이트에서 로마 비잔틴제국, 오스만대제국에 이르는 다양한 역사와 문화가 공존한 곳이다.

초대교회에서는 많은 의식과 행사를 치룬 원형극장과 신전등, 그리고 오스만투르크제국의 화려했던 이슬람 문화가 공존해 있는 나라다.

국토는 동서로 긴장반형을 이루며 북쪽은 흑해, 동북은 옛소련의 그루지아(Gruziga)공화국, 동쪽은 이란(Iran), 남쪽은 이락(Irag)과 시리아(Syria)에 각각 면하고 있다.

그리고 에게(Aegac)해의 지중해를 바라보고 있다.

특히 에게해안은 도서인 반도가 많아서, 복잡한 해안선을 이루고 있다. 그러나 전국은 높은 평야로 장관을 이루며, 해발 1,000미터가 넘는 타우로스(Taurus)산맥이 동서에 걸쳐 있다.

더욱 이 나라 국민들은 6 · 25 한국전쟁때, 우리와는 혈맹을 같이 했던 인연으로 한국인을 코렐리(koreli)라고 부르며, 형제의 나라로 지칭하며 매우 우호적일뿐더러 그들, 수도 〈앙카라〉중심거리에는, 지금도 한국공원이 따로 있다.

〈2010년 4월5일(월요일)〉

아침 6시, 인천국제공항을 이륙한지 아홉시간만에 이곳, 터키의 제1도시라고 하는 이스탄물 공항에 도착한다.

지형상, 이곳은 〈마라마라해협〉을 사이에 둔 유럽과 동양, 그리고 그 일부지역이 이 해협을건너, 서유럽국가들과도 일부 인접해 있다.

사면이 모두 바다로 둘려있어, 전쟁과 그 화를 면하기 위하여 그들은 수도를 〈이스탄불〉에서, 동부 내륙 깊숙한 〈앙카라〉로 옮겼다고 한다.

한 20년전, 나는 아내와 함께 이집트와 이스라엘 쪽을 거쳐 이곳에 도착, 시내관광차 하룬가, 이틀을 묶고 내륙으로 떠나려든차, 우연히도 북조선 김일성주석의 사망소식을 라디오뉴스로 전해듣고, 귀국을 서둘렀던 적이 있다. 어언 20여년 전의 일이다.

이곳 시각 4월6일, 새벽 6시경 도착, 약 한시간 후 공항에 대기중인 관광버스에 올라 〈이스탄불〉 시내를 벗어난다.

오늘의 제1목적지는 〈차나칼레〉라고 했던가?

그곳에서 다시 '트로이'를 거쳐 '아이발락'까지가 오늘의 일정이라고 한다.

이곳, 고속도로변 잔디와 나무들, 한창 움터나는 계절이었다.

그러나 이나라에는 물에 석회성분이 많아, 그렇게 비옥한 것 같지는 않다.

몹시 메말라 있다. 해가 뜨자 길가 건물들의 유리창엔 그 햇빛이 불꽃처럼 반사된다.

터키는 원래 유목민족이자, 이슬람국가이다.

좌우양쪽에 호수일까? 장마로 물에 잠긴모양도 같고 일견바다인 섬처럼 보인다.

그 옆으로 고속도로가 길게길게 나있다.

얼마나 왔을까? 곧 시야엔 〈마라마라〉해협이 좌측창가로, 물안개 속에 희미하다.

그 옆으론 넓디 넓은 평원과 전지들이 이어진다.

그 모든 나무(주로 미루나무같다)에 물이 오르는 계절, 아직은 텅텅할뿐 발아이전인것 같다.

그리고 빈밭엔 함께 묻어나는 푸른 빛깔은 보리밭 같기도 하다.

연변의 집들은 모두가 붉은 기와, 벽체는 희고 붉고 미색들이 많다. 창틀이며 그리고 모든 것들이 보기에는 우리문화와 닮아있다.

한마을을 지나자 곧 푸른바다. 이곳이 〈말라마해협〉이라고 누군가 일러준다.

해안가의 집들이 돋보인다. 어선인지, 군함인지, 그리고 바다를 향한 언덕 위의 집들이 부호들의 집같다.

그리고 휴양지임을 말해준다.

그 곳엔, 검은 해송과 미루나무가 군락을 이루고 있다.

사람은 한시간이상 달려왔는데도, 행인 한사람을 볼수가 없다.

길가와 심지어는 주유소에도 사람이라고는 없다.

국토와 그 면적에 비해 인구가 적은 탓일까?

오전 8시가 다 돼간다. 인가부근에도 전혀 사람 그림자조차 볼수 없더니, 사리를 두른 한 여인이 한 아이를 데리고, 등교라도 시키려는지 길가에서 차를 기다리고 서있다.

해안가 균일한 주택가에도 사람사는 곳 같지 않게 사람하나 볼수가 없다.

말할수 없이 아름다운 해안, 〈마르마라해안〉의 풍경들이다.

집들의 모양도 일정하다.

검은 재복의 공인(公人)같은 사람하나가 마을길을 간다.

바다와 갈대, 철조망, 그 위로 고가도 하나가 끝없이 이어진다.

해안가의 집들이 점점 아름다워진다.

밤비행기로 왔기에 졸고들 있는데, 가이드가 이제 〈차나칼래〉로 이동중이라고 알린다.

이제 등교하는 학생들일까? 길가에 하나둘 눈에 뜨이기 시작한다. 아침이 일러서일까?

어쨌든 여유 있는 사람들 같다. 길을 쓰는 청소부가 보이고 몇사람의 아침 산책하는 사람들이 보인다.

〈페질라〉라는 도시, 아나도리아반도, 흑송들이 많다. 유채꽃을 닮은 아나손, 그리고 양귀비꽃, 아나보네, 오리브나무들도 보인다.

이 나라 국화는 튤립, 아나손이지면 해바라기 재배,

이 나라 면적에 비해 인구는 작은 편이며, 33%가 농사에 종사하고, 7,100만 인구중 이곳 이스탄불에만 1,200만, 그리고 수도 앙칼라에 500만, 이즈밀300만, 안탈야에 150만의 인구로 분포되어 있다고 한다.

주식은 빵과, 그리고 닭고기와 야채등으로 만든 케밥이 전부라고 한다.

그들은 원래가 유목민이었기에 양고기의 그리스식 쎄라드는 있어도 뜨거운 음식이라고는 없다. 그대신 향신료가 강하다.

우측에 또 바다가 나타난다. 어디쯤 왔을까?

이 나라 국화는 튤립, 아나손이지면 해바라기를 심는다고 한다.

국민의 33%가 농사에 종사하나, 이스탄불과 앙카라, 이즈밀에만 인구가 집중해 산다고 한다.

앙카라에만 450만, 이즈밀에 400만, 국토의 33%가 농경지로 주식은 빵과 양고기, 그리고 케밥이라는 닭고기와 야채로 만든 요리이다.

우측으로 바다가 보인다. 그넘어로 산들이 둘러싸여 있다.

말마르해협. 아름다운 별장들이 모여 있는 것으로 보아 이곳은 부유층, 특히나 유럽사람들의 휴양지 및 별장지대라고 한다.

그 곳 〈겔리부르〉라는 해안에 도착, 이 곳 부둣가 노천식당에서 아침겸 점심을 든다.

이 곳은 〈브즈포러스〉해로, 이제사 우리는 서양땅에서 동양, 즉 서아시아의 땅, 라스베끼로 들어서고 있었다.

이처럼 그들 터키의 옛 수도였던 이스탄불은 동과서를 경계로 서쪽은 유럽, 동쪽은 아시아의 땅으로 양분되어 있다.

이 보스포러스 해협은 본래는 깊은 계곡이었다고 한다.

그 길이가 32km에 좁은 곳은, 불과 700미터에도 미치지 못한 곳이었다.

지금으로부터 7500년전 빙하기에 얼음이 녹으면서, 에게해(Aegwan sea)의 수면이 높아지자, 바닷물이 이 계곡으로 쏟아져 들어갔고, 그때까지도 담수호에 불과했던 흑해로도 흘러 들어갔다. 그래서 오늘까지도 흑해의 밑바닥은 담수인데다가, 그 위쪽은 바닷물로, 이 흑해가 검게 보이는 것도, 이 바다 깊은 곳에 있는 죽은 담수 때문이라고 한다.

이 곳(겔리부르)에서 점심을 마친 일행은 이 보스포러스해의 유람선으로 아시아의 땅 차나칼레로 향해가고 있었다.

검고도 푸른 바다, 다시 그곳에서 버스를 갈아타고 에게해의 연안따라 〈토로이〉로 들어간다.

가는 길엔 바다가 양쪽에 따라붙고 산에는 흑송들이 구불구불 운치있게 자라고 있다.

〈토로이〉는 호머의 「일리어드」와 「오딧세」의 고향으로도 유명한 곳이지만, 이곳에는 그 예전, 토로이의 유적들과 1988년, 세계 문화 유산으로 지정된 〈토로이의 목마〉를 보기 위해서였다.

입구에 들어서자 붉은 목마하나가 하늘을 찌를 듯 솟아 있는데,

아무리 보아도 내눈에는 그 전설 속의 목마와는 같지 않게, 낯설게만 보이는 그 이유를, 나는 아직도 찾지 못하고 있다.

전설과 신화, 이것이 현실일 수는 없듯이 신화는 신화로서 끝나고, 구구전승되는데, 그 뜻이 있다고 생각한다.

거기에 칠을 더하고, 그 형상을 부조함으로써 그 신화는 이미 끝난 것이나 다름 없다고 나는 생각한다.

그리고는 다시한번 돌아볼 생각도 없이, 그저 폐허일색으로 아무렇게나 나딩구는 저 헐고 자빠진, 예전의 낡은 석축과, 그 황폐화된 풀밭에 서서 나는, 그 2천 5백년전의 그 목마와 이를 구사한 시인 호머의 넋을 떠올리고 있었다.

허나 세계는 1988년 이곳을 세계 문화유산으로 지정하고 있다.

나는 내키지 않는 그 목마를 다시 한번 돌아보며, 이 넓은 평야에서서 2천5백년전 그 화려했던 모습을 반추해 보고 있었다.

이 끝없는 평원위엔, 옛 석축들만이 그 흔적들을 더욱 씁쓸하게 보여주고 있었다.

그 폐허의 밭에는 올리브와 많은 과목들이 무한으로 뻗어있다. 옛 트로이의 전설. 그 전설이 있음직한 곳.

배꽃인지 자두꽃인지 푸른 들판에 고목과 신생목이, 이 푸른 벌판위에 옛것과 현대를 조화롭게 수 놓고 있었다.

나는 옛 것과 좋은 곳을 보면, 언제나 내 어렸을 적 고향을 연상케 된다.

이 곳은, 기원전 4000년전부터 사람들이 이미 살기 시작했다고 하며, 지금의 트로이에 대한 전설은, 시인 호머의 「일리어드」로만 기억되고 있다.

이 곳 트로이의 유적은 에게해에서 정확히 6km 떨어진 스카만도로강과 사보이스강이 평야를 내려다 보는, 히살코언덕 위에 위치하고 있다.

이곳은 바다와 근접하여, 침입의 위협을 받지도 않을뿐더러 너무 멀지도 않아, 교역의 어려움도 없었기 때문에 문명이 발달하기에 아주 적합한 곳이었다고도 한다.

그리하여 트로이는, 벌써 4000년 전부터 인간이 살기 시작했고, 지금의 트로이에 대한 전설은, 시인 호머의 「일리어드」에 의해서만 전하고 있다.

폐허의 그 밭위에는 현대인들이 심은 올리브와 많은 과목들이 무한으로 뻗어있다. 옛 트로이의 전설, 그 전설이 있음직한 이곳, 끝없는 평원이 펼쳐져 있다.

배꽃인지, 자두꽃인지 푸른들판엔 고목과 신생목이 그리고, 옛것과 현대를 조화롭게 수놓고 있다.

나는 옛 것과 좋은 곳을 보면 언제나, 내 어렸을적 내 고향을, 연상케도 된다.

지형에 비해 인구가 적은 탓일까?

도로엔 전혀 사람이라곤 없다.

이 곳을 떠나 다시 「아이발락」으로 향하는데, 산정에서 본 그 지중해안이 또 그렇게도 아름다울 수가?

나는 오래전에 갔던, 세계의 3대 미항으로 꼽히는 저 남미〈레오디자이넬〉, 그 바다를 떠올리기도 한다.

오늘의 도착지는 〈아이발락〉이라 하였든가?

가는 길엔, 그 예쁜 해안의 집들, 붉은 색과 흰색으로 곱고도 아름답다.

모두가 서유럽 부호들의 별장들인 것도 같다.

역시 길에는 사람 그림자도 없다.

앞에는 망망한 대해, 그 갯가엔 갯버들, 이제 막 노오란 움을 티우고 있다.

집집마다 모양새 가춘 옥상안테나, 노오랗고 빠알갛게, 조화를 이루고 있다.

그리고 이곳엔 신기하게도 색다른 풍속들이 하나있다. 사람사는 그 지붕위에 파아란 병 하나를 꽂아두면, 이집엔 과년한 딸(처녀)하나가 있다는, 표시라고 한다. 중매를 기다리고 있다.

그 해안으론 집들이 연이어진다. 〈아이스로드〉라 하든가? 에게 연안의 휴양도시중 그 하나라고 한다.

산 한쪽 기슭에는 만년을 지켜온듯한, 어구길은 세곡이 보이는가 하면, 벌판위엔 올리브나무숲에 하나 선 포풀라, 갖은 운치를 다하고 있다.

이슬람 국가답게 둥근 돔교회도 볼수가 있다. 오늘의 종착지, 지중해에 면한 〈아이발락〉, 아주 빈약한 해변의 한 호텔이었다.

나는 이곳에 짐을 푼 다음 혼자서, 해안가 모래밭을 지나, 이미 어두움이 내린 바닷물에 들어가 발한번 적셔본다.

그리곤 그 아무도 없는 그 모래뻘을 혼자서 걸었다.

〈4월 6일(화요일)〉 로마의 영광〈애페소〉로 가다

호텔을 나오는데, 〈꾸나이드〉란 인사를 보낸다.

해안의 집들은 여전히 예쁘다. 에게해의 이즈밀로 향해간다.

밭에는 살수기, 길좌우엔 올리브 나무들이 병열해있다.

양들이 풀을 뜯는다. 깊숙이 육지를 타고 들어온 바닷물(에게해), 그 골짜기엔 어느 마을 공동묘지들이 있는데, 그 묘앞엔, 이곳에도 어느 누가 두고간 꽃묶음이 시들어가고 있다.

도로휴게소를 지나자, 깊숙이 에게해의 한 지류〈쎄밧〉이란 곳이 육지를 타고 들어와있다. 아름다운 정경, 에페소를 포함한 이 지역은 복숭아의 주산지로도 유명하거니와, 이곳 사람들은 주로 〈아르세시스〉라는 여신을 믿고 있다고 한다.

이곳엔 또 그의 신전이 유명할뿐더러 그앞으로는, 그리이스의 〈로도스〉 섬이 가로 누워있다.

또 〈무라,데레시〉가 인근에 있고, 포도밭과 미루나무, 「안타리아」는 지중해 중에서도 관광도시로 유명하다. 유럽의 직항도시로서 오렌지의 생산지로도 알려져 있거니와 이곳은, 〈베란다문화〉라고 하여 습기가 많은 곳으로, 곰팡이를 막기 위하여 설치되어 있다.

지중해의 모래사장이 계속된다.

드디어 〈이즈밀〉에 와 닿는다. 현재는 인구400만의 큰 공업도시로 유명하다.

최근에 와서 물부족으로 기근이 심하다고 듣고 있다.

길가엔 복숭아꽃, 그 봉우리가 한창 부풀고 있다.

드디어 에페소시의 고성이 나타난다.

시내 한가운데 성곽으로 둘러져있다. 우측에는 시온산, 좌엔 볼본산 그 앞에는, 귀족들의 시장터- 이미 폐허가 된지 오래라고 한다. 입구의 소규모 원형극장위에는, 목이 긴 선인장의 꽃들이 곱다. 시 외각에도 돌로 쌓은 많은 성곽들이 보인다.

에페소(Glory of Roma Efes)에 현존하는 유적들의 역사는 3000년전으로 소급된다. 지금에 볼 수 있는 이 유적들은 거의 모두가 2000년전, 로마시대에 재건된 것이라고 한다.

그러나 이곳에는 로마사람들의 당시 생활과 문화가 잠자고 있는 곳으로, 아우쿠스투스 황제 때의, 이곳 인구는 20만이었다고 한다. 그러다가 〈비잔틴 제국〉에 들어와, 에페소항구의 퇴적작용으로 인해 흙으로 채워지고, 이 지역에 말라리아가 창궐해, 이 도시는 서서히 그 역사를 다하게도 된다.

그 예전의 흔적들로는, 그 어마어마한 폐허의 극장과 아고라, 오데온, 그리고 신전과 도서관, 그때의 귀족들과 평민의 화장실, 목욕탕 등, 하나하나 돌아보기에도 힘에 부진다.

어쨌든 우리는 유럽문명의 진수를 이곳에서 확인하게 되는, 이 아이러니—. 어떻게 설명돼야할까?

고대7대불가사의 가운데 하나라는 아르데미스신전도, 이곳에 있다.

날렵한 몸매에 그 인자한표정, 긴머리장식과 이 상징적 조각이 주는 그 권위, 수많은 계란을 젖가슴에 매달고있는 풍요의 약속, 아름다움과 신비로움이 가득한 하아얀 대리석, 신의 모습은 오리엔트 신앙의 전형적인 메시지를 담고 있다.

이 도시는 바울로의 전도집회와도 인연이 있다고한다. 서기 50년인가, 바올로가 이곳에서 전도해 그 많은 개종자를 얻었지만, 그는 끝내 추방당한 일화를 가지고 있다.

그러나 그 사이사이길을 올려다보면 옛, 로마의 환상이 잠깐씩 어려올것도 같다.

그 안엔, 많은 관광객들이 붐비고 있었다.

그곳에는 무려 2만명을 수용할 수 있는 노천대극장도 있다.

이곳에서는 2000여년전 그리이스의 비극이 지금도 상연되고 있다고 한다.

내 일찍이 (1977년, 이태리의 로마를 비롯해 베로나와 비센자의 중세 및 고대 극장 유적을 답사 한답시고, 이태리와 그리스, 여러 지방만을 돌았던 그때가 한없이 부끄럽게만 생각된다.

그 때, 나는 솔직히 중동 여러국가들을 포함한 이곳 터키에 관한 지식은 전무했기 때문이다.

다시 이 극장을 왼쪽에 끼고, 〈마블〉거리라 이름하는 이거리를 걷다보면, 그 오른쪽에 〈케로소스〉라는 도서관이 있다. 또 이 건물은 에페소스 유적중에서도, 그 보존 상태가 가장 좋다는 유물로, 2층의 파사드가 그대로 보존되고 있다.

각분마다 〈지혜〉, 〈문명〉, 〈학문〉, 〈미덕〉을 상징하는 여신들의 상이 있고, 그 오른쪽에는 그리이스식 이름으로 〈아고라〉라고 불리는 광장이 있다.

지금은 오랜 지진과 퇴적작용으로 폐허가 되어있으나, 로마시대에는 항구도시로 이름을 날렸던 이 곳은, 거대하면서도 광활한 이 계곡에는 그 예전, 코린도와, 이오니아 양식의 석굴들이 즐비할뿐더러, 요한과 바울의 이야기도 전하고 있다.

요한은 이곳에서 그의 복음을 집필했으며, 이곳에서 많은 사람들에게 세례와 안수로써, 전도하던 곳이기도 하단다.

일행은 오후2시가 넘어서야 셀스성(城)을 바라보며, 이곳을 떠난다.

올리브나무들이 온 밭과 산천에 무성도 하다.

오후 3시반, 〈호스튼〉이란 도시를 지날 때 소나기한줄기, 신록의 푸른 나무들 사이로 미루나무 한거루, 산과산 양품안 넓은 들판에는 논과 밭들도 있지만 신록의 잎들은 그 밭들의 정감을 더해준다.

거리의 아카시아나무는 꽃을 피우고, 그 거리의 야자나무들이 성글기만 하다.

오동나무 가로수가 즐비한데, 옆으로 어디로 가는 외길 철도 좌우엔 작은 흰 꽃들이 아름답다.

수로가 계속 따라 붙는다.오늘의 도착지는 〈파묵깔래〉, 그 곳은, 〈목화의성〉이라 불리는 세계적인 휴양도시로 알려져 있다. 에페소에서 약 2시간 30분의 거리라고 한다.

목화의성〈파묵깔래〉 4월 7일(수)

어젯 저녁 도착하자마자 이 곳, 온천이 유명하다기에 혼자서 온천욕을 즐기다.

오늘의 목적지는 〈카파토키아〉, 자그마치 이 곳에서 차로 달려, 9시간의(630km)거리라고 한다. 때문에 오늘의 모닝콜은 새벽 5시. 조식 후 출발은 6시 30분이라고 한다.

이 곳을, 일명 「목화의성」이라 말하는 것은 목화처럼 흰 온천수가, 산마다 골마다 어디에도 흰 물줄기를 솟아내고 있음을 이르는 말이다.

이 곳에는 석회층으로 인해 만들어진 환상에 가까운, 경관과 고대도시, 〈히엘라포리스〉의 풍부한 볼거리가 있다는 곳이다. 그 중에서도, 파묵깔레의 석회층은 자연이 만들어 준 경이로운 산물로, 대지 위쪽에서 흘러 내려온 석회성분을 함유한 물이 오랜시간을 걸쳐서 결정체를 만들고, 이것들이 점차적으로 쌓여져서 현재의 저 광활하고도 희귀한 경관을 만들어 낸 것이란다. 돌같이 굳은 그 넓디 넓은 광활한 석회층이 패인 곳에는, 위에서 흘러 내려온 온천수가 담겨 야외온천장을 만들고 있다.

오랜 시간을 걸쳐서 만들어진 이 곳 〈파묵깔레〉의 석회층은 우선 그 광활함에서 놀라웁고, 크림색의 종유석과 같은 신기한 모습도 볼수가 있다.

멀리서 이 파묵깔래의 석회층을 바라보면, 마치 흰 솜들을 뭉쳐 놓은 것 같게도 보인다.

이래서 〈파묵깔레〉란 그 지명은, 터키어로 〈목면의성〉이란 뜻을 가지고 있으며, 이를 비유한 말이기도 하단다.

일행이 〈히엘라포리스〉로 향하는데, 온천수의 연기가 푸른산에 깔려있다. 흙들이 희다.

예전의 온천지역 백산(白山), 히엘라포리스의 옛모습이 그대로 남아있다. 칼슘성분으로, 욕조각이 신비로운 산형을 이루고 있다.

마지 동화의 나라 같기도 하다. 새하얀 눈이 덮인 것처럼, 아름다운 석회봉과 노천온천, 그 온천들로 인해 모든 땅은 죽어있다.

그 노천 산 위에서 흐르는 온천수로, 두자 남짓한 그 좁은 물길따라 굽이굽이 흐르는데, 사람들은 바지를 걷어 올리고 이곳에 들어가 족욕을 즐긴다.

나도 따라서 들어갔다. 허나 유황성분으로 미끄러운대다가 나이탓일까? 몸의 균형이 잡히질 않는다.

자칫하다가는 미끄러져 낭패라도 당할것만 같다.

이 때에, 나의 전방 시야에는 그 곳에서, 그리 멀지않은 맞은편 산위에는 그 예전 노천극장의 장엄한 옛 모습이 발견된다.

나는 미친 듯이 족욕을 그만두고, 입구의 신발장에서 신발을 찾아신고, 그 산위로 뛰어올라갔다.

한정된 시간상, 뛰지않고는 일행들의 족욕시간과 출발시간을 마출 수가 없기 때문이다.

내 뒤에는, 대구에서 왔다는 어느 여인 하나도 이에 관심을 가진 분이었던지 내 뒤를 따르고 있었다. 허겁지겁, 숨을 몰아 쉬며 올라갔다. 한 20분의 거리였다.

그 상층 돌담문을 들어서는데 수위실이 보였으나, 아무도 나를 제지하지는 않았다.

나는 숨을 헐떡이며, 이석조 노천극장의 최상층에서부터 그 아래쪽, 무대와 skene가 있는 맨 아래층까지-. 이 바쁜 와중에서도, 그

목화의성에 현존한 히에로포리스극장 유적

계단과 돌객석을 일일이 셈하며, 이 극장 하단의 무대와 그 아래 〈skene〉까지 확인해 갔다.

〈스케네〉도 완전한 상태, 돌계단들은 이끼가 끼어 검버섯처럼 무늬지어 있었다. 상층이 25계단, 하층은 24계단으로 그 가운데 복도가 나있다.

연신 카메라의 셔터도 눌러댔다.

무대 밑으론 의상실과 지하실, 그 위에 반원형 지면 무대가 있고, 또 그 위에 〈스케네〉가 있다.

로마시대의 그 특징이 그대로 남아 있다.

나는, 이곳저곳을 오르내리다가 끝내 무대 아래층에서 나올 곳을 몰라, 한참을 헤메이다가 어느 후미진 돌틈사이로 겨우겨우 빠져나올 수가 있었다.

위에는 흐무러진 석축들, 군데군데 나뒹굴고, 뒤에는 마냥 푸른 풀밭이 끝간데없이 펼쳐져 있다.

그 사이사이로 간혹 남은 석축인지, 돌무덤들인지, 그 흔적들이 너무나도 허허로웠다.

일행들은 이미 족욕을 마치고, 〈Hierapolis〉의 그 언득 정류장에서 나를 기다리고 있었다.

그 Hierapolis극장의 돌담을 빠져나와 그 가파른 풀밭 위를 달려 내려 오던일, 지금 생각하니 꿈만 같은 일이었다.

내나이 얼마기에-. 그 곳 지명에서 온 극장 돌텀을 빠져나와, 가파른 풀밭위를 달려 오던일, 그리고 그 밑에 옛도시의 잔해들이 잠들어 있을 것만 같은 환각을 떠올리며 나는 미친 듯이 이 황폐한 풀밭을 뛰어 내려오고 있었다. 멀리 그 풀밭 넘어론 그 화려했던 옛문화가 숨쉬는 것도 같았고, 이젠 그 풀밭 너머엔 긴 포푸라 몇주만이 먼먼 곳에서, 저를 찾은 나를 배웅이나 하듯, 말없이 나를 전송해 주고 있었다.

도로가의 개들도 순하고 순하다. 덩치는 송아지만한데, 눈만 껌벅껌벅 순하기만 하다. 사람이 내어민 손바닥에 발을 올린채, 우리를 전송하듯 이별을 아쉬워 하고 있다.

비는 간간히 흩뿌리고 있다. 나는 껌대신 인도산 〈님〉이란, 나무줄기를 씹으면서 차에 오른다.

잔뜩 흐린 하늘에 점차 구름이 거치자, 우측 창가로 어디서부터 들어온 바다인지, 아니면 어느 강줄기인지, 넓은 벌판위에 허이옇게 드러난다.

그 벌판위로 외줄기 기찻길이 한도없이 뻗어 있다.

그 초원위에 풀을 뜯는 양떼들, 그리고 포풀라 가로수는 곧기만 하다.

비가 걷힌다. 허나 하늘 한쪽에 시커먼 검은 구름 띠가 아직도 남아있다.

한 길로 뻗은 도로 위엔 간혹 차들만 보일뿐, 사람이라고는 볼수가 없다.

구름사이로 햇볕이 보이드니 곧, 구름에 가린다.

오늘은 장장 버스에서만 5시간, 〈파묵깔레〉에서 세계 문화 유산의 하나인 〈카파토키아〉까지-.

떠나면서 흰 눈이 덮힌 것과 같이 아름답던, 석회봉과 그 노천온천, 그리고 남들의 눈총을 받으면서도 아니 보고는 지나칠 수 없던, 저 〈히엘라폴리스〉의 극장, 그 주거지역의 잔해들이 남아있던 그곳을, 미친 듯이 돌아 본 내가, 다시 자랑스럽게도 느껴진다.

하늘이 푸르러온다. 비는 그치고…….

혼자서 떠들어대는 여자가이드, 그들의 여성관과 결혼에 대한 이야기가 재미있다.

길에는 내가 그리고 좋아하는 포플라, 곧기만 하다.

오후엔, 창가에 햇볕이 따갑다. 〈긴까엔체리〉라 하든가.

좌우론 무한한 초원이 끝없는 골프장을 연상시킨다.

또 창가에 비가 내린다. 뜰다말다 하루에도 여러번 반복되는 비. 변덕이 심하다.

오늘이 이 곳 식목일이란다. 한 곳, 들판 위엔 많은 사람들이 나와, 비를 맞아가며 나무들을 심고 있다. 세계 어디에도 식목일은 있는가 보다.

비는 계속 뜰다말다 반복한다.

〈코냐〉라는 곳을 지난다. 평원 위에 삭막한 한촌인줄 알았는데, 수천 수만의 빌딩과 여러층의 가옥들이 보인다.

허나 이곳은, 모두 농사짓고 사는 사람들이라고 한다.

길가 많은 양떼들이 한곳에 몰려, 가는 우리를 지켜본다.

사막을 닮은 황무지에 소소초가 돋아있다.

사방으로 뻗어있는 넓은 고가도위엔 차들은 별로없다.

이 나라는, 면적에 비해 인구밀도가 대단히 낮다.

간간히 보이는 〈모스크〉, 이 나라도 예외없이 이슬람의 문화권

안에있다.

또 비가 내린다. 도로가에 피는 꽃들도 차갑게만 느껴진다.

그 따갑던 햇빛은 어디로가고-.

길에는, 이 곳에서 첨보는 우리나라 현대차, 반갑기만 하다. 오늘 내리는 비로 내일 열기구를 탄다는 사람들, 그 표정들이 어둡다.

또 햇볕이 난다. 변덕이 심한 날씨다.

먼 산위엔 아직도 하이얗게 깔려있는 흰 눈이 햇볕에 반사되어 유리알처럼 비춰온다.

해만 나면 따갑고, 비만 오면 아직 겨울이 가시지 않은 터키, 기후의 변화가 대단히 심하다.

이 넓은 벌판과 농경지엔 역시 사람의 흔적조차 없다.

먼 산위의 눈들이 하늘의 구름처럼 조화를 이룬다.

그렇게도 많은 이야기를 들려주던 어린나이의 여자안내인, 꾼득꾼득 졸고 있다. 얼마나 고단했을까도 싶다.

멀리서 보이든 산 위의 눈이라고하든 그 흰빛깔은, 태양이 헐벗은 산위의 맨땅을 비춘 햇볕이었을까?

산에는 정말 나무 한그루도 보이질 않는다.

저 티벳이란 나라, 사막에 있는 모래산이 굳어서 보이든 그 형국 같기도 하다.

여기에도 젓나무랑 소나무가 인공으로 심어져, 있긴하나 크질 못하고 있다.

풀도 말라가고 있다. 건기가 심한 곳도 같다.

창가로 햇볕이 따갑게 비쳐온다. 날씨변동이 심하다.

이 넓은 풀밭위에 그 많은 젖소들, 사람하나 볼 수 없는데, 그들만이 모여서 있다.

이곳에도 유목민은 아직도 존재하고 있을까 하는 생각이 든다.

천막촌이 몰려있다. 허나 사람은 그 그림자도 볼수가 없다.

이 넓은 평원 위에 사람이 심은 장다리꽃(유채꽃)이 노오랗게도 피어있다.

초원과 그 농지들은 섞여, 망망도하다.

한 곳에 이르자, 졸고만 있던 안내인이 일어나면서, 이곳이 그 옛날 대상들이 걸어갔고 머물렀던 〈케라반사라히〉라고 일러준다.

그 옛 술탄하느의 〈케라반사라히〉-. 그 곳에 〈실크로드〉로 가던 상인들의 숙소가 하나 있다.

술탄하느의 마구간과 부엌, 그리고 2층의 침실 하나가 그 전부이다.

나도 얼마 전에 읽었던 프랑스 '베르나르 올리비에' (Bernard olivier〉의 실크로드의 납사기 -『나는 걷는다』이스탄불에서 서안(西安)까지-를 떠올린다.

이 곳이, 그〈 캬라반사라히〉란 곳인가? 다시 한번 그 감회를 새롭게 새겨본다.

나는 일행에 섞여, 이 곳을 한바퀴 돌아본 다음, 그곳에서 팔고 있는 자판기 커피 한 잔을 뽑아들고 곧 떠난다.

버스에 올라 다시 한번 베르나르의 그 멋진 그모습을 떠올려도 본다. 이 캬라반사라히를 일명, 〈술탄하느〉라고도 불렀다.

다시 〈카파토키아〉로 향하는데 우측, 높은 산위에 걸쳐져 있던 흰구름 띠가, 해발 3,000미터가 넘는다는 험한산위에 걸쳐있는 것을 보며, 우리는 이 곳을 떠난다.

마치, 케냐의 눈을 뒤집어 쓰고 있는, 킬리만자로의 그 정경이 이와 같다고나 할까? 그 때 왼쪽 전방으론 흰 무지개가 아름답게 곡선을 이루며 비껴가고 있었다. 어쨌든 행운이라 아니 할 수가 없었다.

이 곳은, 유목민의 마을로도 불린다.

그 무지개 아래로 흰 벌위의 그 정경이 더더욱 아름답다.

거기에 외롭게선 높은 미루나무 한거루를 생각해보라.

30km쯤 더 왔을까? 또 이름모를 하나의 〈케르반사라이〉 그리고 그 옛날, 그들(캬라반)은 이곳을 거쳐 이란으로 들어갔고, 다시 아프카니스탄, 그리고 중원땅 그 사막을 거쳐 서안(西安)까지, 동서로 오고 가든 비단길이자 그 예전, 상역의 길이기도 하였다.

이곳 모든 식물들은, 물이 귀한 탓일까? 그 키들이 작아만 보인다.

이 곳엔, 나무라고는 없다. 간혹 있어도 작기만 하다. 비가 적은 지역 탓이란다.

굳어 있는 사막길엔 양떼들만, 무리지어 길을 가고 있다.

드디어 〈카파토키아〉에 이른 것일까? 한 마을이 나오고, 포풀라로 둘러있다.

내일은 세계의 자연유산으로 알려진 〈카파토키아〉- 이 곳은 세계의 자연유산으로서 하늘하고 가장 가깝다는 곳이라고 하니, 과연 그 지면이 높아서 붙여진 이름일까?

지상(地上)최고의 카파토키아 〈4월 8일 (목요일)〉

카파토키아(Cappadocia)의 한 호텔 (Buyuk Tel)에서 잠을 깬다.

일행은 새벽 5시부터 열기구를 탄다고 떠나고, 나는 호텔에서 오늘의 준비물을 챙긴다.

또 어디선가 코란의 경전 소리가 어두움을 타고 들려온다.

열기구를 탔었으면 하는, 후회도 없진 않았으나 떠나올 때, 아들의 말을 듣기로 하였다. 나이탓이다.

그러나 일행이 돌아올 때까지 지루했다.

혼자서 거리를 걸어보았지만, 영 아닌 것 같다.

열시경에서야 일행이 돌아온 것을 기다려 조반을 마치자, 우선 30개 이상의 석굴교회가 있다는, 피레메 골짜기를 찾는다.

산들이라곤 모두 나무 한거루 없는 민둥산인데, 모두가 황토 모자를 쓴 것도 같고 어떻게 보면, 송이버섯처럼 보이는 것도 같다.

들판에 여인 하나가 보이자 와! 하고 모두들 환성을 지른다.

얼마나 여인을 볼 수 없어서 일까? 여인의 외출이 엄격히 금지된 나라이기 때문이다.

이 곳 카파도키아 (Cappadocia)는, 예전의 소아시아에 위치한 지역이름으로 오늘날 터키의, 카파도캬(Kapadokya)에 해당된다.

아나톨리아 고원 한가운데 자리한 이 곳은, 그 예전 실크로드로도 불리는 이 길목은 대상행렬들이 근대에까지 이어졌던 길이기도 하다.

모든 산과 이를 둘러싸고 있는 많은 땅들은 저절로 만들어진 것이라고는 생각 할 수 없을 정도의 신기한 모양들을 갖추고 있다.

카파토키아

모양과 색채들은 적갈색, 흰색, 주황색등 가지각색으로 지층마다 겹겹으로 쌓여있다.

이는 수억년전에, 일어난 화산 폭발로 화산재와 용암이 수백미터 높이로 쌓이고, 굳어진 결과라고 한다.

그리하여 그 곳에 응회암과 용암층을 만들고 있다. 이 곳은 저 유명한 영화〈스타워즈〉의 촬영지로도, 쓰였을 만큼 신비스런 모양을 하고 있다.

이 곳은 또, 터키 기독교의 아픈 역사의 현장이기도 하단다.

이 곳 사람들은 신앙을 지키기 위해 아랍인들로부터 도망쳐온 기독교도들의 삶의 터전이었으니 6세기 후반, 이슬람 왕조의 침공을 받게 되자 신자들은 동굴이나 바위에 구멍을 뚫어 지하도시를 만들어, 끝까지 그 신앙을 지키며 살아왔다고 한다.

마치 수년전 '요르단'을 여행했을때의, 일명 〈셀라지역〉으로 불리는 진흙 속 협곡〈petra〉계곡을 연상시키기도 한다.

그 곳에는 사도 바울이 '다마스카스'로부터 나와서 피난했던 곳이며, 이 곳 또한 그들(기독교인)의 신앙을 지키기 위해, 아랍인들로부터 도망쳐온, 기독교도들의 삶의 터전이기도 했다.

6세기 후반, 이슬람왕조의 침공을 견뎌내지 못하자 이들은 동굴이나 바위에 구멍을 뚫어 지하도시를 건설했으며 그 곳에서, 끝까지 신앙을 지키며 살아남았다고 한다.

일행은 비둘기집으로도 불리는 바위산 〈우치히사르〉라는데서 다시, 기독교인들이 박해를 피해 숨어지냈다는 지하도시 〈데린구유〉라는데를 돌아본다.

이 곳은 세계문화유산으로 지정된 곳으로, 마치 인도의 〈아잔타 석굴〉을 생각나게도 한다.

허나 이곳엔 벽화도 문자도 없다. 다만 가축들을 사육했던 곳과, 부엌과 우물, 곡식창고와 굴뚝, 환기공지렛대를 이용한 통로와 패쇠로가 있을 뿐이다. 오직 생존을 위한 시설만 갖추고 있다. 많은 사람들이 드듬으면서 다닌 오랜 문만이 하나 남아있다.

이곳을, 나와 일행은 다시 해발이 높다는 〈데림큐유〉라는 곳으로 향한다.

돌바위들이 모두 평원처럼 넓고, 가는 곳마다 석벽들이 멀리멀리 뻗어있다. 완전한 병풍처럼 둘러있다. 그 안으로 평원이 깔린다.

그 바윗돌에도 동굴맨이 살았을 구멍들이 둥글둥글나있다.

평원 위의 집들은 드물지 않게 하나둘 같은 모습을 드러내고 있지만, 인적이라곤 눈을 닦고 보아도 없다. 돌들과 평원사막이 끝간데 없이 펼쳐진다.

그 위에 간혹 병렬해 있는 포플라, 외롭게 외롭게 하늘을 향해 솟고 있다.

그 옆으로 그를 닮고 조화를 이룬 둥근 이슬람 사원과, 빗쭉솟은 청탑, 자연의 조화가 이토록 신비로울수가?

간혹 나타나는 개울가엔 영락없는 포플라와 유과식물, 갯버들도 조화를 더한다.

바위와 돌로 평원을 이룬 산등성이에는 풀도 나무도 없다. 그 아래 펼쳐진 대지에도 말라있는 풀밭들이 그 산색과도 다름없다.

겨우 자라나는 풀밭위에 한 무리의 양떼가 지나간다. 알뜰히도 풀을 뜯고 있다.

땅들은 오랜 석회질로 희뿌옇기만 하다.

천변으로, 붉은 개와 이은 제법 크다싶은 한 도시가 나타난다. 〈앗사라이〉라는 도시.

포플라 오래묵은 가지 위에 까치집 하나, 집을 짓고 살고 있다. 졸음이 엄습해온다.

왼쪽으론 꽤 넓은 하천 하나가 따라붙는다. 곧이어 염호(소곰호수)가 보인다.

이곳은, 터키 동부의 아나톨리아 고원의 따가운 햇살과 바람을 맞으며 동부지역의 특색이라 할 수 있는 넓고도 큰 거대한 소곰바다로서, BC.13세기로부터 〈메소포타미아〉 일대를 지배했던 우라르트 왕국, 즉 성서에 나오는 아라랏의 도읍지, 그 부근의 어느 염호가 아닌가고도 여겨진다.

일행은, 이곳에 차가 멈추자 나는 이 염호위에 걸쳐진 나무다리를 걷는다. 그 나무 다리위에 소금가루가 하이얗게 붙어있어 나는,

그 소금을 떠서 입에 대어도 본다. 맛이 짜고도 감칠 맛이 대단하다. 텁텁하던 입안에 군침이 돈다.

강 안으로 연결된 나무다리를 밟고 한참을 걸었다.

이른 봄바람과 짠바람에 한기를 느끼자, 나는 그 곳 상점에서 5유로를 호가하는 실크목도리 하나를 사서 목에 두르고, 오늘의 목적지 〈앙카라〉로 향하는 버스에 오른다.

이 염호야 말로 이 나라 동쪽 이란과 아르메니아, 그리고 그루지아 등에 인접해있는, 아나톨리아의 고원지대로서, 티즐레(티그리스), 프라트(유프라테스)강, 그리고 인간의 문명을 탄생시킨 그 물이 흐르는 땅, 동터키의 대표적인 그곳을 떠올리기에 손색이 없었다. 이 나라는 북쪽에 〈실크로드〉를 향하면서 더욱 그 염호가 많아진다고 한다.

그리고 우리가 지나온 모든 땅들에선 이 소금끼가 많아서일까? 산색과 모래색이 모두 희고 소금끼 또한 많다. 나무들은 강건해 보이고, 바람에 실려오는 공기조차 짠 맛이다. 이것이 이 곳 사막성 기후라고도 한다.

평원 위에 지는 석양빛 너무나 아름답다.

정각 저녁7시. 이제야 이 나라의 수도 〈앙카라〉에 다가서고 있는 것일까?

도로가 넓어지며, 주변 산들에는 인공으로 심어진 많은 나무들의 숲이 짙푸르게 드러난다.

사방엔 새로운 고가 위로, 많은 차들이 불을 켜고 질주해오고, 또 질주해 가고 있다.

앙카라의 시내로 들어서고 있었다.

이곳, 시가 한복판에는 1950년 한국전쟁 당시, 터키군의 참전을 기념하는 〈한국공원〉이 자리잡고 있다.

이스탄불에서 이 곳으로 수도가 옮겨져 온 것은, 1923년이며 이 곳은, 그 전의 수도였던 이스탄불이 지중해와 에게해에 면해 있고 따라서 유럽대륙과 붙어 있어, 외적의 침입, 그리고 그 방어와 독자성을 위해, 이 곳으로 옮겨졋다고 한다.

뿐만 아니라 이곳은, 아나토리아 고원 위에 위치하여 있어 국가안보상으로 유리한 위치에 있을뿐더러 또한 이곳은 새 터키의 수도로서 많은 대학들과 함께 그 면목을 일신해 가고 있다.

로맨틱 열차와 피요로드
북유럽 세나라 여행기

기간(2010년 7월 11~19일)

아침 6시30분, 집에서 떠난다

8시 30분 인천공항 도착. 10시30분 AY(핀에어)042로 인천을 출발한다.

12시경, 벌써 서해를 건너 북경(北京)상공을 지난다. 내 몽골과 우랑바트로, 이르크츠크, 바이칼호를 지나 시베리아 대륙을 거쳐 헬싱키까지, 먼먼 길이다.

기내 화면에서 노정을 가르키고 있다.

화면으로 보면, 중국의 전국토는 황색으로, 〈바이칼〉호수를 지나면 모두 푸른 녹지대로 표시되어 있다. chita(치타)와 ulamude, irkutsk……내 모두 갔던 길이다.

한국시간 오후2시, 지도상의 푸른 녹지대로 들어서고 있다. 과연 그곳은 푸를까? 바이칼호로부터…. 헬싱키까지 3분의 1지점을 넘어서고 있다. 시베리아상공을 날고 있다.

이곳은 모두 메마른 사막지대로 나와있다.

이제 푸른 대륙으로 넘어서고 있다. 3분의1은 왔을까? 오후2시, 벌써 지루해지기 시작한다.

황토와 푸르름. 그래서 인종도 자연을 닮아, 그 색깔도 누렇고 푸르다.

아직도 비행기는 누르고 푸른 사잇길을, 이제 푸름 속으로 들어서고 있다.

헬싱키의 도착시간, 8시35분이라고 나온다. 물론 현지시간이다.

이르크스크(Iukutsk)를 지나면 노보시비리스크(Novoosibisk), 크라스노야르스크(Krasmyarsk)상공을 거쳐 헬싱키(Helsinki), 한 반쯤은 왔을까? 크라스노야르스크를 지나면 모두가 푸르다.

황인종 지대를 벗어나는가보다. 지구 서쪽세상으로 넘어서고 있다. 황토지역에서 청색지역으로-.

역시나, 인종은 자연을 닮아 푸르고 누르고 희기도 한 것일까?

좌측 창가에 모스크바시가지가 보이더니 맞은편엔, 〈쌍트페테르부르그〉해안이 나타난다. 이제 목적지 헬싱키에의 도착도 얼마 남지 않은 듯, 내릴채비도 서둘러야겠다.

한국시간 10시30분에 출발, 오후6시35분이다.

그 많은 섬들, 창가에 점점 많이 비쳐온다.

이곳 시간 오후1시50분, 헬싱키공항에 착륙한다.

〈헬싱키〉에서 〈코펜하겐〉까지

현지시각 오후 3시30분. 핀랜드 소형비행기에 오르다.

기체는 보기보다 좁고, 긴 편이다.

날씨는 맑고 화창하다. 오후4시 정각 코펜하겐으로의 이륙. 이곳 헬싱키는 평야위에 수목들이 푸르고, 바다엔 작은 많은 섬들이 점점으로 떠있다.

보기 드문 다도해, 집들은 하나같이 높지 않다. 바다와 섬, 이것이 헬싱키 상공에서 바라본 정경이라고나 할까?

먼 바다 위엔 흰구름 또한 장관이다.

높지도 크지도 않게 바다 위에 떠있다.

30여년전(1977년 여름), 내가 갔던 그 〈코펜하겐〉과는 또 어떻할까? 그때를 생각해본다.

내 나이 40대 중반 시절이었다. 독일 뮌헨에서 학회(세계연극학자대회)가 열리기 몇일전, 독일에 도착. 그 곳에서 이 곳 북구(北歐) 삼국을 포함한, 열차로만 유럽 열네나라를 돌던 생각이 어제인 듯 새롭다.

탑승한지, 10분도 않되는데 어디의 해안선이 이렇게 아름다울까? 많은 섬들이 바다 위에 떠서 간다.

꽤나 큰 섬위에 전지(田地)들은 있어도 인가는 보이질 않는다.

워낙 높이 떠서 일까? 바다와 섬 비행기도 멈추어선 것같이 미동도 변화도 없다.

바다와 하늘 하나되어, 먼 바다에 흰 구름 떠가네….

헬싱키에서 코펜하겐, 비행시간 1시간30분.

해안가 섬하나없는 육지가 보인다. 또 그리 크지 않은 섬.

그 안에 덴막의 코펜하겐. 해안선이 아름답다.

많은 섬들을 안고 있다.

일견 농업국가답게 전지가 광활하다. 현지시각 오후5시 20분.

바다엔 흰 돛단 조각배. 강물처럼 흐른다.

녹지가 아름답다. 바다와 육지를 번갈아 지나간다.

육로로만 왔던 그 때의 정감과도 또 다르다.

아니 그 때(1977년)는 독일 북단, 발틱해의 〈프트가르텐(puttgarden섬)〉에서 객차 전체를, 토막토막내어 큰 함선하나에 실어 나르던 그때의, 정감과는 또 다르다.

나는 그때 그 함선 위에서의 〈커피〉 한잔 생각을 영원히 잊지 못하고 있다.

헬싱키에서 코펜하겐, 비행시간 1시간 30분.

해안까 섬하나 없는 육지가 보인다. 또 그리 크지않은 섬. 그안에 덴막의 〈코펜하겐〉을 안고 있다. 크고 작은 많은 섬들.

해안선이 아름답다. 일견 농업국답게 전지가 광활하다.

현지 시각 오후 5시 20분 도착.

바다 위엔 흰 돛단배. 강물처럼 흘러간다.

녹지도 아름답다. 시내로 들어온다. 얼마나 많은 바다를 지나왔는가?

육로로만 왔던 그때 (30여년전)의, 정감과는 또 다르다.

〈코펜하겐에 와서〉, 7월 12일 (월요일) 맑다

일행들은 모두가 가족끼리 혹은 쌍쌍으로 와서, 나는 언제나 독방 차지가 된다. 아침9시나 되어서야 이 곳 〈Claunion 호텔〉을 떠나 시내관광에 나선다.

지금으로부터 꼭 33년전, 내가 홀로 왔던 이곳이긴하나, 모두가 낯설다.

도시가 한결 넓고 정돈된 느낌이다. 그러나 나에게는 생소하긴 마찬가지. 오늘의 일정과 단체여행의, 누가 되지 않기만을 바랬다.

일행은 모두가 생소했지만 다정한 사람들이었다. 거의 대부분이 가족과 함께였지만 나는 혼자였다. 나이는 가장 연상인듯하여, 더욱 조심스러웠다.

되도록 앞서지도 뒤처지지도 말아야겠다는 생각만을 다짐하고 있었다.

우선, 덴막왕실의 주거지인 〈아마리엔보궁전〉과, 매해 신년 축하를 위해 축제를 벌린다는 시청사광장, 그리고 제1차 세계대전 당시 사망한 덴막의 전사들을 추모하기 위한 〈게피은의 분수대〉를 돌아보는데, 그 날의 햇볕은 정말정말 따가웠다.

오후엔 세 개의 섬 위에 지어졌으며, 그리고 숲과 호수 우거진 녹음과, 새하얀 백조들이 노는 〈프레드릭스보그성〉의 아름다운 정원과, 햄릿성으로 불리우는 〈크론보르성〉으로 간다. 그 들길에도 붉은 촛대꽃이 만발해있다.

그 곳은, 오래 전 화재로 다시 복원되었다고는 하지만, 내눈에는 그 화재와는 달리 그 앞으로, 넘실대는 푸른바다의 제방. 무엇하나

셰익스피어의 원작「햄릿」과는 아무런 연관도 없는 것 같이 생각되었다. 다만「햄릿」이 덴막의 왕자였다는 사실외에는….

거리엔 예전(30년전)이나 다름없는 미색4.5층 건물과, 그리고 〈시드니〉의 오페라하우스와 가구류, 예전에는 낙농국가로 유명했다고는 하나 지금은 전체 4%에 불과하며, 현재는 의학과 의약, 환경과 재생에너지, 그리고 통신과 석유 수출국으로는 물론, IT와 소프트웨어등, 국민 소득이 67,000불에 달하는 강대한 나라로 변화. 그리고 부상하고 있다.

시장엔 루이보스등 유명한 가구들이 보인다.

오래 전 낙농국가로 유명했다지만, 지금은 전 인구의 4%에 불과하며 의학과 의약, 환경 및 재생에너지, 그리고 통신과 석유수출, 또 IT와 소프트웨어 등으로, 국민소득 67,000불에 달하는 강대한 나라로 부상하고 있다. 모두다 시대의 변천을 앞서 가고 있다.

뿐만 아니라 이들은, 지구상 가장 북쪽 섬인 〈그린랜드〉와 〈아이슬랜드〉섬을 소유하고 있어 때론, 영국과의 마찰도 일고 있단다.

시장엔 루이 보스등 유명한 가구들이 보인다.

오후, 늦게서야 박물관과 피불리공원안의 밀랍으로 만든, 안델센 동상을 구경하고, 이 곳 발레로 유명하다는 왕실극장과 오페라하우스, 그 앞을 지나는데, 문득 33년전 이 곳을 방문했던 옛일이 생각난다.

그때 (1977년9월), 독일 뮌헨에서의 〈세계 연극학자 대회〉가 열리기 얼마 전, 나는 그 곳 유학생들의 권유로 북부, 이태리의 〈베로나〉와 〈뵈첸차〉의 고대와 중세 그리고 르네상스 초기의 극장 유적지를 혼자서 답사하고, 이 북구 여행길에 올랐을 때 지금 이곳, 왕실극장을 찾은 적이 있다.

말하자면 두 번째의 방문이었다. 한번은 학술조사차, 또 한번은 이제 나이 80고개를 넘어 관광차 여행이었다.

그 때, 내 나이 40대 후반, 지금은 80고개를 넘어서고 있다. 그 때 나는 지금, 나의 아내가 된 백양을 데리고 이 곳, 황실극장 사무처를 찾은 적이 있었다. 그 때, 이 극장 공보비서였던 Flemmiong Mortensen씨와 한시간 여의 대담을 나누던 그때의, 생각이 간절해 온다.

그는 생면부지인 미지의 나라, 한국에서 온 한 젊은이를 위해, 그렇게도 자상하고 친절했다.

내가 이 나라 연극학자이자, 배우였던 칼 · 만쯔이우즈 (Karl mentzius)의 History of theaircal Art(1897~1916)와, 그의 영역 본 L.Von Cossel씨와 일본의 이쓰가도모이찌로 씨의「세계연극사」를 통해, 이 분야를 전공하고 있다는 이야기에, 무엇보다 공감하고 반겨주었다.

그리고 그는 고맙게도 한시간 여의 질문에, 쉬지 않고 답해주었다.

그때와, 그때의 불타던 그 학구열이 그렇게도 부러울 수가 있단 말인가?

나는 그 때와 그 젊은 날을, 오늘 이 나이 80을 지나 다시 한번 생각하며, 많은 인파에 섞여 이 거리를 걷고 있었다.

멀리 〈아마리엔보궁전〉이, 앞으로 다가온다.

이곳이 왕가의 주거지역이라 했다. 그리고 매년, 신년축하를 위해 축제를 벌린다는 시청사 광장, 그 앞을 지난다.

그리고는 제1차 세계대전 당시, 사망한 덴막의 선원들을 추모하기 위한 게피온의 분수대를 돌아본다.

오후 늦은 시간인데도, 햇볕은 아직도 따가웠다.

얼마 전까지도 농목국가였던 덴막이, 오늘에 이르러 다시 통신과 석유산업, 그리고 IT강국으로서의 오늘에 약진하는 덴막을 보며, 놀웨이의 수도 〈오슬로〉로 떠나는 바닷길, 그 회리의 선박에 오를 수가 있었다.

바다엔 이미 30여년전 그때의 저녁 노을이 하늘을 붉게 물들이고 있었다.

나는 객실에 들어와서도, 저 먼 바다위 붉은 하늘을 바라보며 30여년 전 그 때를 회상하고 있었다.

그때의 그 바다위 섬은 〈푸르트가르덴〉섬이라고 했던가?

독일 최북단 북해, 즉 발트해로 이어지는 한 섬이었다고 생각한다.

이곳, 코펜하겐으로 오는 열차는 그 곳에서 칸칸마다 분해되어 큰 함선에 실려 덴막령으로 오는 길이었다.

그 때, 나는 이 함선 〈커피숍〉에 앉아, 바다로 떨어지든 그 붉은 태양볕을, 영영 잊지 못하고 있다.

바로 그 빛이었다.

그 바다 위로 깔리던 그 붉고 노오란 황금빛.

7월 13일 (화) 사흘째

아침8시45분, 선내식으로 아침식사를 마치자, 잠시 선실 6층 202호실에 들어와 침대에 누웠다 일어나니, 작고 큰 섬들이 선창으로 기어든다. 날씨는 좀 흐리다.

어제 덴막의 낮은 그리도 더웠는데, 선실에서 본 바다는 잠잠하기도 하다.

곧 9시 정각, 5층 대합실로 간다. 하선준비를 서두른다.

노르웨이의 수도 오슬로, 10시10분 하선. 우선 이곳의 바이킹 박물관으로 간다고 한다.

나는 또 33년전, 유레일 열차에서 내려, 그 때 이슬비를 맞고 우선, 역전의 어느 커피숍을 찾아 들던 그때를 생각을 한다.

10시 10분, 해저 48미터가 넘는 터널을 지나자, 그 곳에 예전 왕궁에서 관리하던 목장과 왕의 별장이 있다.

주위 항만엔 흰 요트들이 노를 저어가고, 오른쪽 민속촌과 누드촌에는 아직도 나체촌이 있다고 한다.

이곳은, 1800년대부터 있어온 이들의 풍속으로서, 33년전 그때도 흐린날이 많은 나라여서 썬팅을 중시하고 있다. 이곳에서 배를 타고, 그 〈왕자의 섬〉으로 갈때, 많은 남녀들이 발가벗고 일광욕을 즐기고 있었다.

여기만 하여도 햇볕이 그리운 나라여서일까?라고 생각해보았다.

이 섬 안에는 숲으로 요위된, 왕의 별장과 오른쪽에 민속촌, 그리고 그 바이킹 박물관에는 1930년대까지 쓰이든 대왕의 돛단배 한 척이 전시되어 있다.

좌측 항만엔 흰 요트들, 왕실에서 관리하던 목장과 말들, 자유롭게 방목되어 놀고 있다.

1600년대 아메리카 대륙을 처음 발견하고, 그리로 왕래했던 뱃길과 190여명이 노를 저었다는 바다의 신, 용왕문양을 단 배 한척이 전시되고 있다.

11시경 〈미그린 조각공원〉으로 간다.

이곳은 세계적인 조각가 구스타브 비겔란드의 조각들이 전시된, 일명 〈비겔란드 조각공원〉이라고도 불리는 곳이다.

그곳엔, 인생의 요람이 거기에 있다.

사람의 한 세상, 소년과 중년, 노년에 이르기까지-.

앞문에서 뒷문까지, 1km에 걸쳐 212개의 조각들이, 길을 따라 병렬해 있다.

길에는 너도밤나무, 오슬로는 이 나라 서부지역. 더욱 경관이 아름다운 곳이라고 한다.

그곳에는 또 인생의 일생을 담은 조각공원이 또한 유명하다. 소년에서 노년기까지, 그 시설과 조경이 너무나도 아름답다.

안에는 보리수, 다리 위엔 58점의 조각이 부조되어 있다.

인간의 위기와 사랑, 여인의 지혜와 남성의 힘을 부각하고 있다.

그리고 마지막 중앙 분수대에서는 인생의 4계로서 20대에서 40대는 인생을 회의하는 위기의 나이로 묘사되고 있다.

그리고 그곳엔, 인간의 윤희세계를 표현하고 있다.

그 중앙에 용솟음 치는 분수대. 마지막 끝에는 인생의 4기가 그려져 있다. 어찌보면 생,노,병사, 불교의 인생관을 담고 있다.

또 사람과 사람과의 어울림, 가족과 사랑, 회의와 번뇌, 사랑과 정애, 갈등과 다툼, 같은 것을 보여주고 있다.

무아무중에 이 조각들에 팔려 나는, 일행과 우리를 안내했던 안내양을 잊고 만다.

오던 길을 뒤밟아 입구로 가봤지만, 우리를 태우고온 버스는 물론, 일행은 하나도 보이질 않는다.

마침 그 때, 내 핸드폰에 진동음이 울려져 왔고, 안내양의 구원의 목소리가 들려 왔다. 다시 돌아 후문으로 나오라는 전갈이었다.

기진맥진 뒤돌아 숨을 몰아쉬고 가는데, 저 멀리에서 안내양보다 앞서, 나를 찾아 달려오는 일행 중 그, 친절했던 이한규씨. 그는 부인과 함께 어린아들을 데리고 여행온 일행 중 한사람이었지만, 누구보다 나에게 고마운 사람이었다.

이 곳에서, 다시 한번 내 나이를 통감할 수 밖에 없었다.

이 무슨 기록이 중요하다고,

나는 잠시 일행과 함께라는 것을 잊고 있었다. 동행들께 부끄럽기 한이 없었다.

나를 기다린 버스에 다시 탑승, 이곳(오슬로)의 대표적인 번화가 〈카롤요한스〉 거리로 나선다.

무척 복잡한 거리라고 들었으나, 휴가철인지 한산한 느낌이 든다.

오른쪽엔 왕궁이 자리하고 있다. 〈칼. 요한〉의 동상도 그곳에 있다.

왕궁으로부터 200km전방에 오슬로역이 있다지만, 이곳은 2차대전 전만해도 늪지였다고 한다.

허나 지금은 신도시로 발전하고 있으며, 동쪽 돔보스시까지 연결되고 있다고 한다.

예전에는 이 나라가 덴막의 지배로 400여년간 존속되다가 1814년에야 독립했으나, 다시 그 해 9월부터 유럽열강들에 의해 또, 덴막과 스웨덴의 지배를 받게 된다.

그리고 이들은 전전 독일나치에 대한 반감이 심각하다고 한다. 그러나 지금은 석유와 가스등, 해양업으로 세계에 발돋움하고 있으며, 국민 또한 근검절약과 저소비, 그리고 많은 수자원과 돌, 나무, 은광, 알미니움등 으로, 국민소득 9만불에 이르고 있으며, 지금도 절약정신과 환경보존 및 자연사랑에 철저한 사람들이라고 한다.

시내에는, 간혹 까아만 무슬림복을 입은 행인도 눈에 뜨인다. 허나 이 나라 사람들은 대개가 이들을 기피하고 살아간다고들 한다.

이 곳에서 점심 후, 이제부터 피오르드 관광의 시작이란다. 버스로는 장장 738시간의 대장정이라 한다.

나는 버스에 오르자, 식곤증과 피로에 쌓여, 졸며 자며 이 길을 간다.

전나무와 백양목, 마치 우리나라 남해쪽 다도해 풍경처럼 아름답다.

〈릴레함메르〉시 전경을 바라보며 〈돔보스〉로 가는 길이라고 한다.

창가엔, 이슬비가 내린다.

계속해서 우리나라 북한강과도 같은 아름다운 강이 따라붙는다.

이 곳에도 자작과 버드나무 촛대꽃, 강변 바위위에서도 잘 자라고 있다. 그리고 교회의 뾰족탑이 이색적으로 아름답다.

그 위에, 푸른 초원과 강마을이 아름다운 그 곳에, 〈릴레함메르〉란 마을 도시가 나타난다.

아름답고 살기좋은 풍경이다.

그 마을에 잠시 차가 멎자 일행은, 찻집에서 차를 마시는 사람, 그리고 이곳 휴게소 바로 뒤엔 어느 해, 어느때인지는 기억에 없지만, 이 곳에서 스키어들의 대회가 치루어졌었다는, 안내양의 설명이다.

일행중 많은 이들이 쌍쌍 혹은 가족끼리, 산위로 왕래하는 〈케이블카〉를 타고 오르고 내렸다.

그 중 나도 그 친절했던 이한규씨와 함께 같은 케이블카를 타고 왕래했지만, 그의 친절은 너무나도 고마웠다.

물론 그의 아내와 꼬마들도 다른 케이블카에 올랐었다.

잠시 휴식을 취한 일행은 또 차에 올랐고, 주위는 계속계속 강이 따라 붙는다. 아니 강을 따라 오른다.

가이드에 의하면 이 나라는, 현장교육을 중시하기 때문에 겨울 영하 10도가 넘어도 야외생활이 습성화 되어 있으며, 이 곳 같은 고요한 산장생활을 선호 한다고 한다.

상류엔 물을 가두는 댐이 있다.

그리고 강 속의 댐. 주위는 모두가 녹색으로, 물오리가 모여서 논다.

이 나라의 극작가 〈입센〉(1828~1906)도 이 곳에 와서 글을 썼다고 전한다. 그리고 그가 만년에 「지로류」라는 피서지에서 만난 17세 소녀 「에머리」라는 그 소녀는 또 누구였을까? 라는 생각도 해본다.

벌써 길에는 오는 차들이 헤드라이트빛 불을 켜고 온다.

덥지도 춥지도 않다. 차중에서 가이드가 틀어주는 테입에선 어느 이름모를 여인가수의 노랫소리, 고요한 풍경과 정경에도 어울린다.

여운섞인 그 목소리, 그리고 강변의 집들, 그 한 마을이 온통 희다.

알고보니 이동식 주택들이란다.

계속 강변엔, 희고 붉은 별장들이 열려져 있다.

늪지와 별장, 그 푸른 조화가 더욱 아름답다.

그리고, 그 강가엔 버들가지, 제격으로 어울린다. 피리를 만들어 불고 싶다. 어릴 때가 생각난다.

길은 계속 강을 따라 구불구불. 산과 산위엔 만년설이 깔려있다.

그 산위에 순록들이 모습을 드러낸다.

지루해지자 〈가이드〉는 이 곳, 말 몇마디, 〈하이〉,와 〈굿모〉등 아침인사말과 〈탁〉=고맙다, 〈두순〉, 〈순탁〉=등 아주 고맙다, 〈운실〉=미안하다 등, 여기 말을 가르쳐준다.

〈옷다〉 라는 곳을 지나 〈돔보스〉로 가고 있다.

언젠가 저 밤중에, 수중괴물이 나타났다는 스코틀랜드의 〈네스호〉를 따라, 글레스고우를 향해 가던 멀고도 먼 길을 떠올린다.

강가에서 송어등, 산천어를 낚는 낚시꾼하나, 장장 하루해를 달린다.

어두워져 오는 강가에서 산천어(송어)를 낚고 있는 낚시꾼 또 하나. 시간은 벌써 저녁 아홉시를 가르키고 있다.

소와 말들은 그대로 방목된채 있다.

강 상류여서 일까? 물은 차츰 줄어든다.

강속 땅바닥이 드러난다.

숲과 산엔 순록들, 점점 하천이 줄어들더니, 좁은 계곡으로 물은 급류가 되어 내린다. 흰 거품을 뿜으며–.

보슬비와 초록빛 계곡물, 그 시냇물이 운치있다.

이 산중에도, 철로길 하나가 따라 붙는다. 보슬비 더하고 가까운 인가엔 전등불이 켜져있다.

빈밭엔 건초와 흰 두루미–. 강 폭이 줄어들더니 다시, 넓은 내가 된다.

빗발이 거세다. 점점 거세진다.

내일의, 피오르드관광이 걱정된나.

한 산장호텔에 도착한다.

예전 왕가에서 쓰던 호텔이라고 한다.

멋진 산 속 한 갖진곳, 길은 자꾸자꾸 높아만진다.

그 전원 위의 마을은 예쁘기만 하다. 목적지 돔보스에 도착한 것이다.

예전엔 맘모스가 살았던곳, 현재에도 맘모스마을과 함께 살아가고 있다. 돔과 맘모스로 가든 길을 꺽어 오른곳에 오늘의 숙박지, 노랑색집하나가 있다.

7월 14일 (수요일)

-돔보스에서 게이랑에르, 그리고 부릭스달에서 라르달 까지-

오늘의 예정된 길이라고 한다. 간 밤의 비로 걱정했으나, 하늘이 맑고 상쾌한 아침이다.

오늘은 「은달스네스」를 경유. 환상적이라는 저 요정의 길, 트롤스티겐(Trolrstigen)을 따라 깍아지른 요정의 벽과 그, 많은 폭포들을 관광하며 게이랑에르로 간다고 한다.

날씨는 잔뜩 흐려져 있다. 서서이 안개가 걷히는 듯 하더니, 게이랑에르에 이르자 날씨는 점차 맑아져온다.

8년여간의 공사 끝에 1936년에 완공을 보았다는 이 요정의 길은, 산 정상까지 11개의 굽이굽이로 이루어져 있다. 그래서 이곳은 놀위예에서도 관광객들이 가장 많이 찾는 황금의 길이라고도 한단다.

굽이굽이 올라가는 산위에서 바라보는, 풍경은 이로 형언할 수 없는 아름답고도 웅장한 풍경이다.

푸르름과 초록, 그 안에 한두집있는 집들은 예쁘기만 하다. 빠알갛고, 노오란 집. 아름다운 산야, 그리고 깎아지른 절벽에는, 희고 가느다란 물줄기. 천야만야한 산꼭대기에서 폭포가 되어 산을타고 내려온다.

물안개 산을 감싸고 오른다.

이 길은 요정의 길 〈트롤스티겐(trollstigen)〉이라 하든가?

아름다운 산야, 푸름과 초록빛, 그 푸름 속에 점점한 집들도 예쁘기만 하다.

우리는 이 곳, 요정의 벽과 수많은 폭포를 지나, 산상의 호수 〈게이랑에르〉에 이른다.

산상의 호수. 요정의 호수로도 불리고 있다.

11시30분, 물빛 그 오묘한 색깔, 그 위로 페리가가고, 흰 물결 일구며 요트가 달린다.

이는 물이 아니라 다아만 일렁이는, 어느 물체 속을 가르는 뱃길 같기도 하다.

우리는 그 곳에서 유람선에 올라, 신비로운 경이에 놀라고 또 놀란다.

그 물색은 푸르다 못해 진록색. 그 뱃길도 한량없다.

요정의 길 트롤스티겐으로 가는 게이랑에르 호숫가에서

옆 산 비탈진 곳엔 산양들이 풀을 뜯고, 일행은 내려서 그 물가 강 언덕에서, 지천으로 있는 〈블루베리〉 열매를 따며, 나도 내 어렸을 적, 산에서 따먹던 내 고향 산딸기 생각을 한다.

다시 이 곳 〈게이랑에르〉를 떠나 산협으로 드러가는데, 계곡에는 흰 물줄기 거품을 일구며 급류가 되어 내린다. 이슬비도 뜯고 있다.

아래로 아래로 내릴수록 개울물이 넓어만진다.

우리는 오늘 아침 〈돔보스〉에서 〈게이랑에르〉를 지나고 있다.

산위에는 산양들이 풀을 뜯고 있다.

차중 녹음테입에서는 그리움을 삭히는 한의 울림 「베사메무쵸」의 여운 섞인 노랫소리!

천야만야한 열한구비 고갯길엔 코뚜레 없는 누른 소와 흰소들, 자유롭게 방목되어 먹을 것 찾아 오르고 있다.

천야만야한 길, 그리고 좌우에는 넓고 또 좁은길이 서로 엇갈린다.

가느다란 폭포가 드리운 검은 바위 사이를 우리는 가고 있다.

〈사다리폭포〉와, 〈요정의길〉을 지나자, 산정호수가 드러난다. 해발 1,500m 산 위에, 주위 16km나 되는 큰 호수가 있다.

이 빙하를 관광할 때는 70인승 전동차를 이용한다.

눈 녹은 물이 산위에 호수를 이루고 있다. 이를 두고 〈게이랑에르 · 피요르드〉라 부르든가?

〈롱스달〉 지역 최남단에 있는 피요르드로, 해발 1,500m에 달하는 많은 산들사이에 끼어있는 16km에 걸친 피요르드길 이라고 한다.

주위엔, 헤아릴 수 없는 많은 폭포들과 아름다운 작은 마을, 〈게이랑에르〉가 위치하고 있다.

나는 그 곳 물가로 내려가 이, 얼음물에 손 한번 담구어 본다.

짜릿한 그 맛이 오감을 자극한다.

그곳에서 다시 〈브릭스달〉 경유, 〈다르달〉로 오는데 좌측엔, 또 산협 안에 바다 같은 호수 하나가 따라붙는다.

요정의 길 게이랑에르의 눈 녹은 물이 폭포가되어 흐르고 있다.

차들은 한 낮에도 불을 켜고 달려온다.

숲 속의 어두움. 한사람의 강태공 낚시를 드리우고, 붉은 소나무들이 마치 전지를 한 듯 단아하다.

정말 요정의 길 같다.

푸른 숲에 볕 내리니 노오랗게 반짝인다.

흑송과 적송, 그리고 흰빛 자작나무, 그 속에 푸른 강줄기,

그 위로 또 어디선가 몰려온 백로들의 군무, 산 위엔 구름 깔리고 구름 위에 백설을 이고선 검푸른 산, 거기에 햇볕드니 강변 집들의 고운 풍경.

피요르드가 가장 많은 지역이란다.

천연의 피요르드, 다리도 없다.

그 깊이가 1,500m나 되는 곳도 있다고 한다. 평균 500미터.

물, 청옥빛이 이렇게 아름다울까?

〈브리스탈〉 푸른 빙하에는 전동차로 간다.

햇볕 굴절에 빙하는 파아란색으로 빛난다.

〈라르달〉 도착. Linds 호텔에서 또 일박한다.

7월 15일 (목요일)

오늘은 〈폴름〉과 〈베르겐〉, 〈하당에르비다〉를 거쳐 〈게일〉로 까지의 일정이다. 〈라르달〉에서 〈폴름〉으로 가는데, 턴넬의 길이 무려 24.5km나 되는 세계에서 가장 긴 턴넬이라고 한다.

중간중간에는, 세군데의 푸른 쉼 광장이 있다.

운전기사는 이곳에서 한번 쉬어가자는 제안에 모두가 박수를 보낸다.

다음 도시 〈아울란〉은 물이 가장 좋다는 장수촌이란다.

〈폴름〉에 도착하자, 이곳엔 〈보스〉로가는 로맨틱 열차가 기다리고 있다.

이 곳에서 강춘애교수로부터의 전화를 받는다. 그는 북경대학에서 동양연극을 전공한 신진학자로서 독일 뮌헨을 여행중이라면서. 즐거운 여행되기를 바란다는 안부전화다.

말이 로맨틱 열차라곤하나, 창밖은 스산한 날씨 탓인지, 그다지 안락한 기분은 아니다.

산 속을 달리는 전동차. 오래 전 일본 규슈, 〈쿠마모토〉에서 〈다카치호〉라는 곳을 향해 가던, 그 산협과 그 능선 그리고, 아내와 함께 7순잔치를 끝내고 미국 〈벤쿠버〉에서 알레스카만을 따라 〈주노〉에서 였든가? 그 크루즈여행 때, 잠시 배에서 내려 산을 타고 오르든 그 때, 그 전동차안의 분위기와는 또 사뭇 다르다.

창 밖의 경치와 정감이 다르다.

일행 모두가 생소한 탓일까? 날씨도 개었다가 흐리고, 흐렸다간 개곤한다. 그러나 산상의 경치와 이 나라의 정감은 또 다르다.

가는 길엔 많은 폭포와 그 쏟아붓는 수량은 어마어마 하다.

때론 깊은 산골 마을과 그 비탈길을 지난다.

나는 이럴적이면 항상 느껴져 오는 것이 있다. 언제나 내 어렸을 적 내고향 산골마을 생각과 그 때의 모든 것이 떠오른다.

거악한 바위와 물줄기, 우리나라 예전 화전밭같은, 가난한 마을도 있다.

우리는 물이 가장 좋다는 장수촌 〈아울란〉으로 가고 있다. 〈폴름〉에서 〈마르달〉(myrdal)산악을 누비며, 장장 20km에 이르는 험한 산길이다. 이 열차, 〈폴름〉에서의 이 열차를, 일명 '로맨틱 열차'라고 명명한다.

〈보스〉라는 곳에서 내린 일행은, 다시 노르웨이의 제2의 도시 〈베르겐〉으로 향해간다. 길고 짧은 수많은 굴들이 이어진다.

한시간 반의 거리라고 하든가, 길고 짧은 151개의 터널을 지난다. 차창엔 비쳐드는 햇볕이 구슬처럼 영롱하다.

〈베르겐〉은 원래 이 나라의 수도 였다고 한다.

푸름에 햇볕 내리니, 더 더욱 싱그럽다.

차도 옆으로 강물이 따라 붙는다. 그 물빛도 하늘빛 따라 푸르다가도 검다.

우리가 가는 〈베르겐〉, 이 곳 심포니 오케스트라는 이 나라 최초의 악단으로 이름난 곳이다.

주변의 계곡에선 급류가 되어 내린다.

창가엔 또 햇볕이 난다. 피어로드의 음악, 테입에서 울려오는 노랫소리, 산협과 굴곡을 따라 더더욱 정감있게 들려온다.

가사는 모르기에 그저 그 〈피어로드의 노래〉라고 해두자. 아니 〈목야의 노래〉라는 말이 옳을지도 모른다.

빗방울도 뜬다말다. 자꾸자꾸 굴도 잦아진다.

그것마저 이 피어로드의 노래와 조화를 이룬다.…

산협과 무수한 계곡을 누비며 차도가고, 나도 가고 노래도 간다.

가이드의 설명도 이제는 필요없다. 이 노래만으로도 나는 흡족해 있었다.

하늘이 맑아 오니 강위로는 하늘, 구름 닮아 희고 또 희다.

나는 잠시 이 곳에서 우리나라 경춘가도와 그 호반의 정경을 떠올리기도 한다.

길고 짧은 터넬들, 지나온 강가의 도시가 굴절을 이루며 다가온다.

목적지(베르겐 시)에 다가올수록, 강 폭도 넓어지고 굴도 잦아진다.

차 안에서는 목동이 부르는 〈피어로드의 노래〉소리도 잦아들고 있었다. 외로우면서도 여운섞인 긴긴 이 노래.〈sissel〉이라 이름했든가?

항구도시이자 노르웨이의 제2의 도시, 베르겐 시내로 들어오고 있있다. 이곳 〈베르겐〉인구는 23만이라든가?

온 시가지가 이렇게도 아름다울수가? 비가 오는 도시, 하이얀 집들이 눈부시게 아름답다.

거리엔 해당화-네 어렸을 때 강변 흰 백사장에 피던 그 얄구꽃. 내 고향에서는 〈얄구꽃〉이라고도 했다.

바다가 깊숙이 파고든, 해안에는 어디서온 쿠르스객들의 배 두척이 정박해있고, 이곳 국립극장을 지나, 베르겐을 빛낸 이 곳 역사적인 조각광장으로 가는 길엔 이곳, 유일의 돌조각길이 무엇보다 인상적이다.

일행은, 그들 포장마차에서 갖구어낸 빵과, 나는 이 곳 특산인 블루베리 한봉지를 사들고, 그들 시장을 한바퀴 돌아, 이 나라 〈보스〉로 향해 떠나는 뻐스에 오른다.

차에 오르자, 또 비는 내리고 있었다.

하늘은 우리의 일정에 맞추어 비도 뿌리고 해도난다. 하늘에 감사한다.

장대같은 비 또 내린다.

천지가 미로에 든다.

〈하당에르 비다〉에 닿자, 하늘의 천둥소리, 오후 4시 30분.

노르웨이의 전 도시는 모두가 백색. 다시 〈게일〉로 떠나는데, 비는 계속 오고 있었다.

산상의 호수와 냇물. 눈이 녹은 얼음물일까? 〈하당에르비다〉에 도착하자 하늘은 맑아오기 시작한다.

이곳에서 차 한잔 하며 그 자연과 경관에 취하다.

길은 높아, 눈높이를 재는 길가의 막대기, 1미터마다 흰 형광색이 칠해져 있다.

길가에는 흰 자작나무, 매마른 바윗새에 그 흰줄기가 돋보인다.

이 산상에도 군데군데, 누군가의 별장들이 들어서 있는데, 모두가 하나같이 그 색깔이 빠알갛다.

그 옆으론 또 흰 물줄기, 바위 위로 기운차게 흘러간다.

길가엔 또 눈의(적설) 높이를 재는 나무 막대기. 전주처럼 병열해 있다.

평원 높이 해발 1,000미터, 이 높이에서는 나무와 모든 생물들도 자라지 못한다고 한다.

안내양은 말이 끝나자 그는 이어서 고원길에 어울린 이곳 〈하당 에르비다〉의 목가 음악테잎을 꽂는다.

주위엔 바위들로 나무 한거루 살지 못한 곳에, 이끼와 그늪 속엔 물빛 만이 푸르다.

고원 위의 강물은, 층층히 돌을 막아 호수를 이루고 있다.

또한 이 길에도 그, 눈높이를 재는 마른 작대기, 전주만냥 병렬해 있다.

구름은 흰데 태양볕만이 작렬한다. 허나 차들은 해드라잇 불을 켜고 오고 있다.

늪마다 푸른 물이 고여있다. 하늘엔 여름구름 빗물을 머금은채 뭉개뭉개 일고 있다. 바다같은 산상호수, 파도를 이루며 흘러간다.

운전기사는 이 산위의 절경들을 찍으라며 차를 멈춘다.

나는 내 늙은 흉한 모습이 싫어, 그 대신 글을 쓴다.

날씨는 우리를 위해 밝았다 말았다 하는 것도 같다.

1,200미터 위에도 기찻길. 이 모든 절경이 가슴을 티운다.

호숫가의 집들, 그 고도를 물었더니, 1,220미터라고 일러준다.

그 위로 기찻길도 나있다. 이런 절경지지에, 저 유명한 육체파미녀, 〈마릴린몬로〉도 이 곳 노르웨이 출신이라며 가이드의 자랑이 이어진다. 그의 축제도 해마다 이 곳에서 열리고 있으며, 그 외에도 〈잉그리드 버그만〉, 미녀배우 〈그레타 가르고-〉. 이 모두가 노르웨이 출신들이라고 자랑한다.

한대에 미녀가 난다는 말이 옳은 말일 것도 같다.

아름다운 산천에, 세기의 명우와 미녀들이 난다고-.

우리는, 이 〈허당에르비다〉에서 〈게일〉로 가고 있다.

조금씩, 고도를 낮추자 초목들의 푸르름도 더해온다.

굵고 큰 자작목도 눈에 들어온다.

산상의 호수는 바다같은 착각을 일게도 한다. 하늘 위 구름들의 음영이 지상에 깔린다.

길가한 두집. 개인집에도 이나라 국기를 달고 있다.

이들은 생일 날에도, 국기를 다는 풍습이 있다고 한다.

그리고 국기외 삼각기를 달면, 개점과 쉬어가라는 민박의 표시라고도 한다. 얼마나 정겨운 풍경인가 싶다.

그 푸르름속에 붉은 집들이 조화있게 보인다. 붉은 기와 까아만 집들도 있다. 노랑집도…. 지붕 위엔 풀들도 돋아나고-.

해는 지고 어두움이 찾아든다. 저녁 8시,

차창에서 본 호숫가의 빠알간 집들

해발 1,000미터의 〈예일로〉 마을에서 일박한다.

12월부터 이듬해 4월까지 이곳엔, 세계의 스키어들이 몰려 오는 곳이라고 한다.

길가 어두움 속에서도 파아란 촛대꽃은 피어 있었다.

누구는 〈염소수염꽃〉이라고도 가르쳐준다.

7월 16일 (금요일)

어젯 밤엔, 비오더니 떠나는 길엔 햇볕이 화사하다.

이 곳은 ,노르웨이 동부지역으로 예로부터 목재 수출이 주업이라고 한다.

경사진 풀밭에는 한가로운 양떼들, 그 〈호텔〉 앞에는 스키장과 별장들이 돋보인다.

이 나라 수도, 오슬로까진 약 4시간의 거리라고 한다.

「오슬로」하면 30여년전, 내 40대 나이에 혼자서 이 곳을 찾을 때의 생각이 간절해 온다.

어제와 그제의 피요르드 관광을 끝내고, 어젯밤 고도 1,000미터가 넘는 〈게일로〉에서 〈오슬로〉에의 도착은 이 날 정오경, 그곳 외각 한갓진데서, 점심을 끝낸 일행은 시내로 들어와, 국립극장 앞을 지난다.

37년전에 보았던 입센과 뵤른손, 그리고 홀베르크의 동상이 내 앞에 나타난다.

모두가 낯익은 얼굴들이며, 내가 흠모했던 작가들이다.

나는 일찍 몰랐으나, 뵤른손과 입센은 서로 사돈지간이었다는 안내인의 설명에서, 나는 더욱 감동을 받고 있었다.

뵤른손의 딸이 입센의 며느리였다는 사실. 아무튼 이들 두사람—. 입센은 세계적인 극작가, 그리고 뵤른손은 이 나라 국민작가로서 그 명성이 높은 사람들이다.

내 일찍이 (1960년), 입센의 「유령(幽靈)」을 번역. 우리나라 처음으로, 이미 작고하신 그 유명한 극작가 및 연출가이신 이광래(李光來)연출로, 을지로에 잠시 문을 열었던 원각사(圓覺社, 1961년 화재로 소실)무대에 올려 졌던, 그 원작의 작가였다.

그 후, 이 작품은 또 1967년 〈드라마센터〉에서 내가 봉직해온, 동국대 연극학과에서도 재상영된 바 있다.

우리를 태운 버스와 일행은 이 곳, 국립극장 앞을 무심히 지나치고 있었다.

그리고 그곳엔 또 다양한 상점들과 〈카페〉가 늘어서 있는, 〈아케르브뤼게〉라는 거리를 지나, '뭉크'를 비롯한 노르웨이 화가들의 작품을 소장하고 있는, 국립 미술관으로 갔다.

나는 이 곳 미술관을 포기하고, 30여년전 보았던 국립극장, 뵤른손과 입센, 그리고, 홀베르그의 동상 쪽으로 혼자서 다시 찾아 나선다.

그 예전의 추억을 못 잊어서였다는 말이 옳을 것도 같다. 그때 33년전, 정확히(1977년 9월 4일)이 곳을 찾았을 땐, 가을비 내리고 서산한 바람이 불고 있었다.

그리고 그 낙엽들이, 이 앞 광장에 어지럽게 깔리던 그런 계절이었다.

그때의 뵤른손과 입센, 그리고 이들을 아우르는 희곡과 소설로도 유명한 홀베르크의 동상들이 인상적이었고, 특히나 내 사춘기를 지날 무렵, 몸이 아파 6 · 25동란 중, 시골 내 고향마을에서 실의에 빠져 있을 때, 뵤른손의 「아르네」(일어판,세계문학전집)란 작품을 읽고, 그 때, 어쩌면 그렇게도 나와 같은 작중 「아르네」의 환경과 그의 동경, 그리고 사랑하는 〈애리〉(목장집 딸)라는 소녀와 그의 노모, - 이 모든 황경이 그 때, 내 환경과 비슷한 이야기를 읽고, 나는 어쩌면 나와 꼭 같을까하는 생각과 함께 , 나의 지병과 할머니 한분(아르네에게는 노모가 있었지만), 그리고, 「애리」와 같은 소녀교사(산골마을의 한 여교사)—,

이 모든 환경이 같았고, 그(아르네)가 언제나, 남쪽도시로부터 오는, — 아니 그 시골, 기차역에서 내리는 사람들을 보고, 도시와 학업을 동경하고 있었던 것과 같이, 나에게도 그러한 아쉬움과 동경이 —, 그리고 같은 환경이었기에, 나는 작중 「아르네」의 시구를 암송하며, 목장녀 「애리」를 기리고, 자연을 노래했던 것 같이, 나도 병세가 덜하고, 한적한 날이면 산에 올라 학업에의 동경과, 그 도시를 열망하고, 「애리」와 같은 소녀를 기리던 그때의 환경, 그것이 간절하여 나는 그때 이곳, 미술관을 포기하고 일행과 떨어져, 발길은 이곳, 국립극장 쪽으로 옮겨지고 있었다.

그 곳에서 입센과 뵤른손에 다시 해우하고, 나는 몇 장의 사진을 그 동상들을 배경으로 행인에게 부탁, 카메라를 주어 사진을 찍는다.

그리고는 37년전, 비를 맞으며 이곳에 홀로 와 어정대던 일,

내 젊은 시절 작중「아르네」의 그때와, 그 시구(詩句)들을 떠올리며 무한의 환희에도 젖어본다.

한 순간이나마 그 때, 그 시절 아니 보다 그 환경이 새로웠기 때문이다.

그 때 나에게는 그의 노모에 대신되는 할머니가 계셨고, 작중〈애리〉에 대신되는, 외진 시골 어린 여교사 한분이 있었다.

입센동상
앞의 필자

학업에의 동경이 같았고, 환경이 같았다.

나는 〈아르네〉처럼 산에 올라, 시를 지어 노래했고, 학업을 동경했었다.

아니, 그 불행했던 환경의 탈출을 기대했었다.

그리고는, 누구도 들어주질 않는 산과 들에 올라, 나의 소원을 하소연도 하고, 울부짖어도 보았다.

아무튼 이 곳은, 이 곳 극작가 입센과 뵤른손의 거리라 할만큼, 미술관 앞 일행들이 타고 온 버스 앞 책가게 하나에도, 이들 국민작가 뵤른손은 물론, 입센과 홀베르그, 웨셀, 그리고 1772년에 독일, 낭만파에 대항해서 싸웠던 〈노르웨이 협회〉의 많은 시인들과 그들의 시가집, 그 외 덴막의 키에르케골의 작품들도 볼 수가 있었다.

그러나 이들은 일찍이 스웨덴과 덴막의 지배하에 있었으므로, 그 나라 희곡과 소설로도 유명했던 저 홀베르크를 비롯해, 극작가 웨셀 등은 모두가 노르웨이를 떠나, 덴막에서의 그 명성이 높았던 것으로 알고 있다.

어쨌거나 정치적 불행은 그들 많은 작가와 예술가들을 바깥으로 내몰았으며, 그 중, 유일하게 이 나라에서 활동한 작가는 – 뵤른손이었다고 한다.

이 서점들이 있었던, 그 거리를 〈아케르브뤼게〉라 했던가?

어쨌든, 30여 년전 나는 흐름한 청바지에 비를 맞으며, 혼자서 걸어가던 내 몰골이 떠오른다.

비오든 그 옛거리엔, 전차가 땡땡! 거리며 지나갔다.

30년전 나는, 이 곳을 혼자 떠나며 아무도 없는 밤 열차안에서 한잔 술에 취해 몽롱했던, 그때가 그립다.

30여 년후인 오늘, 일행과 함께 다시, 스톡홀름으로 가는 길엔 많은 호수와 양쪽, 길가에는 그리 크지도 않은 많은 붉은 소나무들이 병렬해있고, 흰줄기 자작나무들의 군락지도 보인다.

스톡홀름 15km, 그 전방에 이르자 그 앞쪽으론 넓은 바다가, 마치 호수처럼 나타나기 시작한다.

첫 국경을 넘어, 〈칼스타드〉에 도착, 또 하룻밤을 쉰다.

7월 17일(토요일) 〈칼스타드〉에서 〈스톡홀름〉

오늘로서, 북구 삼국의 여행도 끝나는 날.

이 곳, 나무들이 모두가 그만 그만한 적송과 젓나무들이다. 끝없는 평원을 거쳐 〈스톡홀름〉에 들어선다. 곳곳에는 항구, 하이얀 기차가 강안을 따라 지나가고 있다.

이 나라엔 전쟁이 없었기에 화사한 건물들이 고색을 띠운채 그대로 남아있다. 해변의 거리. 〈백만장자의 거리〉라고도 하는 곳을 지나, 또 시동쪽에 있는 동물섬으로 간다.

우측엔 박물관, 일명 「북유럽 박물관」으로도 불리우고 있다. 1700년에 지어진 건물이라고 한다.

옛 야외박물관을 돌아 선박 박물관을 관람한다.

역시나 해양국가답게 바이킹족의 옛 모습들이 전시 되어있다.

〈왕의 성〉이라는 섬 안엔 하이얀 기차가 강을 따라 지나고 있다.

왕의 성, 그 내부의 문양들과 조각들은 마치 우리나라와도 같은 완자문양을 하고 있다.

이 곳을 나와 다시 시동쪽, 「동물섬」으로 간다. 우측의 북유럽박물관은 1700년에 지어졌다는 건물로 이곳에는, 식당가와 그리고 그 예전 이들이 승선했던 바이킹 함대의 옛스런 모습과, 함선 위의 선원들을 조각한 대가 있었다.

이 곳(선박박물관)에서 점심을 마친 일행은 다시, 이들 〈백만장자의 거리〉를 지나, 왕립국립극장 앞을 지난다.

남북을 잇는 항구의 거리로 나오니, 크리스탈로 만든 100년전 탑 하나가 우리를 압도하고 서 있다.

다시 구시가지의 7백년전 건물들, 그리고 국회의사당을 지나 그 곳, 라이온상 앞에서 기념촬영을 한 뒤, 구시가지로 나와 오늘밤 이 곳을 떠나는 헬싱키행 훼리를 타기 위해 선착장으로 향한다.

바다는 창황했다. 갈매기는 뱃전을 날았다.

코디악에서의 바다 낚시

벌써 오래 전의 일이었다. 때는 1987년 8월 하순경이었다고 생각된다.

이젠 고인이 되신 문선명 목사께서 주관한 세계 평화 교수 회의 미주관광(시찰) 때의 일이었다. 어언 20여 성상 전의 일이라 기억도 아슴하거니와 동참했던 사람들 중 이름만이라도 생각나는 사람이 그리 많지 않다.

우리는 미국으로 가는 길에 알래스카 앵커리지 공항에 잠시 내렸다가 그 곳에서, 다시 60인석밖에 되지 않는 작은 비행기로 우리는 코디악이라는 작은 섬으로 날아갔다.

이 섬은 같은 알래스카주에 속해있는 섬이긴하나 우리가 지도상으로는 알류산열도라고 일러오던 작은 섬들 중의 하나이다.

그 섬은 아래스카에서 남쪽 캄차카반도의 베링해 쪽으로 이어져 내리는 섬 중의 하나이다. 그러나 본래 이 섬은 구러시아의 시베리아 영토 안에 있었으나 1867년, 아래스카를 미국에 720만 달러를 받고 팔아넘긴 곳으로, 지금도 그 곳에는 러시아 시절의 정교회를 비롯한 그들 시베리아의 잔존 건물들이 남아있고, 그 때의 풍물과 풍속을 알 수 있는 많은 것들이 어딘가에 남아있는 듯한 느낌을 준다.

우선 한여름 삼복 더위인데도 불구하고 공기는 썰렁했으며, 길가의 많은 침엽수들이 하늘 높이 치솟아있어, 어쩐지 원시림에 들어온 듯 으스스한 한기마저 일었다.

일행은 도착하자 그 길로 이 섬을 둘러싸고 있는 그 푸른 바다와 함께, 멀리 혹은 가까이에 있는 크고 작은 많은 섬들이 한 눈에 들어오는 곳으로 올라간다.

모두가 야트막한 산에 해안선을 따라 흰 백사장을 두르고 있었으며, 거기에는 돌출해 있는 기암괴석들도 보인다.

그 풍경은 우리나라 남해안의 다도해처럼 아기자기하거나 일본 큐슈안에 있는 아마쿠사(天草) 섬들과 같이 요염하지도 않았다.

그저 물은 푸르고, 몇 만년 침묵속에 이제사 사람들의 눈길이 스쳐간 듯, 아직 인적없는 무인도였다.

그러나 이 코디악이란 섬 안에는 인구 4만에 세계 3대 어장 중 하나라는 큰 수산업이 발달하고 있다. 그리고 이 곳에는 우리나라 문선명 목사가 세계 각 국에서 모여든 젊은 통일교 신자들을 교육시키며, 한편 그들을 중심으로 그 곳에서 선박과 어장 그리고 그에 따른 몇 개의 큰 공장들을 가지고 있다.

주로 일본의 지식층 여성들이 많았다. 우선 그 방대한 공장 규모와 선생의 큰 포부에 놀랄 수밖에 없었다.

우리는 그 통일교 측의 주선으로, 호텔과도 진배없는 그들 게스트하우스에 유숙할 수 있었고, 그 곳의 많은 환대를 받을 수 있었음을 통일교도가 아닌 나로서는 정말 고맙고도 과분한 일이 아닐 수 없었다.

나는 이곳에서 또, 평생 경험해보지 못한 그 때의 바다낚시가 두고두고 이렇게 마음 설레이게 할 줄이야 생각도 못하였다.

그리고 그것은 내 일생에 있어 가장 신나는 일 중, 그 몇 째가는 일이기도 하였기 때문이다.

그날따라 나는 두 번째로 릴 낚시가 장착된 작은 모터보트에 올랐다. 5인승이니 그리 작은 모터보트가 아닌지도 모른다. 허나 망망대해에 홀로 뜬 이 배는 적게만 생각되는 것이었다.

물살을 가르고 질주하는 배 위에 우리는 5인이 동승했고, 각 자가 모두 방수복에 그 위에는 공기로 부풀린 튜브 조끼를 입고 있었다.

그때가 여름하고도 아침 열 시경, 해상에는 직사하는 태양빛이 밝게 쪼이고는 있었지만 방수복에 조끼까지 질머진 우리에겐 그 햇살이 그리 따갑지도 않을뿐더러 잔잔한 파도를 맞받아 해쳐나가는 선상은 더욱 시원해서 좋았다.

그런데도 가르는 물결 파도가 간혹 얼굴에 튀면 싸늘할 정도로 온 몸이 오싹해 오곤 하였다.

이토록 이 해상은 알래스카 북쪽의 얼음물이 흘러내려 얼음처럼 차갑다고 한다.

실제 손을 담가보니 뼈가 저리도록 차갑다. 만일 이 바다 속에 사람이 빠지는 날에는 물고기의 밥이 되기 전 5분이면 동태가 되어 얼어서 죽는다고 한다.

우리는 지금 어제에 이어 오늘 두 번째로 바다 밑에 있는 광어 낚시를 위하여 이 바다 위를 달리고 있는 것이다.

광어는 아무 곳에나 있는 것이 아니다. 그리고 그 고기가 많이 서식하는 곳은 따로 있다고도 한다. 수심과도 관계가 있다. 바다 밑 20미터의 깊이라야 가장 알맞은 곳이라고 한다.

우리를 실은 모터보트는 마치 수상스키처럼 미끄러져 바다 위를 나른다.

주위에는 몇 개의 섬들이 지나가고 또, 섬과 섬이 나온다.

섬 가까이에 있는 한 돌출한 바위에는 많은 물개들이 그 크고 넓은 바위산을 온통 덮고 앉아있다.

우리는 하도 신기하여 오던 속도를 줄여가며 그 바위 가까이로 다가가 보았다.

그들은 마치 우리를 구경하고 있는 것 같았다. 전인미답의 이 바다 위를 침입해 들어오고 있는 인간들이 그들 세계에서는 신기한 모습으로 비쳐졌던 모양이다.

10미터 앞까지 바짝 다가갔다.

그 바위 맨 꼭대기에는 수컷으로 보이는, 그 중에서도 제일 큰 왕자다운 물개 한 마리가 앞 발을 딱 버티고 앉아 수십마리나 되는 암컷 물개들을 거느리고 다가오는 우리들을 경계하고 있었다.

점점 그 수컷이 긴장을 하는 것 같았지만 조금도 그 위세를 굽히지는 않았고, 그 밑에 암컷들은 그저 명령을 기다리기나 하는 것처럼 수컷을 쳐다만보고 있었다.

점점 가까이 다가가자, 위협을 느꼈음인지 모두가 기립하는 자세더니 순식간으로 모두 바다 물 밑 속으로 풍덩풍덩 뛰어들고, 그 중에서도 왕자다운 수놈은 최후까지 남아 있다가 마지막으로 물 속으로 뛰어 달아났다.

동물의 세계에도 이처럼 권위와 책임은 있는 것일까? 그 정경은 두고두고 잊혀지지 않는다.

모터보트는, 다시 속력을 내기 시작했다.

그리고는 얼마를 더 갔었다.

멀리에는 또 하나의 산이 바다 속에 풍덩 빠진 형태로 나타난다.

이 보트를 운전해 온 사람은 원래 이태리계 미국사람으로 통일교회에서 파견한, 노랑머리 파란 눈의 얌전한 사람이었다.

그도 점점 속력을 줄여가더니, 드디어 모터를 꺼버린다.

배는 바다 한가운데 멋어섰다. 바다 속은 온통 검풀었고 뱃전에서 손을 뻗으면 겨우 바닷물이 다을까말까 하였다.

이곳이, 그전에도 광어 낚시가 잘 되었던 곳으로 그는 기억하고 있었으며, 그래서 그는 좀 멀기는 하여도 여기까지 우리를 인도해 왔노라고 했다.

안내인을 제외한 우리 다섯 사람은 각자 자기 몫의 낚시를 찾아 들었다.

그리고 준비해 온 미끼를 찾아 낚시 바늘에 꿰기 시작했다.

이곳의 미끼란 팔뚝만한 문어다리 하나와, 같은 크기의 고등어 한 마리씩을, 한낚시줄에 매달린 두 개의 바늘에다가 꿰었다. 바늘의 약 2,30센티 위에는 주먹만한 납덩어리가 달려있다.

그 납덩어리를 잡고 우선 낚싯줄을 물속으로 드리우면, 그 납덩어리와 더불어 두가닥의 미끼는 바다 밑에 깔아앉는다. 이것이 그 납덩이 낚싯줄을 통해 낚싯대를 잡고있는 팔로 전달된다. 그러면 뱃전에서 잡고있는 낚싯대를 조금씩 들었다 놓았다하면, 그 물속의 납덩이는 바다 밑에 닿았다 떴다 하는 것을 육감으로 느낄 수가 있다.

팔과 손아귀에는 낚싯대를 움직이고 있으나, 실은 낚싯대에 달린 실을 움직이는 듯한 육감이 전해진다.

간혹은 해초의 흐름으로 줄이 당겨 물고기의 입질이 아닌가하고 착각이 가나, 그것도 어느정도 숙달이 되면 해초인지 고기인지 알 수가 있다.

나는 평생 바다낚시라고는 처음이었지만 한 마리 두 마리를 낚으면서, 그 오묘한 바다낚시의 이치를 이해할 것도 같았다. 처음 한 마리는 길이 4,50센티쯤 되는 놈이 낚시에 걸려 올라왔다.

그 다음은 80센티 또 다음 다음에는 1미터 30센티, 나는 아예 미칠것만 같았다. 나는 정신이 없었다. 황홀하고 경이로워 내 가슴은 고동쳤다.

말이 1미터 30센티이지,실로 암반짝만한 크기였다. 우리는 모두 합세하여 이것을 건져 올리는데 많은 시간을 소모했다.

처음에는 육감에 거대한 이물체가 서서히 내 낚싯줄을 빨아들이는 듯하더니, 릴에 의해 한없이 풀려나간 낚시 끝에선 한 때 요동이 일어났으며, 이것이 육감으로 전해져왔다.

나는 마냥 풀려나가기만 하던 릴의 줄을 중지시키고, 낚싯줄을 올감아 보았다.

그것은 이물체가 아닌 살아 요동치는 생명체였고, 틀림없는 대어(大魚)구나 하는 생각이 퍼뜩 들게 하였다.

나는 계속 릴을 감으면서 때론 늦쳐주곤하여 많은 시간을 인내했다. 그러나 이때까지도 주위사람들은 무엇인가 걸린 것을 눈치 챈 것도 같았으나 설마하는 생각들을 하고 있었던것같다.

그때 가까이까지 조금씩 걸려 들어온 물체는 수면 약간 아래에서 다시 한번 요동치고는 사라지는데, 그 모양과 크기는 실로 대단하였다.

이때 이를 노려보고 있던 사람은 우리를 안내했던 노랑머리 미국사람이었으며, 큰 소리로 대어라고 말해주었다.

여기서의 대어란 1미터가 넘어야한다. 나는 천천히 또 릴의 낚시줄을 늦춰주고 있었다.

이제는 그도 나와 함께 이 대어를 낚아올리는데 합세하고 있었다.

또 릴을 감기 시작했다. 그 검고 흰 물체가 드디어 수면 가까이 떠오르자, 그 안내원은 순간적으로 빼들고 있던 다발권총으로 그 물체를 향해 난사했다.

또 한번 끔틀거린 물체는 바다 속 깊이 달아나 그 물체에서 뿜어져 나온 붉은 피는 온 바다위를 벌겋게 물들이고 있었다.

다시 릴은 감겨져 올라왔고, 그 물체의 미동은 여전했으나 , 그러나 서서히 따라 올라오고 있었다.

이때 또 그는 로프줄에 달린 다섯발 달린 꺽쇠를 솜씨 좋게 그 거대한 광어의 등판에 내리꽂았다.

이리하여 우리 일행 전원이 합세하여 뱃전에 겨우겨우 끌어올려 놓았으나 그 위력은 대단했다. 그 안내원의 말에 의하면, 그 건져 올려놓은 광어의 가까이에 섰다가는 한번 꼬리를 탁 치면 사람의 정갱이고뭐고 다 부러져 나간다고 한다.

뱃전에 뉘어진 1미터 30센티의 광어는 정말 크고 자랑스러웠다.

이곳에는 30센티 이하의 광어낚시는 엄격히 금지되어있다. 만일 그 이하의 광어를 낚았다가는 해상경비대에 의해 경을치게 마련이다.

우리는 미리 준비해간 도시락과 초고추장에 적은 광어를 회를 쳐서 먹는 그 맛 또한 어디에 비길바 아니었다.

더욱 푸른바다 선상에서 말이다. 애오라지 이 해상에는 갈매기인지 잘 식별이 가지 않는 바다 물새 한 마리가 수면을 차고 날아가곤 하였다.

오후 2시가 넘어 점심을 끝낸 우리는 장소를 이동했다. 그리고 어느 해상, 아직 인적이라곤 닿지 않았을 것만 같은 섬 하나가 있었다.

우리는 누구의 제의에서였든지 이 섬에 잠시 내려 쉬어 가자고 했다.

가까이에 이르니, 바다 속 물빛은 더욱 아름답고 섬 안에는 작은 모래사장과 수천년 오래 묵은 나무들이 자생 이래 그 모습을 그대로 드러내고, 혹은 쓰러지고 넘어져 있는 고사목들이 많았다.

누구하나 손 댄 흔적이라고는 없었고, 신비감마저 감도는 내 어릴적 동화세계에서나 꿈꾸던 그런 아름다운 정경들이었다.

우리는 그를 배경으로 많은 사진들을 찍고, 그 고운 흙과 풀을 만지며 오르고 내리곤 하였다.

하도 적막감이 감돌자 자그마한 소리에도 머리카락이 쭈뼛해오는 한기마저 일곤 하였다.

산위 어디선가 우리를 노려보고 있던 곰 한 마리가 곧 나타날것만 같았다.

어제 영상으로 본 이곳 안내영화 한 장면에는 이곳, 부근에서 오르는 연어 떼들을 냇가 바위위에서 그 곰 한 마리가 이를 잡아먹고 있는 장면이 있었다.

우리는 다시 보트에 올랐고, 그 섬에서 그리 멀지 않은 해상에서 다시 낚싯줄을 드리우고 있었다. 많은 시간이 흘러갔음에도 불구하고 우리는 낚시에 몰두하고 있었다.

이곳 바다에서 완전히 해가 떨어져서야 우리는 낚싯줄을 거두기 시작했고, 아침에 출발했던 그곳으로 귀항길을 서둘렀다.

그리고 오던 길을 따라 물살을 헤쳐 나갔다. 그런데 웬일일까? 한낮동안 파도라고는 볼 수 없었던 바다가 어두움이 깔리기 시작하면서 물살을 가르고 질주하고 있는 선상으로 낮에와는 달리, 많은 물결이 철썩이며 튀어왔다.

속도를 줄이지는 않았으나 검은 바다 위는 심한 물결이 출렁됐으며 흰 거품마저 일고 있었다.

나가면 나갈수록 물결은 점점 거세졌고, 파도 또한 높아만 가고 있었다.

이제는 뱃머리를 때리는 갈라진 물결이 찬 우박처럼 공중에서 내리꽂고 있었다.

모두를 파랗게 질린 얼굴이 되어 방수복을 숫제 뒤집어 쓰고 있었다.

이제는 방수복도 내리 꽂는 물줄기도 문제가 아니었다. 배가 뒤뚱거리고 있었다. 나는 모든 것을 하늘에 맡기고 있었다.

파도는 여전히 거세져 오고, 얼음 같은 물을 뒤집어 쓴 우리는 그래도 배의 중심을 잃지 않으려고 가진 애를 썼고, 심지어 뱃전을 감아진 손은 빳빳하게 얼어들어왔고, 그러면서도 놓아서는 아니된다는 절박감에 이를 지탱하고 있었다.

우리는 살아있는 사람들이 아니었다.

이미 반은 찬물을 뒤집어 쓴 채, 선상의 물귀신이 되어가고 있었다.

그리고도 얼마를 달려 나갔다. 가야만 산다는 신념들이 강했다.

그러나 누구하나 입을 때는 사람이 없었고, 그저 모든 운명을 침묵으로 지켰고, 그 안내인의 손에 쥐어주고 있었다.

장장 두시간을 이 고생을 하며 우리는 겨우겨우 떠났던 항구에 죽지 않고 닿았다.

육지에 올라 죽었던 몸을 추수린 우리 일행은 대기하고 있던 마이크로 버스에 엉금엉금 기어서 올랐다. 목포의 모대학에서 왔다는 J모 교수에게서는 정말 고약한 ㅇ냄새가 코를 찌르는 듯 진동했다. 누군가가 배위에서 ㅇ을 쌌다고 귀띔해준다. 정말 인간의 생과사가 갈리는 마지막 순간이 이러할까?

지금도 그 날을 회상하면 웃다가도 소름끼치는 일이었다. 광어를 잡았다는 해신의 노여움은 아니었을까?

발리섬의 풍속과 그들의 일상생활

벌써 오래전의 일이다.

발리의 수도 뎀파사공항은 한적한 시골 풍경 그대로였다.

이곳은 육지와는 먼 바다, 태평양 한가운데 위치한 섬으로 날씨도 청명하거니와 바람 또한 시원하다. 음지에 드니 서늘한 느낌마저 든다.

공항을 막 나서는데 공항직원 한사람이 흰 이빨을 드러내며 '안녕하십니까', '감사합니다' 라고 농을 건다. 나무테이블을 놓고 한마당 같은데서 사무를 본다. 마치 그 예전 우리나라 시골 면 소재지 쯤에 내린 기분이었다.

차들은 나무 그늘 밑에 쉬고, 길에는 많은 야자수들이 늘어져있다.

아무래도 더운 나라 맥 빠져 보인다.

시가지로 들어가는 길목에다 시멘트 블럭으로 담을 쌓고 길을 따라 초가집과 기와집, 그리고 함석 지붕으로 얼룩져 있는데 그 모양들이 낯설지가 않았다.

한 6,70년 전 우리 서울에서도 변두리 동네의 한마을을 지나는 느낌이었다.

앞 가게를 겸한 봉당마루와 그 앞으로 열고 닫는 유리창하며, 어쩌면 그렇게도 닮았을까하는 생각도 해 본다.

더욱이나 놀란 것은 공항에서 시내로 들어오는 산모퉁이 길가의 다락논들과 그물논(수답)을 지탱하고선 논둑이며, 그 흙물을 가래로 쳐올린 모양들은 꼭 6,70년전 우리와 닮아있다.

지금 막 못자리를 내는 곳, 모를 심고 새를 쫓는 모습, 벼가 누렇게 익어 한 쪽에서는 추수를 서두는 곳 등, 사계절이 하루 속에 병존해 있다.

더욱 새를 보는 곳에서는 긴 비닐 끈에 헌 옷가지들을 매달아 바람에 나풀거리게 하고, 논 한가운데 허수아비가 고깔모자를 쓴 것하며, 아이들이 논둑에서 비닐 끈을 흔들고 빈 깡통을 두들기며, 새를 쫓는 모습들은 우리네 농촌 풍경과 다를 것이 없었다.

우리 농촌에서는 이즈음 농약 때문에 새도 없다는데, 이곳은 아직 농약도 사용하고 있지 않아서일까, 어쨌든 오랜 향수마저 이는 풍경들이다.

나중에서야 들은 이야기지만, 이와같은 풍속은 모두 일인들이 2차대전 전에 이곳을 점령했을 때, 남겨준 풍속으로 이를 그대로 답습해오고 있다고 한다.

모를 내는 풍속 중, 이를테면 정조식이라하여 양쪽에서 줄을 잡고, 그 줄에 쳐진 금에 따라 논에서 점점이 모를 내는 풍속도 그러했다.

이를테면 그들의 종교 힌두가 모든 섬을 바꿔놓았다. 아니 바꾼 것이 아니라 힌두자체의 옛 전통을 되찾아 놓은 것이다.

그들은 그 나름의 전통을 유지하고 있을뿐더러 그에 따른 생활구조와 양식이 독특하고 이를 오래 존속시켜가고 있다.

말하자면 그들 생활양식은 이중구조로, 하나는 철저한 힌두양식에 의한 종교적인 전통유지와, 다른 하나는 그 층이 얕은 하층계급들로서 시의에 따라 생활해가는 민중들이라 말할 수 있다.

그러기에 후자는 변화를 쫓고 개혁을 꿈꾸나, 기존의 힌두교도들은 그만큼 보수적 내지는 전통적인 사고에 의하여 살아가고 있다.

때문에, 후자의 경우는 맹신에 가까울 정도로 오랜 규범과 그들 교전(教典)에 따라 모든 생활이 영위되어 오고 있다.

그들에겐 먼저 힌두교 외에도 전통적인 어떤 무속 종교와 같은 것이 있어왔다고 한다.

그러나 인도에서 들어온 힌두교는 이를 융합하여 새로운 〈힌두·발리〉라는 교를 탄생시켰으며, 이들 대부분의 발리 사람들은 이를 신봉하고 있다.

그들 섬 전체의 면적은 대략 우리나라 제주도의 4배라고 한다.

인구는 280에서 300만, 위도는 적도를 지나 남위 8도에서 9도 사이, 좀 기형적인 물고기와 같은 형상을 하고 있는 섬이다.

그리고 여기에는 수천의 힌두·발리 사원들이 있다.

이들 사원들은 대개 혈연과 지연으로 맺어진 사람들끼리 건립하고, 또 유지되고 있어 그 규모와 품격, 역할이 다 같지 않다.

그러기에 사원들은 시내 중심가 여기저기에 산재해왔다. 그러나 사원에는 사람이 살지 않는다. 다만 '쁘만구' 라 불리우는 성직자가 그 절 인근에 살고 있다.

그래서 이 절과 관계되는 축제일, 그들은 이 축제일을 〈오다랑〉이라고 부른다.

그 축제일 이거나 힌두 · 발리에서 정한 제일 이외에는 언제나 비워져있다.

그러나 이들에겐 거의 매일이다시피 많은 제일이 있다. 제일에는 화려한 색상의 의상을 입고, 제물들을 머리에 이고 절에 들어가 그들의 소원을 빌며, 노래와 춤을 춘다.

어두운 광속에 모셔 놓았던 신체(神體)가 정결한 제단위에 옮겨져, 그 제의 진행에 중대한 역할을 하기도 한다.

힌두 · 발리의 교전에는 다음과 같은 가르침이 있다.

"제례를 다함으로써 신은 우리의 소원(주로 먹을 것)을 들어주고, 신에게 바치지 아니하고 가지는 자 그는 도적과도 다름없다."

이 말은 일년에 수없이 많은 제례를 위해 시간과 노력을 아끼지 않는 발리 사람들의 생활상을 그대로 나타내고 있다. 아니 그보다도 발리 사람들은 이 교전의 말을 철저히 믿고 실행해 오는 사람들이다.

힌두교전에는 또 사람과 신이 일체가 되는 길로서 다음과 같은 네가지 길을 제시하고 있다.

그 첫 번째가 곧 행동과 예행의 길 — 이는 삼라만상을 상징하는 제물을 만들어 신에게 바치고, 절을 청결히 하고 그림을 그리고, 노래를 부르며, 음악을 연주, 춤을 추는 일이라고 하였다.

둘째로는, 기도하는 일 — 이는 조상의 넋을 기리고 우주만물의 평화와 안녕을 기원하는 일,

세 번째는 성직자의 길 — 종교적 지식과 영력(靈力)으로 제례를 집행하고, 여러사람의 소원을 인도하고, 또 조상들의 영혼과 신들의 넋을 제사장으로 모시는 일,

네 번째는 요가의 길 — 모든 번뇌를 끊고 자기의 수행을 정진하는 일, 이라고 하였다.

이 네가지 길, 가운데서 자기와 가장 알맞은 길을 찾아 신과 하나가 될 수 있다고 가르치고 있다. 이러한 종교적인 배경으로 하여 발리사람들의 모든 예술행위들은 신과 일체가 되기 위한 하나의 몸부림이라고도 말할수 있다.

이 목적을 위해 태어난 것과 같은 그들은 예술과 종교 사이에서 성숙되고, 따라서 그들의 모든 행위는 숭고한 예술의 경지에까지 이어지고 있다.

그 중에서도 음악과 무용, 이를 합친 극적인 표현들은 이 곳 발리가 아니고서는 그 어디에서도 찾아볼 수 없는 하나의 경이로운 형상이기도 하다.

나는 어디까지가 인간이고, 또 어디까지가 신이며 자연인지, 나는 그들의 아래와 같은 무용극에서 나를 잊고 매료되어 있었다.

그들의 케착무용(KECAK DANCE)를 보고

그 날이, 1900년 2월 초순경이었다고 기억한다. 어쨌든 발리의 무용으로는 처음 대하는 것이었고, 이는 그들의 〈아트센터〉로 불리는 야외극장이었다고 생각된다.

무대 중앙 정면에는, 넓이 7미터 가량의 상설 준비실이 있고, 가로 12미터 정도의 정방형 무대가 있는데, 그 앞에는 모닥불이 지면으로 연기를 깔며 피어나고 있다.

2,30명에 가까운 남정내들이 모닥불을 애워싸고 둘러앉는다. 웃통은 발가벗은 알몸에 하반신에는 얼룩달룩한 팬티 하나만을 걸친 알몸들이었다.

귀뿌리에는 모두가 하나 같이 붉은색 꽃을 꽂고, 온 몸을 전후좌우로 흔들면서 개구리 소리로 합창한다. 거기에 또한 모두가 양손을 치켜들고 손바닥을 좍 펴 흔들면서 "케착! 케착!"을 연호한다.

그 소리는 일정하고 높낮음과 격양이 없다. 시종 "자브!자브!" 나에게는 그렇게만 들려왔고, 그 소리는 오래오래 계속 되어 나간다.

한참을 듣고 있자니 개구리 소리보다 더 신비롭고 더 친근해온다. 그들은 이 소리를 질러 무아무중에 들며, 관객들 마저 그 소리에 취하게 만든다.

이 무대위의 개구리 군상들과 함께 동화되어 간다. 때로는 "케착! 케착!"으로도 들려 이를 일명 〈케착댄스〉라고도 하는 것일까?

무대와 객석은 완전 그 도취경에서 나를 잊고 있을 때, 한 사람이 나와 성수를 뿌리며 의식이 진행된다.

이 때, 여인 둘이서 나와 무언의 춤이 시작되며, 남자 하나가 그 뒤를 따라서 춤을 춘다.

다음은 인도의 서사시 「라마야나」에서 따왔다는, 한편의 서사극이 진행된다.

이를 일명 〈원숭이들의 춤〉이라고도 하는데 〈케착댄스〉 그 자체는 유래가 그리 깊지도 않은 것 같다.

"케착! 케착"하는 그 후렴은, 지금도 가끔 발리의 지방도시에서 행해지고 있는 〈상향댄스〉라는 것과도 그 궤를 같이하고 있다.

이는 그들 발리 사람들의 고대 종교의식에서 유래하고 있는 아주 전형적인 가무의 한 양식이었다고 한다.

그러니까 그 전통의식과 결부된 이 케착무용이 이 나라 이 섬에서 자리잡기는 1930년대 경이라고 한다.

발리섬의 케착 무용극의 한장면

입구에서 배부된 그들의 팜플렛에 의하면

'상향댄스에서는 무아의 경지에 든자만이 신이나 그의 조상들과도 대화할 수 있으며, 신과 조상님들의 바램을 일반에게 전하고 가무단은 앉아서 느릿한 속도로 지속적인 분절 "케착, 케착-착"을 합창한다' 고 되어있다.

무대는 바지락대며 타들어가는 유등 외엔 조명도 장치도 없는 어슴푸레한 공간에서 이상과 같은 「상향댄스」에 이어 인도의 서사시 「라마야나」의 이야기가 연출된다.

그들은 그들 나름의 원색적인 분장에 금빛찬란한 왕관을 쓰고 도금으로 장식된 그 모든 의상들이 화려하기 그지없다. 우선 내용 자체가 극적일뿐더러 무대상의 기법 또한 연극과 조금도 다를 것이 없다.

우선 5막까지의 내용을 요약하고 그 순서를 적어보면 다음과 같다.

"야요디아 왕조의 법적 계승권자인 「라마」는 그의 아내 「시타」와 어린 남동생 「락사미나」를 데리고 함께 숲속 유배지에서 살게 된다.

한편 악마의 왕이며 사악하고도 호색적인 거인 「라바나」가, 아름다운 부인 「시타」를 사모하여, 그녀를 빼앗을 계획을 궁리하고 있다. 금사슴으로 변장한 그는 「라마」의 「락사미나」를 「시타」로부터 꾀어낸 다음, 그녀를 유괴하여 「라바나」의 궁으로 데려간다.

이에 「라마」는 또 악마의 왕에게서 「시타」를 구출하기 위하여 거대한 원숭이떼들의 도움을 받아, 싸움 끝에 드디어 「라바나」를 살해하고 「시타」를 구출한다.

이를 다시 5막으로 분류해보면 다음과 같다. 〈제1막〉은 「시타」의 요청으로 금사슴 「라바나」를 잡으러 떠난 남편, 곧 이어 남편의 구원요청을 들었으나 동생 「락시마나」는 이를 무시 「시타」는 그가 자기와 혼인하기를 위해 형이 죽기를 기다린다고 오해한다.

이에 화가 난 동생이 형을 찾아 떠나자 「시타」는 혼자 남게 된다.

〈제2막〉 「라바나」는 무서워하는 「시타」를 납치하여, 그의 궁에 도착한다.

〈제3막〉에서는 「라바나」의 궁에 갇혀있는 「시타」에게 원숭이 장군 「하노만」이 「라마」의 사자로서 그의 반지를 갖고 나타난다.

그는 「라마」의 신임하는 친구였기 때문에 「시타」는 자신이 살아있음을 확인시키기 위하여 가지고 있던 정표를 「라마」에게 전해줄 것을 부탁하고 도움을 청한다.

〈제4막〉에서는 「라마」가 「라오나」의 아들이 쏜 화살에 맞는다. 그 화살은 곧 뱀으로 변하여 온 몸을 옥죈다. 그 옥죄는 장면을 가무단의 원무로 나타내며, 필사적으로 이에 저항하는 「라마」는 서로 돕고 있는 「가루다」새를 불러내어 뱀을 찍어 죽임으로서 풀려난다.

〈제5막〉에서는, 전 가무단이 두 패로 나뉘어 한패는 「라마」의 편인 원숭이 군단을 형성하고, 또 한편은 다른 적군인 악마의 군단으로 나뉘어져 "케착, 케착-착"이라고 함성을 지르며 싸운다.

드디어 원숭이군단이 전투에서 승리하자, 「라마」는 마침내 「라바나」를 죽이고, 그의 처 「시타」를 데리고 왕궁으로 돌아온다.

이 이야기는 비록 인도의 서사시 「라마야나」에서 취해졌다고는 하나, 이에 삽입된 「상향댄스」이자 "케착-케착-착"하는 「상향」 춤을 그들 연희자들이 입신의 경지에서 추는 전통적인 춤으로, 이는 본래 초경전의 소녀들에 의하여 추어지는 춤이라고 한다.

이에 곁들여 그들 발리 주민의 춤과 그들의 종교적 일체감을 대비해서 살펴봄으로서, 우리는 그들의 춤의 진수를 발견할 수 있을 것이며, 또 우리가 기대하는 고차원적인 그들의 예술성을동시에 실감할수도 있을 것이다.

발리에서는 어떠한 제례도 그 섬에서는 무용없이는 존재하지 않는다.

다시 말해서 그들의 종교와 무용은 불가분한관계여서 이들 무용은 어디까지가 춤이고 종교인지를 분별할 수가 없다.

어느 춤이거나 입신의 경지에 이르러야 함은 물론, 그 자신이 또한 스스로 어떤 환희와 유열을 감지해야만 한다.

이것은 그들의 더 없는 소원이자 기구(祈求)의 념(念)이라고도 말한다.

그들 문화에는 이 것을 능가할 다른 문명이라고는 없다.

다만 이러한 종교적 엑스타시와 그 열광속에 모든 것을 얻고 , 모든 것에 도달할 수 있다고 믿고 있다.

나는 이 갸륵하며, 무아의 경지에서 스스로를 해방해가는 이들 본능적인 〈상향댄스〉에 나를 잊고 바라봤다.

그 것은 본능적인 즉흥처럼 보였지만, 한편으로는 잘 정제된 무용이며, 곧 연극이기도 하였다.

내가 이를 본능이니 즉흥이니 하는 것도, 거기서 스스로를 해방하며 또한 즐기고 있기 때문인 것이다.

이것이 오늘날 연극의 핵을 이루는 참 연극이자, 그 본원인지도 모른다.

나는 이를 보며 우리나라 무속(巫俗)에서의 무당들의 입신경지를 떠올릴 수 있었고, 연극학에 있어서의 배우의 변신술에 대한 정확한 해답을 얻을 수가 있었다.

발리에서는 이 〈상향댄스〉외에도 이와 대조를 이루는 「루상」이라는 댄스가 있다.

이는 〈상향댄스〉처럼 완전한 입신상태에 드는 춤은 아니나, 사원 등의 제례에서는 가장 중요한 부분을 차지하는 같은 여인들의 춤이다.

여신도들은, 이 춤을 통하여 신과의 일체화를 실감하는 일종의 종교적 유열을 느낀다고도 한다.

말하자면 〈상향댄스〉가 입신상태에서 그 들(소녀)는 신의 말을 대신해서 전하기도 하고, 제중에는 마을을 돌면서 벽사(僻邪)와 구나(驅儺)의 역할을 대신하기도 한다.

이들은 본래 소질있는 자를 골라, 일정한 기간동안 절에 머물면서 특별한 생활을 한다고 한다.

그들을 입신상태에까지 도달하게 하는 것은 마치 우리나라 무속(巫俗)에서 경문과 주문(呪文)을 외듯, 기원문을 낭송하며 향을 피우고 선정적인 리듬에 맞추어 남성들이 '케착 케착-착' 을 연호함으로서 가능하다.

그녀들의 춤은, 마치 바람에 흔들리는 초목과도 같이 유연한가 하면, 또 동물들의 격정처럼 요동치는 자연의 현상을 닮아 그렇게도 유현하고 즉흥적일수가 없다.

때문에 이 〈상향댄스〉야 말로, 그들이 입신의 경지에 드는 그 전형적인 춤이라고 말할 수 있다. 「루상」은 입신과 도취에서 보다도 일정한 형을 가진 예술적 무용의 원형과도 같은 것이다.

그들은 평상복을 입고서 추는 춤이다.

그들에겐 물론 단순한 생활무용이란 것은 있을 수가 없다.

신을 위하고, 신과의 일체감에서 신에 대한 봉사와 자기 정화가 곧 목적이었던 것이다. 이 밖의 남성들의 무용 또한 그것이 연극적이든 예술적이든 간에 여하튼 이곳에서는 제례의 일부로서 공존하고, 그 발생 또한 제례의 축복을 위하여 있어왔다.

용맹스러운 무술을 과시하는 「발리스 꾸대」또한 그들을 일명 「꽁구」라고도 하지만, 이는 긴 창과 북을 중심으로 격렬한 반주에 의해 추어지는 춤이지만 무용수들은 평상적인 정신상태가 아니다.

가령 일종의 가면극인 「도벵」과 같은데서도 쓰는 장면들이 있는데 이는, 그 가면을 씀으로서 그 영력(靈力)을 얻어 제례에서의 축복을 비는 성직자가 되어가는 것이다.

이 원숭이들의 춤인 「케착댄스」가 끝나고, 이미 관객들이 빠져나가자 나는 유심히 그 텅 빈 무대와 연희하고 도취하고 놀던, 그 무용수와 배우들의 뒷모습을 살피고 있었다.

그러면서, 이것이 아니 세계에서 유일하게 이곳에만 종교와 예술이 하나가 되는 이러한 보고(寶庫)가 있었구나 하는 생각과 함께, 그것이 또한 영원하길 빌면서 나는 이곳을 떠날 수가 있었다.

발롱(Barong and Kris Dance)춤에의 초대

그 다음날쯤으로 기억된다. 장소는 바트부람, 힌두교의 전통춤이자 이를 일명 「바롱」극이라고도 한다. 바트부람의 야외극장은 의외로 크고도 고풍스러웠다.

층단식으로 된 객석을 정면으로 가로 세로 각 12미터 정도의 무대는 객석아래에 위치해 있고, 그 오른쪽으로는 악대석이 따로 마련된 독립된 건물안에 위치하며, 20여명에 의한 가지가지 악기들을 갖춘 악사가 좌정하고 있다.

정면 끝 쪽으론 마치 우리나라 제래식 사당으로 들어가는 돌계단과, 그 옆으로 담이 쳐져있는 그 안에 또한 무대와도 진배없는 마당이 있고, 그 마당 옆 왼편 별채의 Skene가 따로 마련돼있다.

그곳이 말하자면 의상과 준비실로 쓰여지며, 배우들은 이곳에서 마당과 그 돌층계를 거쳐 본무대로 나온다.

이는 우리 탈춤과 같은 임시 가설무대가 아니며, 제대로의 담과 집이 영구적으로 지어져 있다.

그러나 이에 비해 객석은 임시 나무판자 그대로 약간 어설픈 감을 준다.

바롱춤은 「가무랑」이라고하는, 발리 특유의 악기를 사용하는 춤이다.

무용과 함께 「가무랑」Gamelen이란 고유의 음악 형식은 대단히 세련 되 있으며, 「스링 · 감뿌」라고 하는 긴 대나무 퉁수와 두 개의 현(弦)을 가진 찰현악기 「르빠뿌」를 무릎위에 올려놓고, 또 길쭉한

북(太鼓)와 놋쇠같은 청동타악기를 두드리며, 그들의 춤과 마임도 이 춤의 고음의 음악에 맞게, 유창하고 그 풍채 또한 당당하다. 바롱극은 성령과 악령의 싸움으로, 발리 사람들은 또 항상 이 세상에는 선과 악의 신이 있다고 믿고 있다.

「바롱」은 성령을 나타내는 동물이요. 「랑다」는 악령의 동물이다.

「바롱」과 「랑다」가, 이 극 중에서 싸우고 있지만, 어느 편도 승리자라고 할 수 없는 영원한 싸움으로 끌고 간다.

「바롱」과 「랑다」의 변장술인가, 그 분장은 아마 내가 이 세상에서 본 동물 분장 중에서는 최고의 호사스러움과 역동성, 그리고 화려함 그것이었다. 그 더운 지방에서도 「바롱」은 털옷에 황금빛 철갑을 온 몸에 감고 등장한다.

그 외에도 많은 장식물을 달고 있다.

악신 「랑다」 역시, 이에 질세라 온 머리카락이 지면에 깔리도록 산발하고, 입을 벌린 송곳니가 하늘로 치솟고 혓바닥은 보석과 황금으로 도색된, 그 길이가 한발쯤은 되어 보인다. 눈은 다 왕방울 같이 튀어나오고 손톱은 10cm나 자란 것이 한눈에도 사납기 이를데 없다.

이는 모두 힌두교의 신의(神儀)에 따른 상징적인 연극으로, 그 내용은 대략 다음과 같다.

제1막, 「랑다」의 시녀로 분장한 두 명의 소녀 무희가 등장하여 그들의 수상을 만나러 오는 대위 「쿤띠」의 시녀들을 찾고 있다.

제2막, 대위 「쿤띠」의 시녀들이 나타난다. 「랑다」 시녀중의 하나가 마녀로 변하여, 대위 「쿤띠」시녀의 몸속으로 들어가 그들을 성나게 한 채 수상을 만난 후, 대위 「쿤띠」를 만나러 함께 떠난다.

제3막, 대위 「쿤띠」와 그녀의 아들 「시대와」가 나타난다. 대위 「쿤띠」는 「랑다」에게 「시대와」를 제물로 바칠 것을 약속하는데, 한 명의 미녀가 나타나 대위 「쿤띠」의 몸속으로 들어간다. 그러나 그녀는 화가나서 수상에게 「시대와」를 숲속으로 데려갈 것을 명령한다. 이 수상도 마녀가 몸속에 들어가 있음으로 「시대와」에 대해서 연민을 갖지 못한다. 그리고 「시대와」는 숲속으로 끌려가서 나무에 묶여 버린다.

제4막, 「랑다」가 모르게 「시바」신이 나타나 「시대와」에게 불사약을 몸속에 넣어주고간다. 「란다」가 「시대와」를 죽일 준비를 하고 나와서 그를 잡아먹지만 「시대와」는 여전히 살아있다. 그러나 그녀는 이를 포기하고 「시대와」에게 그녀를 구원해줄 것을 요청하므로 「시대와」는 승낙하고서 「랑다」를 죽인다. 「랑다」는 천국으로 간다.

제5막, 「칼리카」라고 불리는 「랑다」의 시녀 하나가 「시대와」 앞에 나타나 그녀 역시 구원해 줄 것을 청하지만 「시대와」는 거절한다.

「칼리카」는 화를 내며, 멧돼지로 둔갑하여 「시대와」와 싸운다. 멧돼지는 패하자 그녀는 새로 둔갑하지만 역시 패하고나서, 마지막으로 그녀 자신을 「랑다」로 둔갑시키니, 「시대와」는 그녀를 죽이지 못한다. 그러한 상황에 처한 「시대와」는 생각 끝에 그를 「바롱」으로 둔갑시킨다. 「랑다」가 여전히 매우 강해보이고, 싸움은 끝나지 않으므로 「바롱」의 부하들이 나타나 그를 도와 「바롱」으로 둔갑시킨다.

「랑다」가 여전히 매우 강해 보이고 싸움은 끝나지 않음으로 「바롱」의 부하들이 나타나 그를 도와「랑다」를 물리친다.

그리고 이 바롱 극에 앞서 이 극과는 상관없는 또 한편의 극적인 무용이 있다. 이것 또한 그때의 팜플렛에는 다음과 같이 실려있다.

“호랑이가 그의 친구인 원숭이를 뒤따라 나타나며 가면을 쓴 세 사람의 무희가 등장한다. 그들은 숲속에서 야자술을 만드는 사람들인데 그의 아들은 호랑이에게 살해된다. 세사람은 화가나서 호랑이를 공격하고 원숭이는 호랑이를 돕는데 싸우는 도중 한사람의 코가 물려서 잘려 버린다.”

이러한 놀이가 끝나면, 사원의 승려들은 무용수와 배우들에게 정한수를 뿌려주고 먹을 것을 내온다.

그곳 바롱극의 한장면

이 또한 종교적인 제례와도 관계되는 것이다. 그리고 발리 사람들의 신격관념은 우리가 앞에서 보듯 악신과 선신을 가리지 않는다. 「바롱」과 「다랑」을 같이 믿고 추앙하며 그들의 싸움에서도 승패를 들어내지 않는다. 말하자면 이 세상에는 성령과 악령이 함께 있기 마련이라는 신념이다.

마녀인 「랑다」 가면은 오늘날도 사자(死者)의 절(寺院)이라고하는 「뿌라 · 타루므」에 보관되어 있으며, 이는 묘지중에 있는 악령들을 마을을 위해 지켜주는 신, 혹은 그 영력으로 믿고 있다.

또 남부의 어느 마을에서는 「랑다」가면을 보관하고 있으며, 마을 사람들은 특정한 날에 향을 피우고 제사를 드리며, 이 신이야 말

그곳 바트볼륨의 야외극장에서

로 사람의 역병을 치유해 준다고 믿고 있다.

이러한 종교적 주술적 행위로서 그들은 오늘날 문명세계가 지향하는 어떤 고도의 예술세계에 무의식적으로 다가서고 있는 것이 아닌가하는 생각을 가지며 필자는 이곳 바트부람의 야외극장을 뒤로 하였다.

유럽에서의 어느날들

I

엥겔베르그(Engelberg)의 티틀리스(Titlis)--알프스 등정기

이는 스위스의 로제르시 교외에 있는 알프스산의 한 지류라고 생각하면 된다.

이곳은 해발 3,233미터의 알프스의 만년설이 태양을 이고 은색으로 빛나는 그런 고장이었다. 엥겔베르그란 원 뜻은 「천사의마을」이란 뜻으로 정말 이곳은 천사들만이 살아가는 마을처럼 아름답다.

주위에는 온통 알프스의 눈덮인 연봉과 침엽수들이 하늘을 덮어 한낮에도 한기가 서리는 그러한 마을이었다. 우리가 이곳에 도착한 시각은 어젯밤(1995.7.5.) 자정이 지나서였다.

그 때 쭈리히 공항에서 여기까지 실어다 준 버스운전 기사는 이 마을 어귀서부터 길을 몰라 한참을 찾아든 곳이 웰덱(Waldegg)이란 호텔이었다.

일행들은 한 때, 내가 재직했던 문화예술대학원 제1기생들로 목적은 해외 하기학술세미나였다.

모두 21명, 적잖은 수였다.

그중에는 부부 동반 가족들도 세쌍이나 되었으며, 그 외에는 모두가 혼자였다.

총학생회장직을 맡고 있는 왕년의 인기스타 신성일(申星一)군과 현덕영 총무의 활약이 컸다.

스위스는 본래 영세중립을 표방하는 민주주의 국가로서 웅대한 자연과 백설이 반짝이는 알프스의 나라로 알려져있다.

거기에 어딜가도 파아란 물의 호수가 있고, 그 물은 눈이 녹아내린 얼음물이라고 한다.

그리고 한가롭게도 소들의 방울 소리가 들려오는 푸른 초원이 있다.

여기 엥겔베르그의 초원이야말로, 그리고 그 아랫마을에는 그와 같은 호수가 지천으로 있다.

아침에 일어나자 나는 집에서의 습관처럼 이 마을을 한바퀴 돌기로 하였다.

시계는 새벽 다섯시, 오늘 아침 〈티트리스〉산 등반까지의 시각은 아직도 멀었다.

여덟시에 호텔조식이 예약되어져 있고, 아홉시경 호텔을 떠난다니, 아직 시간은 여유가 있었다. 간단한 T샤쓰 차림으로 호텔 앞을 나서니 길은 하나 밖에 없다.

우리가 어젯밤 올라온 길이, 이 호텔 앞을 지나 상류 쪽을 향해

구불구불 기분 좋게 뻗어 있다. 점차 길은 주변의 산을 따라 높아지는데, 주위는 온통 아름드리 침엽수와 잣나무가 하늘을 덮는다.

길 한쪽은 가파른데, 그 절벽같은데서도 이 침엽수들은 잘도 뿌리를 내려 하늘을 치받치고 높이높이 곧게 자라고 있다. 아니 이 가파른 절벽을 지탱하고 하늘을 향해 열병이나 하는 것처럼 서로의 개김없이 줄 곧게 자라고 있다.

길이 높아져 올수록, 왼쪽 계곡을 따라 눈덮인 알프스의 연봉들은 차츰 가까워지는데도, 아무리 가고 또 가며 보아도 그 높이는 일정한것만 같았다.

6 · 25 사변때, 나는 경기도 이천 도드람산 밑에 임시 피난처를 구하여 있다가 그 산의 경치가 하도 좋아 바위산을 오르고 또 뛰어올라 정상까지 갔으나, 내려올땐 길을 잃어 애를 먹던 생각이 불현듯 나며 시계를 보자 벌써 호텔을 떠난지 한시간여 지나고 있다.

보기엔 이 길은 끝이 있을 법한데도 가도가도 끝이 없다. 그 모퉁이를 돌고나면 또 하나의 새로운 모퉁이가 있곤 하였다.

저 편 산위에 덮인 만년설의 눈금은 항차 그 자리에 있었다. 내가 가면 그도 따라서 올랐다. 길섶에는 한집 두집, 작은 목장들도 있고, 아침우유를 짜 차에 실는 모습이 신선하기만 하다.

역시나 이 곳은 임산지 답게 몇군데의 재재소가 있는가하면, 길가 좌우변 공터에는 많은 환목(丸木)들이 길게 혹은 짧게 작동되어 겹겹으로 쌓여져있다.

이는 또한 검(檢)자 표시인가, 크고 작은 것을 따로 나누어 G자와 S자로 표시하고 있다.

나도 발길을 돌려 다시 오던 길을 내리 달리기 시작했다.

오늘 아침 남 먼저 저 눈 높이까지 가보려던 마음을 진정시켜, 일행과 함께 오늘 케이블카를 타고서라도 저 눈위를 정복할 수 있으리란 생각을 하자, 잘했다는 생각도 든다.

발걸음은 빨랐다. 그 산길 외진 한 곳에는 그들의 수호신인 듯, 마치 우리나라 산신각(山神閣)처럼 자그맣게 네모난 돌담속에 예수님도 산신도 아닌 어떤 한 분이 왼손을 들고 오른손에는 보리수 같은 나뭇잎 하나를 들고 앉아있는 신상 하나가 그 안에 모셔져 있다.

마치 우리나라의 흰수염을 드리운 산신과도 같다.

그들에게도 속신은 있는 것일까? 인간으로서의 나약함이 내마음에 와닿는다.

나는 급한 길인데도 그냥 지나칠 수는 없었다. 주위에 핀 들 꽃 하나를 꺾어 그 제단 위에 올려놓고 두 손을 모아 합장하고 침묵했다. 그 때 주위의 나무 숲에서는 누구의 영혼인가 고운 새 한 마리가 푸드득 날아간다.

호텔에 당도하니 아직 조반전, 일행들은 아래층 식당으로 내려가고 있었다.

버스는 일행들을 싣고 아랫마을로 내려가 다시 우회하여 파아란 호수를 끼고 달렸다.

그리고는 티틀리스산 아래에 있는 도로리 열차의 케이블카가 움직이는 승차장으로 갔다.

동화처럼 칠해진 도로리 열차에는 한칸에 7,8명씩 탑승했다.

우리는 줄을 서서 차례대로 올랐고, 삐걱삐걱 기계음을 내며 열차는 움직였다.

그 소리는 기계음 같지가 않았다.

중간 정차장에서 우리를 내리게 한 전차는 다시 돌아갔고, 그곳에는 거꾸로 내리고 아스라이 치솟는 케이블카가 쉼없이 움직이고 있었다.

우리는 여기에 올라서도 차례로 전개되는 아랫 경치에 취하여 누구하나 말이 없었다.

제1, 제2, 제3정차장에서 멎고 또 갈아타며 올라가니 마지막 종착역엔 역시 많은 사람들이 붐비고 있었다. 또 콘크리트 전망대 층계를 따라 올라가니 천연 빙굴터널을 지나자 드디어 눈 아래로는 천

해발 3,000미터가 넘는 알프스의 연봉 리틀리스
그 정상에 올라 왕년의 스타 신성일군과 아내

야만야 낭떠러지위에 전망대가 있다.

그 길을 지나자 바로 어젯밤에도 내렸다는 흰눈이 온 산을 덮고 있다.

3,233미터라는 이 엄청난 티틀리스 산봉우리 앞에 우뚝 마주선다.

그것은 산이랄 수 없었다.

마치 아무렇게나 마구 깨놓은 다이아몬드의 형국이다.

꼭대기는 삐죽한데 급경사로 뻗어내린 산허리가 얼마쯤 내려와서는 활처럼 굽어있다. 이곳에 우리는 당도한 것이다.

옆으로는 산들이 그 줄기를 따라 좌우로 뻗어있고, 봉우리마다 흰눈을 이고, 길게 길게 누워있다.

어떤 것은 칼날 같고 어떤 것은 말등처럼, 허나 모두 절벽을 드리우고 있다.

우리는 전망대에서 나와 티틀리스 정상을 밟으며, 모두가 한동안 침묵하며 신비감에 잠겨 있었다.

우리는 하얀눈을 딛고 삼삼오오 모여서 올라온 케이블카의 그 길과 그 아래의 푸른 호숫가의 동화 같은 집들을 내려다 보고 있었다.

개중에는 눈 위에 구르는 사람, 눈을 뭉쳐 서로 쫒고 쫒기는 사람, 얼마간 우리는 우리를 잊고 놀았다.

사진도 찍었다. 괜히 아무도 없는데서 아래쪽을 향해 손을 흔들어도 보았다.

아까 이 산을 오르는 케이블카에서 보니 이 높은 산을 배낭을 메고 오르는 사람도 있었다.

그 길은 가파른데 마치 실타래를 풀은 듯이 꼬불꼬불한, 몹시도 숨차 보였다. 이 정상 말고도 많은 봉우리가 있었다.

사람들은 정상을 향해 숨찬 걸음을 걷고 있었다. 마치 인생에 도전하듯 한걸음 한걸음이 몹시도 부러웁게만 여겨졌다.

산들은 모두 눈에 가려 아무것도 보이질 않았다. 천년 만년을 이대로 묵묵히 눈을 이고선 그 봉우리들마다 어떤 이야기가 있을 것만 같았다.

저 밑 어느 골짜기에는 눈 녹은 물이 하얀 빙판위로 흐르다간 아래 낭떠러지에서 작은 폭포를 이루고는 그 아래, 숲속으로 꼬리를 감춘다.

그 물이 모여 계곡을 이루고, 다시 저 파아란 호수가 되어 아름답다. 스위스란 나라에 많은 호수가 있고, 호수의 나라로 떠오르는 이유도 이제야 알 것 같다.

우리가 현재 위치한 티틀리스의 정상, 불과 2,30m 아래에서 본 이 곳 알프스산의 연봉들은 모두 우리의 발아래에 있다.

아침에 그 눈금을 찾아 오르던 그 길이, 숲속에 가려 잘 보이지는 않으나 그 사이의 계곡과 호수, 호수위의 노랗고 붉은 집들이 마치 어느 동화세계의 집들인양 그저 고즈넉하기만 하다. 연인들끼리 온 사람들은 서로 눈을 뭉쳐 날리면서 사랑을 교환했고, 나이 많은 사람들은 비틀비틀 미끄러지며 서로 부추겨서 사랑을 교환한다. 그 마음의 세계란 늙고 젊음이 따로 없다. 언젠가 아내가 뮌헨에서 막 학위를 끝내가고 있을 무렵, 나는 그의 조언에 따라 그 곳에서 가르미슈(Garmisch)까지 독일의 알프스를 보기 위해 Kreuzeclbohn봉을 찾았다가 그 밑에서 이를 포기하고 다시 뮌헨으로 돌아온 적이 있다.

오늘 그와의 등정은, 이미 신의 계시에 의한 것이었을까. 아무튼 유쾌한 여행의 시작이었다.

II

두 번째는 아내가 공부하던 하이델베르크, 이 곳도 필자로서는 두 번째 길이지만 어쩐지 새삼스러웠다. 일시 아내가 머문곳이어서 일까?

이 하이델베르크의 성터, 그리고 이 곳 하이델 베르크 대학은 독일에서도 가장 오래된 성터요 또 오래 된 대학중의 하나다.

고성에서 내려다 보이는 이 곳 네카강과 그 강 너머 숲 사이로 난 외줄기 산책로는 그 옛날, 뭇 시인들과 철학자들이 걸었던 길이라고 한다.

서독의 서남부에 있는 도시, 라인강 지류에 해당하는 네카강 기슭에 자리한 이 도시는 예로부터 교육과 문화의 도시로도 유명하다.

1386년에 개설된 이곳 대학은 독일에서도 가장 오래된 대학이었다.

뿐만 아니라 이 도시 남동쪽 10km 지점에는 1907년 원시인류의 화석골(化石骨)이 발견되어 더더욱 유명하다.

지금으로부터 약 35만년전 구석기 전기원생인류의 턱뼈로서, 유럽에서는 가장 일찌기 이곳에 인류가 서식했다는 증거가 된다.

그리고 하이델베르크 대학가의 그 예전 술집들과 학생, 시인, 철학자들이 모이던 낡은 건물 벽에는 그들이 아무렇게나 마구 휘갈겨 쓴 글귀와 싸인들이 지금도 어지럽게 남아있다.

3,40년전 세계를 풍미했던 「황태자의 첫사랑」 그 무대도 이 곳이었으며, 그 때 두사람이 거닐었던 그 분수대에는 지금도 새찬물이 하늘로 치솟고 있다.

벌써 20여년전이 되고 말았으나, 첫 번째 이곳을 방문했을 때에는 시간도 감회도 많았으나 이번 여행은 아내가 유학시절 잠시 이곳에 있었다는 이유만으로도 나는 흡족하였다.

그리고 그때 그가 머문 고성 위의 노랑색 황금빛 〈쉴로스〉라는 집은 아주 인상적이었다.

쉴로스(Schloss)란, 본래 고성을 뜻하는 말로, 지금은 호텔로 사용되고 있지마는 그 예전에는, 성주들이 살았거나 그 경비원들이 감시를 위해 지어진 집이 아니었던가 생각된다.

그리고 2차 세계대전 전에는 잠시 히틀러가 이 집을 사용했던 곳으로, 전 후 1970년대 초반에는 외국인 유학생들을 위한 어학연수원이자 그들의 숙소로 바뀌었던 때가 있었다고 한다.

아내는 지금 우리가 오르고 있는 이 비탈길을 수도 없이 걸었다고 한다.

나무들도 울창한데 산새소리도 맑았다. 우리는 그때를 회상하며 손을 잡고 올랐다. 그리고 그 황색지붕을 쳐다보며 우리는 지난날을 더듬고 있었다.

아내의 마음 깊은 곳을 헤아릴 순 없었으나 우리는 각자 나름의 상념을 안고, 그 생각들도 하나이길 원했다.

따르던 일행 중 누구 하나가 우리의 포즈를 카메라에 담는다.

그리고 일행과 섞여 우리는 오던 길을 내려가고 있었다. 다 허물어진 고성 일부분엔 보수의 흔적도 엿보였으나, 나는 이대로 두어 좋을런지 또 복원이 좋을 것인지 알 수가 없었다.

그 예전 어느 영주인지 이 네카강변에 고성을 축조하고 이웃 소영주들로부터 조세를 걷어 들였는데 그 조세가 부족하면 조세 대신 포도주로 그 조세를 탕감해 주었다고 한다.

쉴로스 고성에서 아내와 함께

그 조세 대신 모은 포도주를 보관하기 위해 지었다는 술독이 어찌나 컸던지 그 속에 몇사람이 헤엄쳐도 될만한 크기였다.

우리는 작고 큰 고성안의 옛집들을 돌아보며 그 깊은 숲속을 걸어서 대학가로 나오고 있었다.

그 곳에는 후기 고딕건물인 교회와 과학아카데미, 그리고 방사선 연구소가 이 고성과 더불어 있다.

이 성스러운 학문의 도시 고도(古都)에도 현대 과학문명은 찾아들고 있었다.

그리고 정치와 자유에의 갈망도 있었다.

19세기 독일에서 통일운동이 있었을 때 이곳에서 열렸던 하이델베르크 회의로 남서독일의 자유주의자들의 힘을 모았고, 그 힘은 프랑크푸르트 국민회의에의 서곡이 되게도 하였다.

뿐만 아니라, 전기 하이델베르크 대학은 1386년 창립이래, 16세기 르네상스 시대에는 그 융성함이 절정에 이르렀고, 그 뒤 한 때 잠잠하기도 하였으나 19세기에 들어 다시 융성하기 시작했다.

이 대학의 교수 중엔 철학자 헤겔(G.W.F Hegel)을 비롯한 많은 석학들이 있었다. 대학에서 바라다 보이는, 저 노랑색〈쉬로스〉 건물은 마치 우거진 숲 사이로 궁전처럼 빛나 보였다.

III

7월8일 〈토요일〉

프랑크 프루트에서 베를린까지 장장 여섯시간, 우리는 버스에 흔들리며 가고 있었다. 길은 베를린에 가까워 올수록 포장도 엉망인데다가 주위의 경관들도 황폐해 있었다.

어느 중간 휴게소에 차가 멎자 머리는 길게 땋고, 웃통은 아예 벗어버린 핑크족을 닮은 한 젊은이들이 수도 없이 무리지어 왔다갔다 하고 있다.

어떤 이들은 자가용차로, 또 어떤 이들은 아예 트럭을 몰고 털이 숭숭난 팔뚝과 다리를 차창가에 올려놓고 달려오고 있었다.

한편 섬칫하면서도, 허나 남녀가 구별없이 서로 어울려 다니는 것으로 보아 깽단이거나 불량청년들 같지는 않았다.

베를린에 도착하여 우리는 동서(東西)신구 시가지를 돌아보고, 마지막 번화가인 쿠담(Kudam)거리에 와서야 아까 고속도 상에서 이곳으로 이곳으로 몰려오던 그 젊은이들의 정체를 짐작할 수 있었다.

오늘은 그들 〈러브 · 퍼레이드〉가 있는날이었다.

이 〈러브 · 퍼레이드〉란 평화를 위한 '사랑의 행렬' 이란 뜻으로 1,993년부터 3년째 열리는 행사라고 한다.

이는 비단 독일뿐만 아니라 미국과 전유럽 파리에서 심지어는 도쿄(東京)까지, 그리고 독일내에서도 북쪽변방 도시인 킬(Kiel)에서 남쪽 끝 팟사우(Passau)까지, 전세계 젊은이들이 참가하는 퍼레이드였던 것이다.

1994년까지로 정치적 목적이 짙은 베를린시가 주최한 행사였으나 이번에는 그렇지가 않았다. 온 세계 젊은이들이 주체가 되고, 그들이 주관하고 있었다.

다만 시가 고민한 것은 이 행사가 치루어진 다음의 청소문제였다고 한다.

그러나 다행하게도 베를린의 청소업자들이 이를 자원해서 맞고 나섰으며 그리하여 이 행사도 치러질 수 있었던 것이다. 만일 그때 청소부들이 나서지 않았던들 금년 그들의 행사는 프랑크푸르트로 갈 뻔도 했다는 것이다.

처음 이 행사의 시작은 베를린의 극우파에 의해 독일 민주주의를 주장하며 시작되었다 한다.

그들은 독일의 신나치주의자들이었다.

이 땅의 외국인을 몰아내고 죽이는 등, 횡포가 심했을뿐더러 몹시도 극성스러웠다.

여기에 〈러브 · 퍼레이드〉가 이를 진정시키며 다시 태어났다. 그 힘은 드디어 극우파를 제압하고 그들을 진정시키는데 성공했다.

독일의 젊은이들은 그때 유행했던 〈디스코테크〉에서 이를 따와 테크노 음악에 맞추어 춤을 추었고, 차츰 그것이 젊은이들을 열광하게 했다.

이는 온 세계로 번져나갔으며 오늘, 이 〈러브 · 퍼레이드〉는 온 세계에서 모여든 젊은이들의 테크노음악에 맞추어 치루어지고 있었다.

그들의 슬로우건은 지구상의 평화를 소리쳤다

온 세계는 베를린을 주시하고 있다.

많은 베를린의 청년들은 베를린의 새로운 이미지를 심는데 모든 것을 바치고 있었다.

그것은 평화였다. 그들은 율동으로서 신명을 다했다.

그 날 낮은 몹시도 더운 30도가 넘는 뜨거운 태양아래에서 시작되었다.

그들 행렬은 점차 불어나고 있었다.

쿠담거리를 중심으로 행렬은 비텐베르광장을 메우고 아데나워광장까지 뻗어가고 있었다.

우리는 저녁 무렵 쿠담가의 한 레스토랑 2층 창가에서 이를 목격했다.

그것도 우리 교포가 경영하는 「김치식당」이란 상호였다. 그 집 딸은 이 곳 자유베를린대학의 법대(法大)생으로 그도 젊어서일까, 흥미를 가진 나에게 그는 이 곳 신문 한 장을 들고 열심히 설명해 주는 것이었다.

나도 어느새 흥에 겨워 창문을 열고 그 행렬들을 향해 소리치며 박수를 보냈다.

아내도 내가 관심을 쏟자 열심히 그 여대생과 이야기를 나누며 종이까지 내놓고 메모하고 있었다.

그들의 움직임은 마치 노도와도 같은 위세로 몰려가고, 또 몰려오며 거세게도 파도쳐댔다. 모두가 어깨춤에 팔을 벌려 노래했다.

나도 거리로 뛰쳐나와 이들과 합세하길 원했지만 나혼자 그럴 수는 없었다. 많은 우리 대학원생들이 내 신명을 지켜보고 있었다. 나는 전주에 기대어 소리도 쳐주었고, 박수와 어깨춤으로 응답했다. 그들도 나의 동조 를 아는 듯 나를 향해 팔을 휘둘러 대답했다.

러브 퍼레이드에서

그날과 또 다음날 신문에는 이렇게 그 행사를 대서특필하고 있었다.

"제국의회의 조각전이 끝나고, 베를린은 토요일저녁 또 하나의 열정을 이곳에 바쳤다"고

그 행렬의 길이는 장장 1km에 이르렀고, 그것은 곧 〈국제러브·퍼레이드〉였다고, 그 국제의회의 조각전이란, 사상 유례없던 거대

한 조각전으로 크리스도 쟌클라우네(Cristo and jeanneclaude)에 의한 승리의 문 옆에 있는 의회건물 전체를 재료로 한 흰천으로 두른 이색 조각전이었다.

우리가 그 앞을 지날 때, 아직 그 때 자료로 쓰였던 흰 천들을 그대로 걸려 바람에 나부끼고 있었다. 거대한 작품으로 활용되었다.

그리고 이틀 후 (9월9일), 그 곳에서 발간된〈Berlin Morgenpost〉지에는 1,989년 베를린장벽 붕괴 후 처음있는 가장 큰 인간모임이었다고 또 대서특필하고 있다.

그들은 서른 세대의 차와 말안장같이 꾸민 승용차위에 올라 춤을 추며 절규해댔다. 이는 젊음의 해방이요, 흑과 백, 황인종을 가리지 않는 인종해방운동이기도 하였다.

1989년, 베를린의 장벽이 무너지면서 수수만만 군중속에서도 다시 쿠담거리에서는 많은 젊은이들이 어울려 춤을 추었고, 이 젊은이들을 당시에도 〈테크노융거 Techno jünger〉라고 불렀으니, 이것이 곧 기원이었는지도 모른다.이들의 춤은 어디까지나 테크노뮤직이 주음악으로 등장하며, 그것은 1950년대의 〈Rockn Roll〉과도 유사한 음악이었다고도 한다.

때로는 아주 딱딱하고 속도가 빠른, 한박자에 의해 형성됐던 음악이다.

그래서 여기에 Techno-denc란 이름도 붙는다.

춤추는 이들은 그들 자신을 Raver(레이버)라고 불렀으며, 고함치고 소리치며 또 열광하고, 마치 바보들처럼 광란하며 헛소리를 중얼

대는 친구들도 있었다.

그들의 수는 자그마치 20만, 작년에는 10만명, 그 슬로우건도 달랐다.

작년에는 오로지 빵과 평화 즐거움이었다는데, 금년에는 〈지구의 평화 Peace on Earth(Frieden auf Enden)〉를 소리쳤다.

정치적 요구가 없는 순수한 인간 본연의 그 모습을 연출하고 있었다.

그들은 돌아갈 때, 그리고 뿔뿔이 흩어질 때, 내년을 다시 이곳을 기약하고 헤어져갔다.

모두가 신나는 어깨춤의 퍼레이드로서 큰 물결을 이루고, 그 물결은 도도하게 흘러가고 있었다.

방글라데시, 부탄, 시킴과 동인도 콜카타 일주기

<2012년2월8일~24일>

다음날 〈5월10일〉 아침

2012년 2월 8일, 인천국제공항을 출발(18시30분) 방콕에 내린 것이 다음날 새벽 1시20분, 한 세(3)시간 잤을까? 다음날, 호텔에서 나와 아침 10시 55분 TG321편으로 방글라데시의 수도인 〈다카〉로 향한다.

화창한 날씨에 기분도 마냥 즐겁다. 기내 승무원들은 남자나 여자나 할 것 없이, 친절하고 순박하기 이를데 없다.

순박하고도 촌머슴같은 청년, 그리고 그 단발머리의 서비스 걸, 모두가 다른곳에서는 볼 수 없는 그 친절이 고맙다.

못사는 나라일수록 그 인정들이 있다.

기창으로 언뜻 어리는 산색과 설경이 아름답다. 일행중엔 부부간도 있으나, 나와 같은 단독여행자들도 많다. 모두가 오지이자, 가보질 않은 곳을 찾아들간다.

대부분이 한가로운 사람들 같다.

동양과 서양, 동서가 합일되고 교차하는 지점, 사람 생김새들도 모두 동서로 교합하고 중동이 다를 것이 없다. 인상도 몸가짐들도 모두 그렇게 순박하게만 느껴진다.

좌석이 여유있어 식곤과 피로 탓에 벌렁누워 이 생각 저 생각, 이렇게 한유하고 여유로울수가?

곧이어 기내 방송에서는 아나운서의 〈방글라데시〉 도착을 알리는 소리가 들려온다. 한유롭기 그지없다. 잠시나마 세속을 떠나 저 구름 속 하늘 위를 가는 이 한유로움, 어쩌면 더 없는 행복한 시간인 것도 같다. 나는 이때를 더 없이 즐긴다.

사람들이 죽어갈 때, 그 고통을 넘어 영겁의 길로 넘어설 때, 이러할까?

그 아무런 소리도 움직임도... 멀리, 멀리에서 들려오는 것만 같은 아나운서의 마이크 소리도 마지막 임종의 그 소리만 같다.

기음도 멎는다. 요동 없이 부유할 뿐, 움직임도 그 아무것도 없다. 드디어 하강. 이 곳(방글라데시) 시간 오후 1시20분.

정적이 멎고, 드디어 신의 도시, 순후,순박의 도시 방글라데시에 기착한다.

이 나라 정치,문화,교육의 도시이자 수도인 〈다카(Dhaka)〉에 와 닿는다.

방글라데시 다카에 와서 〈제1일〉

이 나라 인구는 1억9천만인으로, 세계에서 가장 인구 밀도가 높은 나라라고 한다.

종교는 대개가 이슬람교를 믿고 있다.

길에는 야자목이 휘늘어지고, 벵갈사람들의 나라라는 뜻의 〈방글라데시〉

길마다 색색으로 화려하게 칠을 올린 화물차와 수레에, 지붕을 씌운 차들이 오고 가는게 이색적이다.

이 나라 종교는 7.8세기까지도 불교였다고 한다. 허나 그 후 점차 터키 이슬람화로 바뀌면서 대부분이 이슬람교를 믿고 있다.

예전에는 인도의 벵골주에 속했다. 그 뒤 다시 영국의 지배 후, 파키스탄과 분리되어 독립한 나라이다.

국민 60프로가 모두 문맹인데다가 그들은 영어가 국어처럼 되어 있다.

길은 모두 포장은 되어 있는데도, 먼지가 심하다.

그러면서도 이 나라 국회의사당은 최고의 멋을 자랑하고 있다.

길에는 칼라풀한 인력거. 마치 꽃가마들 같기도 하다.

이 나라(다카) 대학가를 지나는데, 그 교정에는 인산인해, 학생인지 행인들인지 분간이 가질 않는다. 학생수만도 3만을 초과한다니 세계에서도 드문 숫자일 것 같다. 그 것이 시중 한복판에 있어 사람들로 붐비고, 교정 곳곳엔 인력거와 사람들로 몹시도 혼잡들 하다.

이런데서 어떤 교육이 이루어질까 궁금하기도 하다.

시가지를 걸어본다. 역시나 차와 인력거, 인종들의 시장처럼 붐

비고 칼라풀하다.

사람들의 옷색과 현수막, 모든 차들은 붉은 색이 많다.

이곳이 말하자면 이 나라 정치.문화의 중심 도시 〈다카〉의 풍경이다.

오후 늦게서야 1678년에 세워졌다는 〈랄박(Lolbagh) 요새〉와 〈다케사와리(Dakeshwari) 사원〉, 그리고 7개의 돔을 가진 사돈감부즈(Shaatgambuj) 사원을 방문하다.

이 나라 〈방글라데시 Bangladesh 개요〉

아시아 남쪽 인도 북동쪽에 있는 나라로, 정식 이름은 「방글라데시 인민공화국」〈Peoples Republico of Bangladesh〉로 벵골의 나라라는 뜻이다. 남동쪽에는 미얀마. 남쪽으로 벵골만과 접하며, 그 나머지 지역은 모두 인도와 접해있다.

세계 제일의 인구 조밀국으로 외국의 원조가 정부재정의 반을 차지한다고 한다. 그러므로 세계에서 가장 못사는 나라로 그 나라 최대의 목표가 이를테면 반곤타파와 식량자급. 고용정진과 인구억제 등을, 국가의 최대 목표로 삼고 있다.

그러나 이 나라에는 자연의 아름다움과 그 오래된 역사는 다양한데다가 많은 볼거리를 제공하고 있다.

2천년 이상 된 고대유적지와 세계에서 가장 긴 해변, 19세기 마하라자의 「바람과 함께 사라진」 쇠퇴한 맨션들을 볼 수가 있다.

이렇게 세계에서 가장 복잡한 나라지만 이 곳 방글라데시의 전원은, 그 편안함과 광대함, 그리고 그 사람들의 친절함을 나는 잊을 수가 없다. 이 곳 문화는 서쪽 벵갈의 문화와 비슷해서 불교, 힌두교, 이슬람교의 영향을 많이 받고 있다.

저 유명한 타골(1861~1941)의 서 〈우리의 황금, 벵골〉은, 방글라데시 국가로 불리우고 있다. 1948년 영국에서 분리 독립 되었으나 높은 인구증가와 높은 문맹률, 그리고 낮은 국민 자본저축과 기술의 낙후. 미급한 경제정책과 정치사회적 기반취약 등, 거기에 잦은 홍수와 농업생산의 부진 등으로 세계 최빈국의 실정에 처하고 있다.

종교는 회교(국교 86.6%)와 힌두(12.1%) 불교(0.6%) 기독교(0.3%) 순이다.

다카(Dhaka)라는 도시 〈제 2일째인 2월 11일, 토요일〉
〈방글라의 수도 다카(Dhaka)에서 보그라(Bogra)까지〉

약 4~5시간의 거리라고 한다. 시내를 벗어나는데, 교통이 붐비고 시내버스엔 사람들이 매여 달려간다. 길에는 야자나무를 비롯해 많은 수목들이 울창들하다. 고속도로에 접어든다.

〈자무나〉강을 지난다.

그 다리 길이도 4.8km, 이 강물은 히말라야에서 인도를 경유, 벵골만에 이른다.

일행은 이곳 jemuna강변의 〈Fnenchpotata〉라 이름하던가? 한 레스토랑에서 휴식과 티타임을 갖는다.

〈Chardaikona〉라는 꽤나 번창한 마을에, 운동회가 한창이다.

차들의 칼라풀함은 인도와 파키스탄, 부탄이 다르지 않다. 길가의 소들은 모두가 물소들처럼 첨보는 잿빛인데, 거리에는 인력거가 많다. 모두 울긋불긋 그 색들이 짙다.

〈쉴드〉라는 곳을 지나자, 오늘의 목적지 〈보그라〉까진 15km라는 이정표가 나온다.

그 곳, 인구는 50에서 70만 인구를 갖는 석탄으로 이름 난 곳이며, 길에는 쉴새없는 많은 잡동산이 차들이 지나간다. 시중으로 들어서자, 사람들과 "릭샤"(인력거)의 혼잡으로 길이 막힌다.

시중엔 우리나라 「LG」와 「삼성」, 「현대」 간판들이 돋보인다.

이 곳 여성들이 즐겨입는 「옹기」가 눈에 뜨인다. 잠옷 같은 옷으로 아니나 다를까 물었드니 그 옷을 입은채로 잠을 잔다고 한다.

다시 마스탄지역(mahasthamgarh)으로 들어가, 불교와 힌두의 유적지 〈mohastangarh 요새〉로 들어간다.

그 곳 성곽 입구엔 많은 노파들과 아이들이 손을 벌려 구걸을 하고 있다. 성 안 넓이 20만제곱미터에, 우리나라로 치면 60만평의 넓이라고 한다. 다음으로 또, 힌두들의 유적지 〈레스컨터, 메드〉를 지나 행길로 나서는데, 찻길엔 릭샤들이 붐빈다.

운전기사를 포함해 4인승인데, 한 30분을 달렸는데도 우리 돈 100원에 불과하다.

〈2월12일 일요일〉 보그라에서 랑그푸르

시가지를 벗어나자 어린애들이 길을 간다.

마치 70년전 내 어렸을 때, 책을 보자기에 싸지고 등교하듯, 그러한 모습들이다. 차들만 흔했지, 마치 우리나라 70년전 내모습 같기도 하다.

그리고는, 칼라풀한 트럭들이 많이많이 지나들간다.

길가 가게 앞 마당에는 한무리의 인간들이 모여 앉아 좌담들을 나누고 있다.

어떤 이야기들이 오고갈까?

길가로 뛰쳐나온 개와 돼지들, 그저 먹을 것 찾아 배회하고 있다. 그리고 물논에서 모내는 풍경이 한가롭다. 아직도 미개발 농업국가의 모습이 그대로 남아있다. 세계 1위라는 인구 조밀국으로서 전체 인구의 약67%가 농업에 종사하는 이 나라는 국내 총생산의 35%를 농업이 차지하고 있다. 인구밀도 세계 제1위에 높은 인구증가율(1.78%)과 67%에 달하는 문맹율. 그리고 국민자본축적 및 기술수준의 낙후, 합리적 경제정책을 추진한 정치사회적기반의 취약, 거기에 잦은 홍수로 인한 농업 및 공업생산력의 부진과 대부분의 원료와 기계 장비들도 외국에서 수입해야하는 실정으로 말할 수 없는 빈곤에 시달리고 있다.

그러나 한편, 돌이켜보면 이 나라는 본래 인도 동북부에 있던 나라로 남동쪽으로는 미얀마, 남쪽에는 벵골만과 접하고, 그 외 모든 지역은 인도와 접해 있다.

때문에 인도의 지배하에 있던 이들은 1947년 인도가 영국에서 독

인파들로 붐비는 시장의 모습

립할 때, 파키스탄 또한 이에서 분리된 독립한 나라였다. 허나 이들은 모두 같은 이슬람교도들이지만 벵골족이라는 이유로서 파키스탄인들로부터 무시와 핍박을 받아온 동파키스탄은 1971년 3월26일, 유혈 독립전쟁을 통해 서파키스탄으로부터 분리 독립해, 지금 이들의 방글라데시로 독립한 나라였다.

허나 천연의 많은 악조건에도 불구하고 이 나라엔, 자연과 아름다운 대지가 오랜 역사와 함께 다양한 볼거리가 있다는 생각에 이번 여행을, 80을 훨씬 넘긴 이 나이에 결행하였다.

2천년 이상 된 고대 유적지를 비롯한 세계에서 가장 긴 해변, 그리고 가장 큰 해안의 멘그로브가 있고, 19세기 마하라자의 「바람과 함께 사라진」 쇠퇴한 맨션들을 볼 수도 있다.

그리고 이와 같이 이 세계에서 가장 복잡한 나라임에도 불구하고 방글라데시의 그 전원들은 그렇게 편안함과 친절함, 한유로움이 그리고, 그 넓은 대 자연을 접할 수가 있다.

그리고 무한한 그 들판, 한편에서는 모내기, 또 한편에서는 수확들이 한창인 논밭을 지나자 천 여년 전 불교의 유적지 〈파하푸르〉라는 곳에 도착한다.

이곳은 8세기 당시 파라왕조시절의 영광과 영화를 누렸었고, 지금 유네스코 세계문화유산 중 불교의 유적지로 알려져 있지만, 허나 지금은 그저 밋밋한 하나의 산처럼 허허로운 들판위에 위치하고 있다. 본래는 불교학당이었다고는 하나, 그 대승원 앞쪽엔 많은 수행처들의 자취가 그져 허허롭기만 하였다.

나는 이곳에 와서, 우리나라 천여년전 옛 서라벌의 수도 경주의 옛사원들과 백제와 부여 페사지들을 비교해보고 있었다.

이는 모두가 현재 세계문화유산으로 등재 돼 있다고는 하나, 이 대승원 앞 많은 수행처들의 그자취는 간데없이 그저 허허롭기만 하다.

폐허가 된 그 기단 둘레 밑줄에는 갖은 인간의 조각상들이 부조되어 있다.

3층으로 벽돌로 쌓아올린 지붕은 붕괴가 심하고, 한편에서는 붕괴된 건물이 산과 언덕으로 변해가고 있다. 한 세월이 한스럽다.

18세기까지도 어떤 용도로 쓰여진 건물인지도 모르다가 그 후에야 옛 불교사원임이 밝혀졌다고 한다.

그 폐허의 뜰(풀밭)엔 어미흑양이, 새끼 세 마리를 데리고 풀을 뜯고 있었다.

그리고 그 넓은 잔디뜰엔 옛사람들이 마셨던 그 우물터와 사각형 명상처가 그대로 남아 있다.

일행은 그저 씁설한 생각에 이 사원 옛터를 나오는데, 이 곳 어린 아이들의 천진무구한 〈바이!바이!〉하는 손짓과 그 소리가, 마치 이곳 옛 성인들의 혼령일까, 지금도 내 귀에 멀리서 들려온다.

밖으로 나오자 들판에서는 마치 우리나라 봄철처럼 물논에 모심는 그 모습들. 한편에서는 모를 심고, 또 한편 어느 논에서도 막 추수를 끝낸 꺽대기가 그대로 남아 있다. 4계절이 함께 하는 나라인가 싶다.

다시 〈보그라〉 시내로 들어오는데 길가의 닭들이 비둘기처럼 적게만 보인다.

보그라(Bogna)에 이르자, 우선 숙소를 정해놓고 이곳 (보그라) 시장 구경을 나선다.

많은 잡화상이 진열해 있던 좁은 시장한복판의 포장 및 닭집과 어물시장을 가는데, 나는 내 평생 못볼 것을 본 것도 같다. 지금도 그 물고기와 닭들의 애초로운 모습이 내 각막 속을 떠나질 않는다.

돈은 무엇이고 먹고 산다는 것, 이것이 다 무엇이랴, 좀 더 살고자 파닥이는 그 애처로운 모습. 닭은 그대로 무리 속을 파고 들고 서로 얽힌 많은 물고기와 잉어들은 새로 주는 물기운에 꿈틀대는 그 모습. 나는 차라리 외면하고 이곳을 떠나는 것이 옳았다.

〈2월13일(월) 〈랑그푸르〉에서 〈파하푸르〉로 가는길〉

산이라곤 볼 수 없는 망망한 들녘, 간혹 푸른 논엔 갓 심은 모와 감자밭이 한도 끝도 없다. 평원이 넓다. 물논에서는 혼자 모를 내는 사람, 길에는 릭샤와 소형 짚차들이 간혹 보인다.

길에서 팔고 있는 감자들은 자줏빛깔로 무슨 과일과도 같은 열매마냥 작다.

이륜, 혹은 3륜 오토바이가 사람 싣고 달린다.

그 색깔은 모두 푸른 빛, 〈보그라〉와의 삼각길 왼쪽으로 달린다. 길에는 사탕수수밭들이 연이어진다. 한길씩이나 될까?

〈Giband〉라는 곳에 이르자, 좁은 저 찻길에 차들과 사람, 릭샤와 노인 어린이들이 섞여 길을 막는다. 황색, 노랑, 붉고 푸른 색색들이

섞여 더욱 사람 삶이 느껴져 온다.

많은 파나나 나무들이 연이어 지더니, 하천에서는 고기 낚는 사람들, 어딜봐도 못사는 나라 같지는 않는데도, 사람들은 굶기가 흐른다.

내 어렸을적(70년전) 우리 못살던 때를 떠 올린다.

많은 가금류(집에서 키우는 짐승)들이 길가나, 받뚝에서 어정댄다. 길가에는 키가 큰 유카리목들이 쉬원도 하다.

높은 나무들은 안으로 서로들 굽고, 쏠려 자연 턴넬을 만들어준다. 도중, 〈퍼잡〉이라는 곳에서 잠시 쉬는데 모종들을 파는 시장과 이 곳 청년들이 사진을 함께 찍자 아주 좋아라고 한다.

한 민가를 방문하는데, 그 인정과 천진 순후함이 말할 수 없이 곱고 반갑고 부끄러워들 한다.

방들은 많은 관광객을 맞아선가 청결하면서도 정돈되어 있다.

점심 때 남은 도시락 하나씩을 나누어주자 그렇게 고마워 할 수가 없다. 자꾸자꾸 주고 픈 마음, 인정과 보답은 어디에도 있는데, 마당가에 달린 바나나에서 손가락 굵기의 주먹만한 바나나 하나를 따서 맛이라도 보라면서 주던 그 인정, 잊을 수가 없다. 돌아오는 길, 랑그푸르의 한 힌두사원까지 릭샤로 오는데, 그 페달을 밟던 그 운전자의 영양실조로 인한 메마른 그 다리가 영영 잊혀지지 않는다.

그 길은 멀리 파키스탄과 중국, 말레이시아, 부탄과 태국 등, 여러나라로 이어진 길이라고 한다. 이 곳(랑그푸르) 시내의 인가엔 가난한 빨래들이 걸려 있고, 릭샤들은 힘겹게 달려가고 있었다.

2월13일(월요일)

새벽6시 이 곳(방글라데시), 〈랑그푸르〉에서 인도의 국경을 넘어 〈친그라반다〉로 들어간다.

새벽 안개가 10미터 앞도 안보인다. 나는 어젯밤 부실한 호텔방에서 몸살과 배탈로 아무것도 먹을 수가 없었다. 일행은 떠나올 때 준비한 도시락(아침)을 돌렸으나, 나는 사과 반알을 씹고, 굶기로 하였다. 대전에서 왔다는 한 부부교사의 지사제 두 알을 삼켰으나, 아직 별 효과가 없다.

안개는 시야를 가릴 뿐, 이는 북쪽의 히말라야에서 내리는 얼음물의 영향이라고 한다.

운무는 좀 걷히는듯한데도 전방 몇 미터 앞이 잘 보이질 않는다.

한 관문을 통과하자, 「티스타(Tista)」라는 강이 나타난다. 동인도 상류로부터 흐르는 강으로, 인도는 그 위에 댐을 만든다하여 이 나라와 분쟁이 야기되고 있단다. 그 하폭이 우리 한강 넓이만이나 할까? 벵골만까지 이어지는 강으로 주위는 모두가 전지로 일구어져 있다.

가로수엔 〈개폭〉이란 꽃나무가 흐드러지게 피어 있다. 인도 접경지에 다가오자, 밭에는 수수밭이 이어진다.

길에는 바나나, 그 키가 세길이나 될 것 같다. 그리고 대나무 밭이 이어진다.

국경지역에는 역시 일을 찾아 어정대는 청년들이 보인다.

드디어 인도의 〈참그라 반다〉 국경에 들어와 그 곳에서 입국 수속을 밟는데, 한 두시간은 소모한 것 같다.

다시 인도의 〈푼트숄링〉으로 이동하는데 그 길이 말이 아니다. 포장은 됐다고 하나 안한것만 같지 못할 뿐더러, 파이고 깍이어 그 길은 길이 아니었다. 게다가 차들은 매연을 뿜고, 신작로를 가는데 개울가 숲속에서는 야생코끼리 한 마리가 나타나더니 놀라지도 아랑곳하지 않은 채, 그저 제갈길을 간다.

인도와 부탄의 갈림길이자 접경지 〈푼트숄링〉(Phuntsholing)에의 도착이 그 날 오후 4시경, 이곳에서 부탄으로부터 마중나온 치마 입은 남자가이드를 만나, 일찍 점심 겸 저녁을 같이 하고 장장 여섯 시간이 걸린다는 부탄의 수도 팀푸(Timpu)를 향해 떠난다.

히말라야의 산중도시, 그 고개를 넘고 도는데 나는, 배탈로 종일 굶은데다가 기운도 탈진, 버스 앞자리에 누워서도 몇 번인가 굴러떨어질 듯 겨우겨우 버티면서 밤 10시가 넘어서야 이 곳〈팀푸〉에 도착할 수 있었다.

2월14일(화) 부탄(Bhutan)에 와서, 날씨는 맑았다. 〈팀푸〉에서의 하루

세계 행복지수로는 가장 높다는 부탄, 그 나라의 수도 〈틴푸〉라는 곳에 나는 와 있다.

산들이 푸르고, 내 또한 맑다. 아니 내라기보다 강에 가까운 맑은 시냇물이 흐르고, 이 물이 바위에 부딪쳐 거품을 일으키며 흐르고 있다. 강에는 (푸나단류강의 두줄기가 만나는 지점에 세워진 푸나칼 종 앞을 흐르는 강) 말할 수 없는 많은 물고기들이 훼를 치며, 오르고 내린다. 이 나라에선 불교국이라 산 짐승과 어획이 원칙으로 금지되어 있다고 한다. 이웃나라에서 사서 먹을지언정, 제 나라에서는 포획과 살생이 절대 금지되어 있다.

그래서 지나가는 개들과 소들의 모습은, 그렇게 편안하게만 보인다.

산에는 흰 눈, 자연송의 정경이 히말라야 쪽은 산상봉우리마다 눈이 희고, 그 전망대로 오르는데 인간의 바램(소원)이 오색천에 나부낀다.

무엇을 비는걸까? 길도 잘 포장되고 공기도 말할 수 없이 상쾌하다.

이 나라는 본래 〈Kingdom of Bhutan〉이라고 하여 인도와 티벳사이의 히말라야 산맥 동쪽에 있는 남부중앙아시아에서 독립된 나라다. 북동쪽 인도와 남부중앙아시아에서 독립된 나라로 북동부인도와 티벳, 그리고 히말라야 남쪽 티벳문화권에 있는 조그만 나라이다.

그러기에 세계에서 가장 접근이 어려울뿐. 교통마저 불편하다. 방글라데시에서 동남쪽 오지를 거쳐 가노라면 그 높은 히말라야 고갯길 몇 개를 휘감고 돌아야 하고, 부탄에 와서도 신호등이 없는 나라로 유명하다. 그럴것이 또한 이 나라엔 오염되지 않은 자연과 문화, 자연과 인간이 가장 친밀한 관계속에 살아가는 나라다.

그리고 일상 속에 깊이 스며 있는 종교(불교)는 그들의 도덕성과 윤리를 규정하고, 자연과의 친화로 자연을 닮은 그들의 정신은, 또한 순수 그 자체라고 말할 수도 있다.

눈에 띄는 곳마다 절과 불탑들, 산자를 축원하는 〈통다〉와 죽은

자를 위한 〈마니차〉와 (마니다)라는 깃발이 바람에 날리고 있다.

집들은 모두가 어느나라 별장들 같다. 후진 집이라고는 없다. 모두가 양철지붕에 목조집인데, 산골짜기마다 한채씩 독립가옥인데다가 찻길이 나 있다.

사람들은 길거리에선, 눈이 마주칠때마다 미소를 보낸다.

그리고, 이 나라에서는 도축을 금한 탓에 말 그대로 상팔자인 거리의 개와 소의 얼굴에는 더 없는 편안함이 스며져 있다.

이 나라는 현대 문명이 미치지 못한 한 작은 나라이지만 이들의 평등주의는 선진국을 앞서고 있다.

히말라야 산위에 덮힌 흰 눈

수정처럼 맑은 히말라야 산에 무한정으로 자생하는 많은 약초와, 눈 속의 야생 동물, 범과 염소, 검은 혹두루미는 이 곳의 명물로 알려져 있다.

그리고 부탄을 대표하는 것으로는, 선명한 그 다양한 색조로 단장된 히말라야 골짜기마다 박혀 있는 그 많은 사찰들. 언제나 어디서나 높은 장대 끝엔 사람을 부르듯 휘날리는 깃발과 오색천, 그리고 붉은 가사를 걸친 승려들일 것이다.

이러한 문화들은 모두 오래전 살아진 밀교 판트라의 사상을 간직하고 있는, 이 지구상 유일한 곳이라고도 한다.

그리고는, 집들은 모두가 아름다운 희화화 된 그림(어느 활성의 성기를 비롯한) 목조집들로, 산간비알에 한두집식 박혀있다.

그리고, 그들의 의복은 지금도 전통으로 이어져 내려오는 기법의 수작으로 남자들은 저 〈스코틀랜드〉의 남성들처럼, 푸른 줄이 처진 붉은색 치마들을 입고 있다.

뿐만 아니라, 그 들 언어 또한 긴 세월을 통해 변천의 과정도 있을 법 한데도 그들은 지금도 그들 선대들이 사용했던 그대로의 고어를 사용하고 있다고 한다.

한 산골짜기 민가를 찾는다. 그곳에는 처음보는 〈Takin〉이라는 짐승이 울안에 갇혀있는데, 마치 곰과 송아지를 닮아 있다. 또 〈카루카〉라는 한승방을 찾는다. 그곳은 여자들만 있는 여승방으로, 개들이 태평스럽게 누워있다가 한 마리가 짖으니 따라서 긴장한다.

평화로운지고! 사람도 짐승들도 이렇게 평화로울수가? 바쁠 것도, 그리고 아쉬운 것 없는 그들만 같고……. 전 인구는 75만이라던가?

산을 넘는데 야크가 산에서 풀을 뜯고, 한 노점상의 진열품엔 과일과 일용품들이 색색으로 아름답다.

산신당 같은 곳이 있는가 하면, 그 속엔 반드시 마니차가 돌아가고 있다. 산마다 나무들마다 무엇을 바램일까? 흰 깃발들이 나부끼고 있다.

어젯밤에 이곳을 왔던 〈도출라〉 고개에 오른다. 꼬부꼬불 포장은 되어 있다고는 하나 길은 파이고, 구비마다 도는 그 경치가 말할 수 없이 장관을 이룬다.

그 정상 3,150미터 고갯길 그 광장에서 보는 조망, 〈히말라야〉의 높은 산들이 흰눈을 이고 다가온다.

그 곳 광장(조망대) 오른쪽엔 전 왕비가 세웠다는 〈앗셈〉사람들의 위령탑이 있고, 그곳엔 많은 조기들이 나부끼고 있다. 앗셈과 이들간엔 어떤 관계였을까?

이 곳에 서면, 〈팀푸〉와 〈푸니카〉를 잇는 히말라야 산맥과, 끝없이 이어진 부탄의 고봉들이 한눈에 들어온다. 그 고갯위 잔디풀 속에 보랏빛 곱게 핀 〈민들레〉, 그 정취와 외로움을 나는 잊을 수가 없다. 그 산을 내려오는데 산비탈마다 층층으로 일궈놓은 밭들이 그 언제인가 중국과 티벳을 잇는 차마 고도를 달릴때의 그 산위의, 다락논들을 연상케도 한다.

아니 내 어렸을적, 지금으로부터 70여년전 강원도 내고향 산골마을의 산전과 그 〈다락논〉들을 떠올리게도 된다. 계곡에서 흐르는 물을 받아 논에 물을 대고 있다.

나무마다 오색천 휘날리고, 지나가는 차종 가운데 간혹 우리나라 현대차들도 보인다. 열대가 아닌데도 소나무 잎들이 축축 늘어져 있다.

언제였든가? 중앙일보〈뉴스클립〉에서 전한「행복한 나라 부탄」이란 기사가 생각난다.

"히말라야 산맥의 기슭에 자리 잡은 부탄은 인구 70만명, 국민소득은 2,000달러에도 미치지 못하는 작은 나라다. 1990년대 들어서야 TV가 보급됐을 정도다. 하지만 국민의 97%가 "행복하다"고 말하는 나라다. "경제적으로 잘 살면 행복해질 것"이라는 일반적인 사고를 깨부수는 대표적인 사례로 꼽히는 나라다.

1972년 열일곱 어린 나이에 왕위에 오른 '지그에 · 싱기에 왕추

크' 국왕은 취임 2년만인 74년, GDP가 아닌 국민들의 행복지수(GNH.Gross National Happiness)를 기준으로 나라를 통치하겠다고 발표했었다.

부탄은 이웃국가인 중국과 인도가 경제성장에 목을 맬때도 심리적 웰빙과 건강. 생태계 보호 등 국민들의 행복을 증진시킬 수 있는 방법을 찾기 위해 애썼다. "「중앙경제」 2012년 4월9일자 참조〉고 적고 있다.

〈2월15일(수요일)〉- 하루의 망중한

여행 7일째, 한마을 멀리 산위에도 집이 있고, 그 아래 흰구름 휘감고 돌아 계곡에 깔린다. 길은 협곡을 끼고 차들은 좌측통행, 산아래 비탈진 곳에 교도소 하나가 보인다. 범죄가 적은 이 나라엔 소년범이 대부분이라고 한다. 어린 호기심 때문이리라. 그 맞은 편에 이 나라 군인들의 막사가 마주보고 있다.

개들은 말할 수 없이 순하고, 고양이도 밥을 먹는이의 무릎에 앉아 졸고 있다. 참으로 평화로운 지고—.

작은 마을에 이르자 어린 아이들의 등교하는 모습, 남녀 가릴 것 없이 위는 검정, 아래는 노오란 빛으로 참 곱기도 하다.

〈왕비성과 왕디, 존〉을 관광, 다시 〈파로〉라는데를 간다. 그 곳엔 이 곳의 전통과 현재가 공존하는 곳으로, 냇물엔 수많은 물고기기들이 파도를 이루고, 전면에는 하늘에서 온 사람들이 지었다는 〈하늘의 성〉 "푸나카"의 종이 걸려있다.

그리고 거대한 〈케론〉(티벳불교의 탑)과 〈룽다〉(케론에서는 오색 깃발), 동서로 50리에 달하는 거대한 깃발의 행렬.

그래서 이 곳을 사람들은 일명 〈하늘의 성〉으로도 부르고 있다.

그 앞 강물엔 많은 물고기들이 휘를 치며, 오르 내리는데도 포획은 엄격히,아니 자율적으로 금지되어 있다.

그 산속엔 또 많은 불탑들, "캄술들리나갈초르덴 사원"이라던가?

산마다 골짜기마다 펄럭이는 깃대들, 이를 일러 그들은 룽다(은색 깃발)라고 한다.많고도 많은 소원들을 빌리라.

예전엔 너와 집이(나무껍질로 이은 지붕), 이제는 양철지붕으로

변해가고 있단다.

산위에는 비구니승방, 이 나라에는 걸식하는 탁발승은 없었다고 한다.

〈파로〉와 〈푸틴〉으로 가는 갈림길. 이 〈파로〉의 냇물 따라 가는 길엔 소나무가 없다. 잔디와 바위 산. 길가의 개들은 모두가 순하디 순하다.

파로의 인구는 3만, 이들은 주로 쌀 농사에 집들은 모두가 흙벽 돌에 지붕은 모두 판자를 깔았다.

산아래 군인 숙소들이 하얀벽에 검은 지붕. 이 나라 공무원들의 정년은 57세라고 가이드는 일러준다. 마을 앞 냇가에 공항이 있으나 정박해 있는 비행기는 하나도 없다. 그 오래전 티벳 〈라싸〉에 갔을 때의 그 곳 비행장을 떠올리게도 되나, 이 곳 비행장은 그 보다도 좁은 개울가에 있다.

파로사원과 그 주변 망루 위에는 산마다 흰눈을 이고 있다. 그 아래 또 이 나라 사범대학 하나가 자리하고 있다.

공항 앞 호텔에 짐들을 맡기고 다시 시내로 나선다. 대통령 별장도 거기에 있다. 별로 경비가 삼엄하지도 않을뿐아니라 여염집들과 별로 다른것 같지도 않았다.

제 8일째, 2월 16일 목요일

오전에 일행들은 모두 〈타로·토종〉으로 떠났으나, 나는 어제의 배탈과 피로탓에 오전에는 호텔에서 쉬기로 한다.

간밤에 냉방으로 고생했기 때문에, 아직도 설사끼가 있다. 몸은 으스스하다.

오전 12시경 일행들이 돌아올때까지 쉬며 빨래도 하고 TV보며 쉬다.

오후부터 일행들과 동행하기로 하다.

티벳으로부터 오는 관문, 1600년엔 이곳으로부터 그들의 침공을 받았다는 역사적인 곳이다.

한참을 가는데, 어느 산자락 절벽앞에서 가이드는 오늘 오전에 내가 못갔던 〈타르, 도종〉 그 입구에 차를 세워 그때, 못다한 설명을 부연한다. 고맙다. 해발 3,100미터 절벽 위에 기대고서 있는 그 절은 주위의 산새와 더불어 정말 우람도 하고 잘도 조영되어 있다. 그 산정상엔 흰눈이 깔려 마치 고깔이라도 쓴 듯이, 평화롭고 또 청아하다.

그 부처님 아래 돌출한 뫼뿌리는 마치 두루겔사원의 그 성곽처럼 보이기도 한다. 지금 이곳은 폐사지로 승려들은 전무하다고 한다.

왼쪽에는 5,000m가 넘는 산들이 즐비해있다.

빈부의 차가 없는 나라, 그리고 개도, 노새도 사람들도 모두가 순하고도 태평스런 좋은 나라 같기만 하다. 많은 약초와 허브들을 생산하고 있다. 그리고 언제나 사시사철 청명과 넉넉함이 함께하는 나라 같다.

차들은 왕족들만이 색딘 표시를 하고 다닌다. 그렇다고 특별한 경호가 딸리는것도 아니다. 어제 갔었던 가장 오랜 절 타지마칼 마을 앞을 지난다. 오전에 쉬었더니 생기가 난다.

일행 중, 최연장자로 비워준 맨 앞좌석에 앉고 보니, 그저 미안할 뿐이다. 고맙다.

푸른 산 흰벽 집들이 정오의 햇볕에 더욱 아름답다.

한 다리를 건너자 좌우변 어디에도 5색기들이 장대위에 요동친다. 정말 그 어디에도 오두막 같은 못사는 집이 없다. 외국 서양 관관객들이 자주 눈에 띈다.

산상마을로 올라가는데 길은 산따라 꼬불꼬불, 지붕위에 흰 깃발 나부끼는 곳은 민박의 표시란다. 오른쪽으로 3층 건물이 있는데, 이는 왕의 행궁으로 일시 머무는 곳이라고 일러준다. 깨끗은 하나 여느 나라처럼 그렇게 삼엄하지도 않을뿐더러 화려하지도 않다.

〈파로〉 계곡에서 보는 히말라야의 연봉들이 들죽날죽, 이를 바치고선 많은 눈들(설산), 거악하고 신기하고 오묘하면서도 인자해보인다. 과연 이곳에 왕의 별궁이 있구나 싶었다.

왕의 행궁이 있는 그 산비탈엔 드문드문 인가들이 우리나라 별장들처럼 아름답다.

그 위로 푸른 소나무 밭과 그 가파른 산자락엔 또, 외로운 절집하나.

제 9일째 2월17일, 금요일

오늘도 날씨는 맑았다. 아침 7시에 〈파로〉를 출발, 6~7시간 거리의 〈픈트슬링〉으로 이동해 간다.

산비탈의 집들이 별장들처럼 하나둘 떨어져 있다. 행복지수로 세계에서 으뜸가는 나라. 국민 소득은 20큐라라지만, 우리의 300불보다 못지 않다. 어쨌든 행복지수는 세계에서 제1가는 나라라고 한다. 모두가 긍정적인 사고에, 순박하고도 지순한 사람들 같다.

길에는 순하디 순한 개들이 뛰어 놀고, 노새와 잿빛 원숭이들이 나와서 논다. 길가 절벽위의 암벽들이 떨어질까 겁난다.

상상하기 어려운 산위마을에도 집들이 모두모두 하나같이 떨어져 살고 있다. 이 것이 그들 행복지수와도 관계가 있다고 한다. 남의 간섭을 배제하고, 가족간의 우애, 믿음과 사랑, 그 정이 무엇이 부러우랴 싶기만 하다.

먼 산 위에도 100미터 혹은 그 이상의 간격을 두고 집들이 있다.

어찌보면 스스로 독립과 고립을 선택하고, 간섭을 배제하는 사람들 같다. 그 이상 더한 행복이 있을까도 싶다.

많은 접촉은 순수를 해친다. 큰 지향과 발전은 없더라도 가장 인간적인 삶이 아닐까 하는 생각도 해본다.

그러니 세계에서 소리칠 나라는 아니며, 자급자족해가며 오순도순 살아가는 나라.

나는 왠지 이 나라. 이 사람들이 부러워만진다.

이 곳, 히말라야 산 쪽에는 한편 배낭 여행자들을 금하고 있다. 무척 쇄국적이긴 하나, 자기들의 그 삶을 알리기를 꺼리기 때문이라고 한다.

이 나라엔 무상교육과 무상의료에, 타국에서의 유학생들은 모두가 전원 귀국하고 있다. 제나라 제풍속이 좋기 때문이란다. 인구는 2,500만이라든가?

산비탈마다 갖은 잡목들이 구름처럼 엉키고, 맞은 쪽 산자락엔 집단촌이랄까 한 자그마한도시 하나가 전개된다. 교각과 고가도가 생기면 2.3분에 갈 거리를 한시간여 돌아 들어간다.

그 계곡과 계곡, 깊고도 깊으라. 모두가 이 웅장한 히말라야의 줄기. 어느 것은 거악도 하고, 어느 것은 순하여 양의 등도 같고, 모나고 매친 산줄기, 아까 건너쪽에서 보던 작은 도시 큰 산마을은 〈개두〉라는 마을로, 그 앞을 지나 간다. 산상마을로는 꽤나 큰 도시 같다.

학교도 있고, 관공서들도 다 갖춘 한 작은 도시마을로 사람들의 행색, 시골과는 또 다르다. 길도 넓다. 해발 2,000미터나 되는 도시라고 가이드는 일러준다.

이 곳을 지나자, 물안개 산을 타고 오른다. 정말 "숨겨진 나라"라고 부르고 싶다. 이들도 그러기를 원한다고 한다. 그러기에 세상에

덜 알려진 나라, 간섭을 싫어들 한다.

운무에 가리우니, 아까 저 높던 히말라야산들도 구름 속에 뜬 딴 봉우리처럼 보이기도 한다.

이 나라엔 무상교육과 무상의료, 그 무엇이 부러우랴.

〈다시 인도땅을 밟는다〉 히말라야의 한 산중도시—

다시 인도의 땅 〈제이골〉이란 곳에 와서 점심을 든다. 산천도 같고, 사람들도 별반 다를 것이 없는데, 그 나라 이름들이 다르다. 인도는 역시나 넓고 큰 나라였다. 산천과 인간들의 그 행색이, 부탄과는 좀 다른 듯도 하다.

밭들이 무한하고 보다 활기가 있는 인상, 좌우로 끝없는 차밭이 전개 된다. 그리고 차들의 폭주와 사람과 자전거의 홍수.

〈타지마할〉이라는 이 혼잡한 시가지를 지나간다. 활기 있는 도시라고나 할까. 부탄과는 전혀 다르다,

의상들은 내보기엔 더욱 남루하다. 허나 활기차다. 히말라야 산중에 있는 도시

길을 꺾어 '앗삼' 지방쪽으로 향한다. 좌우론 많은 차 밭, 길은 파이고 먼지는 일고, 차는 지그재그로 마구 달린다.

'홀사강' 이 넓다. 물은 많지 않아 한쪽으로만 흐르고 있다. 코뿔소와 코끼리들이 많은 지역이란다. 그리고 포스코란 부족의 거주지역. 현재는 불과 1,000여명이 살고 있다한다. 길은 정말 정말 나쁘다. 절로 입에서는 욕이 나온다. 길가 숲속에서는 코끼리 어슬렁거

리며 나온다.

망할놈의 나라 이것이 길이라고…… 절로 욕이 나온다.

〈잘파이구리〉라는 곳에 이르자, 길도 좁아들고 길가엔 많은 전답들과 바나나 나무들이 가로수 마냥 서있다. 비로소 사람 사는 곳 같다.

여태까진 도로도 험하고 수림밀집지역으로, 숲에서는 코끼리 등. 많은 짐승들이 서식한다고 한다.

또 〈아이나〉라는 강을 지나간다.

우기가 아니라 건천들, 아이들은 개울가에서 무엇을(?)줍고, 소들은 초원위에 한가롭다.

〈델다아강〉에서 잠시 쉰다.

〈도로모난〉 국립공원 앞, 다리붕괴로 차는 리턴하여 옆길로 접어든다. 〈살싸〉라는 도시를 지난다. 그 곳, 어느민가에서 일박.

〈2월18일〉 토요일 날씨 맑다

오늘은 〈시킴〉으로 향해 떠난다. 아침8시, 인도의 나라새(국조)라 불리우는 공작새 세 마리가 길에서 놀고 있다. 밭에는 차나무, 꺽두기만 남은 논과 밭엔, 우(소) 마(말)가 논다. 바나나와 야자나무들이 하늘을 찌른다.

어제 이리로 오던 길에서 왼쪽으로 꺽이자, 또 도로 사정이 엉망이다. 길에는 야상 닭들과 원숭이들이 나와 사람들을 구경하고 섰다. 그 닭들이 공작새처럼 아름다우며 날렵들하다.

시킴쪽으로부터 흐르는 냇물 따라 간다. 길에는 야생 원숭이떼들, 〈크로네이숀〉이라는 다리를 지나간다.

티벳과 북경(중국)으로 통하는 군사 및 주요도로라고 한다.

길에는 떡가루처럼 고운 모래, 차멀미가 심해진다.

강변 모래들도 떡가루 같이 곱다. 강물은 푸르게 파도쳐 흐르고 있었다.

길가엔 혼자 나온 원숭이, 사람 구경 나왔을까?

드디어 시킴땅으로 들어선다. 이 곳 시킴(Sikim)이란 나라는 본래가 불교도의 나라라고 한다.

〈시킴〉 또한 불국(佛國)이란 뜻을 가지고 있다한다. 인구는 50만.

히말라야 산맥에는 8,000미터를 훌쩍 넘는, 많은 봉우리들이 있는데, 이중에도 유일하게 불교적인 의미를 가지고 있는 높은 봉우리가 〈캉첸중가〉라고 안하던가? 시킴은 바로 이 〈캉첸중가〉 산 아래 1975년부터 인도에 합방된 〈동부 히말라야의 진주〉라고도 불리는, 티벳 불교의 손 모음안에 있는 불교국가이기도 하다.

면적은 불과 우리나라의 충청북도 크기의 작은 지역이라고는 하지만 인도의 다른 거대한 주에 비하면 작아도 너무나 작다.

그러나 큰 나라들이 가지고 있지 못한 많은 것들을 가지고 있다.

이 나라는, 1975년 우여곡절 끝에 인도의 22번째 주로 합병은 되었다고하나 수백년 긴 세월을 두고, 이 히말라야 계곡에서 당당하게 왕국을 형성해 왔었다.

동쪽으로는 약30km 길이로 부탄과 경계를 이루고, 북동쪽은 220km로 티베트와, 그리고 서쪽으로는 100km에 걸친 네팔, 그리고 남으로는 80km로 인도의 다른 행정구역인 벵갈주와도 인접해있다.

일행이 시킴 땅에 들어서자 길에는 야생닭과 원숭이떼들이 나와 우리를 반기듯, 사람들을 구경하고 섰다.

시킴으로부터 흐르는 냇물따라, 하폭 약 100m에 달하는 〈코르네이숀〉이란 강 다리를 건넌다.

이 곳엔 티벳과 북경(北京)으로 통하는 군사 및 주요도로로, 길에는 떡가루처럼 고운 모래, 그 먼지가 심하다. 강가의 모래들도 떡가루 같이 곱기만 하다. 강물은 푸르게 파도쳐 흐른다. 길가에도 혼자 가는 원숭이-, 사람 구경 나왔을까?

가는 차와 사람들을 무서워 하지 않는다. 시킴은 50만인구라고 한다. 정말정말 차들로 붐빈다. 먼지는 일고, 산협따라 아니 강물이 아름답다.

이 하천엔 댐도 크게 건설되고 있다. 한창 보수 중에 있다. 그 곳엔 무슨 차들이 이리도 많은지? 길가의 나무들은 두아림, 세아럼이 넘게 자라고 있다. 내 고향(울진) 〈불영(불영사) 계곡〉이 생각난다. 강폭과 수량도... 이들 레프팅이 끝나는 지점에 이른다.

이곳에서 배를 타는(래프팅) 사람들을 위해 인가(人家)들도 모여 있다.

다리를 건너는 지점에 휴양지임을 알리듯, 골골다다 집들이 즐비해있다. 그 예전 영국인들이 티벳으로 (몰래) 들어가기위한 길 몫으로 많이 공을 드린 지역이라고도 한다.

티벳은 20세기 초반까지도 외국인의 출입을 엄격히 막았다.

굽이굽이, 또 산을 오르는데 길에는 원숭이떼들이 개나 닭들 보다도 많다.

얼마나 왔을까? 오르는 길 옆으로, 제법 깨끗한 집들이 나타나는가 하면 바나나와 귤, 과일 가게들도 보인다.

또 산따라 꼬불꼬불 오르는데 인가들도 산길따라 층층으로, 부탄과는 또 다르다.

그러나 언젠가, 중국 히말라야쪽 오지(산서성)를 여행하던 그때의 민가들 보다는 그래도 낳다.

높은 고갯길 따라 집들도 즐비해있다. 모두가 산상민(山上民)들이라고나 할까? 이 곳에도 어여쁜 아가씨들도 보인다. 학생들도 보이는데, 학교도 있는가 싶다. 〈안내문〉에 의하면 다르질링에서 동쪽으로 2km 떨어진 시킴주의 경계로, 해발고도 1,200m나 되는 곳이라고 한다.

시킴주를 지나 티벳으로 가는 상업로의 최북단 도시로 티벳상품들의 교역지이며, 기온이 낮아 휴양지로 적합하단다.

티벳과 네팔 부탄등의 여러나라에서 온 사람들이 어울려 사는 곳이라고 한다.

이곳에도 다양한 종교의 흔적들이 남아있다. 티벳과 가깝고 티벳의 망명자들이 살기 때문에 그들 티벳의 승원이 있는가 하면, 또 부탄과도 인접해 있어 부탄 승원들도 보인다. 그리고 인도땅이기에 당연히 힌두의 사원들도 많다.

이곳에 있는 힌두 사원은 〈크리쉬나〉를 모신 사원으로, 그들 양대 서사시중 하나인 『라마야나』에 등장하는 〈크리쉬나〉의 영웅적인 행동을 조각으로 조성해 놓고 있다. 이와 함께 이슬람 모스크들과, 영국 식민지배하에 있었기 때문에 카톨릭교회까지도 볼 수가 있다.

이 곳에는, 또 몇 개의 티벳 승원들도 존재 해 있다. 두르핀 언덕(Durpin Hill)에 있어 〈Dunpin Dana〉라고도 불리는 곳이다. 전형적인 티벳 승원이라고는 말할 수 없으나, 중국적인 또는 인도적인, 많은 요소가 가미된 또, 어쩌면 부탄의 요소가 많이 가미된 3층 승원은, 그 규모만큼이나 볼거리 또한 많고도 많다고 한다.

2월19일(일요일) 맑다

히말라야의 산중도시 〈칼림풍〉을 뜨다.

역시나 맑은 날씨에 하늘 또한 쾌청도 하다. 그 곳 출발 아침8시 30분. 이 지역들에는 공장은 눈을 닦고 봐도 없다. 그래서 공기는 더 없이 상쾌하다.

농업과 장사로 자업자족하면서 살아가는 이들이, 한없이 부러운 생각도 든다. 길에는 바나나와 산열매 이름모를 꽃들이 많이많이 피어있다. 그리고 종교에 의지하며 살아들 간다. 비탈진 산에, 작은 밭들을 일구고, 골짜기 마다 집들이 옹기종기 모여서 살고 있다.

어제 왔던 그 길에서 갈려 갱톡(Gantok)으로 60km 지점, 강물 따라간다.

1,660미터의 산중마을로 간다. 내일은 또 바질렌드, 강 건너가 시킴, 우측 강물은 흐린데, 좌측 강물은 산에서 내려오는 물로 맑기만 하다.

그 강 건너쪽이 바로 〈시킴〉주 란다.

원숭이들은, 길가에 나와 사람 구경하고들 하고 서 있다.

개들도 도시개들처럼 영악하지 않다. 순하고도 순하다.

길가엔 많은 과일 (귤) 가게와 노점상들, 있는 사람 크게 집을 짓고, 없는 사람 없는데도 남루한 집에서 산다.

흙들은 모두 회가루처럼 희기만 하다.

물은 흙빛처럼 휘뿌옇다. 참 절경지지라고나 할까, 없는 풀, 없는 나무 없다. 수림도 짙기만 하다. 짙을 수 밖에 없다. 인적이 드물다.

부탄과 시킴의 국경지에 이른다. 강을 건너면 시킴이란 나라, 이 곳에서 현장 입국 비자를 받는다.

시킴은 〈와인〉이 유명하다고 소문 나 있다.

잠시 이 곳에 내려 비자를 받는 동안 휴식을 취한다. 두시간을 기다려 현지 비자를 받아 11시 또, 출발한다.

이 나라에는 불교와 힌두교가 40프로, 그 외 이슬람과 다른 종교들이 20프로라고 한다.

어제 부탄과는, 우선 그 집 형태들이 다르고 교각과 빌딩, 지붕들이 다르다. 생활 정도는 부탄이나 다를 바 없다고 한다.

외국인은, 이곳에 땅 소유가 불가능하단다.

강 따라 도시가 형성 된, 꽤나 큰 도시이다.

〈라니도나〉라는 강이, 그 곳에 흐르고 있다. 이 도시를 지나자 산을 오르는데 산의 계곡들은 우로 좌로 따라붙는다.

바램을 소원하는 신당들도 있다.

산길 따라 있는 집들, 계곡에서 흐르는 물은 석회질이 많아서 일까? 회색빛이다. 산위의 집들은 모두모두가 부탄보다 후지다. 생활도 그럴것만 같다. 다락논과 다락밭들, 저 산위에 집이 있는 곳엔 그 아래 논과 밭, 산을 쪼아 있다.

오를수록 집이 있는 곳엔 전지와 수답(水畓)들이 곳곳 마다 있다. 이것이 사람 사는 모습일까?

우리 옛날 산골과도 진배없다.

이들에겐 그 무엇이 부러우랴? 그저 아들 낳고, 딸 낳아 살면 되는 것. 더 이상의 소망도 없을 것만 같다.

허나 길을가는 아가씨들은 문명국이나 다름없다. 산을기댄 운집한 마을, 아니 도시라는 말이 옳을 것도 같다. 〈마니폴〉마을이라고 했던가? 산을 향해 가파르게 치솟고 있다. 아주 현대적인 건물도 있다.

아니 별안간 이 산중 높은 곳에 한시가지가 나타나는데, 그 시가지가 멋지다. 〈갱톡〉이라는 도시다.

우리 눈으로는 도시 같지 않은 산중의 외줄도시. 그 위와 아랫길에도 같은 도시, 있을 것은 다 갖추어져 있다. 그 어디서나 차들의 홍수, 온 세계의 차들이 다 있다. 세계는 하나, 그래 하나로 되었으면 하는 바램, 국경도 언어도...

다른 곳에 비해 유족해 보이고, 차들도 한 집에 보통 두세대나 보유하고 있단다. 그래서 더욱 붐빌뿐, 정부에서 많은 지원을 하고 있다고 한다.

이 산을 오를수록 그 산위엔 도시가 자꾸자꾸 나타나곤 한다. 거기엔 씰크교도들의 사원도 있다. 이 곳에서 티벳 〈마투라〉까지의 국경까지의 거리도 55km 밖에 되지 않는단다. 그 곳엔 〈티벳연구소〉가 있고, 대학들도 있다고 한다. 아닌게 아니라 남녀대학생들이 간혹 눈에 띄기도 한다. 길 왼쪽엔 불교학교와 1947년에 조성된 불탑도 보인다. 다시 1840년에 지어졌다는 「엔체이콤파」로 내려가본다.

승려들이 거주하는 사원이라고 한다. 길을 가는 학생들, 특히나 여학생들은 밀착된 청바지에 체형들이 좋다. 아니 멋스럽게게만 보인다.

도시마다 층층으로 길이 나있고, 그 층층 산비탈에 도시는 형성되어 있다. 이 좁은 공간에도 학교들은 그런대로 자그마한 운동장도 갖추고 있다. 대학들도 있다고 한다. 그리고 그 산정 높은곳에는 그 예전 왕궁의 자취가, 많은 대나무 숲에 가려 아련하게 보인다. 이 산중 도시 마을을 내려오는데 또 전면에는 저 히말라야의 세 번째, 높은 봉우리라는 〈칸첸중가〉봉이 운무에 가려 어슴프레하게 드러난다.

2월20일(월요일)

간밤엔 가는비 내리더니 아침에는 개인다.

오늘은 이 곳 "시바신의 날"—. 새벽길에 〈룬펜사원〉이라는데를 관람한다.

계곡 같은 벼랑 위에 다락논이 있는가 하면 그 위에 다락 같은 집들도 즐비하다. 산에서 굴러 내린 큰 바위들, 계곡에 깔려있다.

길에는 아이들의 등굣길, 귀엽기만 하다.

길가엔 새로 솟은 죽순들이 길고, 바나나 나무들이 병렬해 있다. 많은 장목들이 얽히고 설켜 있다. 그 안에 사람사는 인가가 있고, 또 가파른 경사가 심하다.

집들은 모두가 붉은색과 파랑색으로 짙기만 하다. 지붕들은 모두가 함석으로 덮혔다. 계곡을 끼고 산으로 오른다. 티벳불교의 하나인 룸텍사원을 찾아, 또다른 계곡을 타고 오른다. 도로가에서 아이들이 손을 흔든다. 빠알간 상의에 청바지 아이들이 귀엽기만 하다.

부모의 손을 잡고, 차를 기다리는 아이들.

길가마다 긴 장대에 누런 헝겁깃발이 나부낀다. 젓나무 혹은 버드나무 같기도 한 나무들이 하늘을 찌른다. 남녀학생들의 등교하는 모습이 아름답고 신선하다.

52년전 티벳사람들의 망명지라고 했던가?

〈홍택사원〉, 이곳이 티벳사람들의 거주지역이란다. 그 사원 위엔 학교도 있다. 고도 해발 1,700미터라던가?

이곳을 돌아 본 일행은 다시 〈다르질링〉으로 향해 떠난다. 시킴령의 일부라고 한다.

산허리를 끼고 꼬불꼬불 내린다. 골짜기는 운무에 가리다.

계곡 다락 논들에는 쌀농사를 하는, 그 마을 그 집집마다 5색기가 펄럭이고 순한 개들이 길에서 논다.

이 외진 오지에도 갖은 꽃은 피고, 인정들이 놀라울것만 같다. 선인장과 산에 푸른 많은 산죽(山竹), 그 댓잎 하나가 어른 신발짝만큼씩이나 크다.

죽순도 굵고 크다.

차에서 내려 한참을 걸어보기로 한다. 그 시골길이 어쩌면 내 어렸을 적 마을길 같기도 했음이었을까? 한 민가를 찾는다. 인간의 참 행복이 여기에 있는걸까? 차에 오르자 짙은 운무가 골을 가린다.

벌써 밭에는 장다리 꽃이 한발이나 되는 곳도 있다. 이 높은 산자락의 다락 논골짜기마다 집들이 옹기종기 모여있다. 산을 내리자 하천에는 댐공사중인 것 같은데 그 규모가 크다. 어제 오르던 그 길로 강변따라 내려간다.

우측엔, 어제 오르던 한 시장 마을이 나타난다. 꽤나 번창도 하다.

도로 좌우변엔 많은 정차한 차들, 다리 건너 어제 왔던 길로 다시 나오니, 냇물은 흐려있다. 석회질이 많아서일까?

등교하는 남녀학생들, 귀엽기만 하다.

까아만 제복에 릭삭을 매고 3.3.5.길을 간다.

계곡에서 흐르는 물을 식수로 받는다는 여인들, 모두가 사리를 두르고 있다.

땅에 석회질이 많아서일까? 흰먼지가 심하다. 이 길에 차는 밀린다.

드디어 서 벵골주에 들어온다.

잿빛 냇물이 제법 푸르다. 둥근 강돌과 그 자갈들이 탐난다. 찻길 표지석마다에 야생 원숭이들이 올라서서 사람 구경하고 있다.

차들이 밀리자, 산에서 내려온 원숭이 사람들이 던져주는 사탕들을 줍기 위해 분주하다.

마침 처치곤란이었던 건빵 한봉지를 다 나누어주었더니 이리뛰고, 저리뛰며 경쟁이 심하다.

우측으로 푸른 강이 계속 따라붙는다.

물건너 좁은 들판엔 나무들이 울창하고 우리나라에선 〈나왕〉으로 불리는 그 나무들이 울창도 하다. 개울에는 많은 골재들, 길가에서 아낙네들이 귤같은 과일을 벌려놓고 팔고 있다.

길가의 원두막 같은 판자집엔 바나나 나무 무성하고, 강 건너 산줄기들이 거악도 하다. 치솟은 봉우리마다 마다 숲들로 모자를 쓴 듯, 천야만야한 낭떠러지가 우리를 굽어본다. 숲들로 푸르고 나무들도 한아름 두아름이 넘는다. 그 키가 한 100미터도 넘는 것이 있다.

길은 계속, 개울따라 산따라 몹시도 굽다. 푸른 강 건너 한 마실이 어느나라 별장들처럼 아름답다. 휴양지일까? 시킴주에 속한 〈발리〉라는 한마을이란다.

푸른 강물이 바위에 부딪혀 흰 파도를 일구며 흐른다. 다리를 건너면 남쪽 〈시킴〉으로 들어간단다.

그 강변 오른쪽으로 연기가 오르는데, 힌두의 화장터라고 일러준다. 무상한지고, 저 연기와 더불어 가고, 물에 띄우면 고기밥이 되는 것을……. 길을 가는 인간들, 그 주검의 세계와는 달리 그저 무심히들 걸어들간다. 가끔 원숭이떼들이 나와 길을 막는다.

건너 언덕에는 강이름을 따라 「치타」마을이라든가?

강에서는 레프팅도 즐길 수 있는 곳이라고 한다.

물길은 우측에서 좌로 바뀌며, 그 흐름이 유장하고 아름답다. 군데군데 댐공사가 진행중, 범람을 막기 위함일까? 다시 험하고도 험한 바위 산을 자꾸자꾸 올라간다. 2,000m고지라, 차도 힘겹기만 하다.

산간 고지마을에서 차가 잠시 멎자, 아이들 쫓아 나와 티카를 부쳐준다. 알고보니 오늘이 바로 〈시바신의 날〉이란다.

산위엔 죽순이 긴 활처럼 솟아있다.

이곳이 또한 말라리아의 특요약인 〈킹코나〉의 재배지로도 유명하단다.

자꾸자꾸 산을 오른다. 해발 2,135m, 길에는 또 오렌지나무들과 키우는 닭들이 우리 어렸을적 시골 장닭들처럼 멋있고, 싱싱하며 암컷을 거느리고 위세를 뽐낸다.

길은 꼬불꼬불 자꾸자꾸 오른다. 그 위에 밭들이 있고 사람 사는 마을이 보인다. 대나무가 많은 곳으로 죽순이 하늘을 찌른다.

아랫 길은 벌써 운무에 가리우고, 그 한마을이 운무 속에서 드러나기도 한다. 옆에는 많은 킹코나나무, 그 산 위에 우리가 가는 한시가지가 있단다.

산과일도 많다. 차도 벅찼는지 한참을 쉬었다가 다시 오른다.

길에는 우리나라 고사리과 식물이 산비탈에 붙어서 자라고 있다.

오늘의 목적지 다르질링, 이곳에서 멀지 않은 것 같다. 그 곳에서 이틀(2박)을 묵는다고 한다. 이곳에서는 히말라야의 연봉들도 볼 수 있다고 한다.

오르고 또, 오르고 자꾸자꾸 올라만 간다 힘겹게. 채 오후 4시도 안되었는데 숲길이라서 어두워진다.

길가엔 힌두들의 제단도 볼 수가 있다, 그 곳 신당에는 촛불이 타고 있다. 세상에 이런 산중도시가 있다니, 호기심이 솟는다. 다르질링!

주위는 하늘을 찌르는 장목들로 어두움이 닥친다.

다루질링! 이 산중도시 이 곳 사람들은 어떻게 살아갈까? 호기심도 인다.

산 아래 평지에서 이곳까지 90km라나? 어두움이 내리면 많은 야생동물도 출현한단다.

표범과 사슴, 노루 등은 말할 것도 없단다. 차는 촉촉한 이 안갯

속을 계속계속 달리고 있다.

이 산중, 그 위에 도시가 있다니, 그리고 비행장도 있다니... 세계의 고봉... 히말라야의 다루질링. 주위는 하늘을 찌르는 장대목들로 어두움이 깔린다.

이 산중 사람들은, 어떻게들 살아갈까? 호기심도 인다. 평지에서 이 다루질링까지가 90km라나. 어둠이 오면 많은 야생 동물도 출현한단다. 표범과 사슴도 출몰하고…….

계속해서 안개속을 달린다.

우리나라 밤나무과 식물을 닮은 장대목과 삼나무들이 많다.

창밖엔 보슬비 내린다. 물안개가 천지를 덮는다. 대나무 죽순이 하늘을 찌른다.

드디어 이 산속에 철길 차선로가 보인다. 〈베이종갈로〉라는 한 마을, 그 마을 도시에 이른다. 영국이 독립을 미끼로 놓았다는 기찻길이며, 그들의 휴양지로서 개발되었던 곳이다.

내일이면 이곳에서 그 산상열차도 탈 수 있다고 한다. 이곳 전체 인구는 15만, 네팔인이 70프로나 된다고 한다. 그 중 60프로가 힌두이고 불교와 차이나교, 그리고 배화교도들도 섞여있다고 한다.

찻길에는 두 대가 지나가기 어렵다. 한참을 신간해서야 피해 갈 수 있다. 1889년, 영국에 의해 이 기찻길이 조성되었으며, 길들은 좁아 많은 차들이 온통 붐비고 있다.

겨우겨우 비껴서 가는 차들, 왜 이리도 좁을까? 산과 절벽사이로 나있다. 물안개가 또 전면을 가린다.

내일은 이 좁은 열차도 한 번 타 볼 수 있단다.

이제는 관광물로 등장하고 있다. 그 길이 35km에, 완주시간은 네시간이 걸린다고 한다.

이 좁은길, 사람들이 밟고 다니는 그 철길은 워낙 잘 놓아진 것 같다. 많은 사람과 차들이 횡단하는데도 끄덕없다. 1881년에 완공된 철길로, 유네스코에도 등재된 철길이다.

호텔까지 찾아드는 길에서, 우리는 두칸짜리 기차를 볼 수가 있었다. 그 철길이 단단하고 그 폭은 불과 1m도 안될 것만 같다.

드디어 이 〈빠질링〉 주차역에 도착하자, 이곳에도 귀여운 교복 파아란 상위, 파카에 흰 구두 신은 학생들이 귀엽기만 하다.

오후4시30분, 드디어 목적지에 도착된다. 시중 비탈길에 위차한 아주 딜렉시한, 별장 같은 호텔이다.

2월21일(화) 〈다르질링에서의 하루〉

다르질링의 〈베이종갈로〉에 와서—. 아직 어두운 새벽 4시30분 피곤한 잠에서 깨자, 5인승 짚차에 오른다. 이곳 〈타이거힐〉에서 〈칸첸중가〉히말라야에서 떠오르는 그 웅장하다는 일출을 보기 위해서다.

한 30분간 몹시도 흔들리면서 그 가파른 고갯길을 오른다. 어두움도 가시질 않은 이 산정엔 벌써 세계 여러곳에서 온 많은 관광객들로 붐빈다. 혹은이마에 빠알간 빈디를 붙인 사람, 세계 여러 인종들의 집합장 같다.

벌써 더 높은 전망대에는 사람들로 붐벼, 우리는 아예 일출광경을 사진 찍기에 편리한 난간을 기대어 자리를 잡는다.

일출은 많은 히말라야의 상봉, 그 중에서도 칸첸중가(8,586m)에서 떠는 그 일출이 볼만하다는 것이다.

하늘을 붉게 물들인 그 속에 해는 불타듯 떠오르고 있었다. 장관이었다. 그 빛이 만산으로 붉게 물들이자 그 절경은, 말로 표현 불가능한 장면이었다. 아침 6시30분 우리는 하산했다.

그 길로 우리는 티벳의 역대 다라이라마를 모신 〈굼 사원, Ghoum monastery〉으로 옮겨 간다. 거기에는 〈Way peace prevall On Eartt〉라는 영자 푸렌카드를 비롯 〈세계인류의 평화를 축원〉하는 일본인들에 의한 현수막도 걸려있다.

그리고 현 달라이라마의 재수씨를 비롯, 티벳 난민 200가구가 인도 정부의 시민권을 거부한 채 이곳에 와 살고 있다니, 한편 놀랍기만 하다. 1959년, 두 가구가 이곳에 처음 들어와 지금 이처럼 번창한 도시가 되었다고 한다.

오후엔 이 산중도시 유네스코 세계 문화유산으로 지정된 이 곳, 〈초우라스타〉 광장이라 했던가? 그 곳 자그마한 기차역에서, 다르질링 전망대까지 가는 이 곳, 기차에 오른다.

시냇길은 좁은데, 차안에서 손을 뻗으면 이 철길 인접한 가옥들의 창문에서 뻣는 사람의 손을 잡을 수 있을 정도다. 그렇게 좁은 길을 이 기차는 쉬질 않고 달려 가고 있었다. 얼마후 종착지 전망대 위에 도착한다.

이곳에서도 오늘 새벽에 올랐던 저 서북쪽, 가장 높은 봉우리인 칸첸중가(8천586m) 봉이 손에 잡힐 듯 그 위용을 자랑하고 있었다.

이 나라 (시킴) 국토는 가로 65km에, 세로 115km라고 했던가?

극심한 고도차가 있다.

그 지형들은 모두 상상만으로도 숨차고, 드라마틱하다.

이곳에서는 어디서나 설산과 거대한 빙하, 그리고 푸른 호수와, 강과 폭포 온천은 물론, 그야말로 잡하엄식들이, 산 곳곳에 박혀 수 놓고 있다.

그리고, 그 급박하고도 아찔한 경사에, 열대와 아열대 온대와 고산지대가 차례로 전개되는 그 모습은 이곳에서만이 찾아 볼 수 있는 정경이라고 한다. 이 지구상의 다양한 동식물과 여느곳에서도 찾아 볼 수 없는 독특한, 히말라의 진주가 바로 이곳엔 있다.

시킴의 가장 저지대는 해발 224부터, 그리고 가장 높은 곳은 서북쪽에 자리한 칸첸중가(8천586m)봉으로, 그 표고차는 무려 8,000미터가 넘는다고 한다. 가로 65km에 새로 115km의 넓이로, 이 정도의 극심한 고도차를 보인다면 그 지형은 생각만으로도 숨차고 드라마틱하다. 그리고 이곳에는 열대와 아열대, 온대와 고산들로 연이어져 있다.

이곳에 서식하고 살아가는 동식물도 다양할 뿐더러 이 지구상 다른 곳에서는 볼 수 없는 독특한 많은 것들이 이곳에는 있다.

그래서 사람들은 〈히말라야의 진주〉라고 부르는 곳이 바로 이곳인지도 모른다.

〈호우라스타〉 광장 관광 후, 일행은 Hotel까지 이 곳 사람들의 인정들도 살필겸 고갯길을 걸어, 시 중심가를 지나 Hotel까지 걷는다.

이곳 시장에도 백과란만, 없는 것이 없다. 역시 사람사는 곳이 다를 것이 없다. 거리의 개들도 팔자 좋게 배부르게 누워있다.

시킴의 행정수도는 〈언덕 위의 평평한 곳〉 이라는 의미를 갖는, 우리가 그제 이곳에 오면서 잠시 들렀던 산중도시 〈갱곡〉이라고 이름한다.

12월22일(수)

네팔과 인도 국경따라 〈박두그라〉공항까지.

아침 8시, 〈다르질링〉을 떠난다.

시내를 벗어나, 우측 고갯길을 내린다. 가파른 산자락엔 삼목들이 울창하고 갓 돋아난 죽순들이 5.6m나 된다. 모든 식물들도 자연을 닮았을까? 산세따라 하늘을 찌를 듯 높고도 높다. 안개도 많은 지역이라는데 오늘은 유별나게 맑은 좋은 날씨라고 운전사는 좋아라고 한다.

산간에 사람 사는 인가들은 모두가 함석지붕들, 온 산엔 햇볕이 청명도 하다.

산 아래, 저편 마을은 〈숙히안〉이란 마을로 꽤나 아름답다. 멀리서 보니, 모든 사물은 다 아름다운 것, 또 한 마을을 지나간다. 이 곳 역시 〈숙히안〉 마을이라고 한다.

인종이 몰리는 곳엔 역시 상점들이 있다. 차는 많고 도로는 보수중, 삼나무로 임산물 수입도 대단할 것 같다. 그 삼나무 사이로 가느다란 죽순들이 솟아있다. 그 죽순도 어디에 소용되는지, 잘라서 묶어둔 것들이 눈에 띈다.

드디어 네팔과의 접경지〈치마나〉란 마을에 도착한다. 차는 계속 달려가고 있었다.

마을 중간 오른쪽으로 굵은 〈돌〉하나, 그 넘어가 〈네팔〉령이라고 가이드가 일러준다. 그 가운데 돌 하나가 나라를 가르는 표지석으로 누워있다.

길 좌우로 시킴(인도)과 네팔, 집은 인도 땅에 화장실은 네팔 땅에 위치한 집들도 있다고 한다. 이곳 사람들은 거의 〈비자〉없이 왕래하고 있다고 그만큼, 나라와 나라 개념들이 불분명한 곳이란다.

이 국경 지대엔 아름드리 삼나무가 울창도 하다. 그 아래로 빈땅에는 고사리과 식물이 언덕을 덮고, 이 산중 소들은 한우와도 진배없다. 이 곳 많은 소들은 어깨위 뿔룩소가 많은데... 그리고 그 길, 경계엔 또한 죽은자의 무덤들이 깔려있다.

죽음은 국경도 초월하고 있는 것일까?

네팔로 들어가는 국경선에는 장대 하나로 가름하고 있다.

우리는 지금 이 국경을 오르내리며 인도땅 〈켈카다〉 공항으로 가고 있다.

산 위 길가의 집들에는 개와 닭들이 한가롭다. 모두가 함석 지붕을 잇고 산다.

길 건너 우측마을은 모두가 네팔땅, 경계가 일정치도 않다.

생활도 인종도 자연도 같건만, 이 없는 땅위에 금을 그어 '이곳은 내땅, 저곳은 네땅' 하고 싸우는걸까? 한 개인이나 한나라의 지적경계 내지는 소유권을 의미하는걸까?

자연도 같고, 사람도 다를 것이 없는데... 하는 가소로운 생각도 든다.

산을 내리는 좌우변엔 인가들이 이어지고, 그 벽체들이 노랗고 빠알갛고 칼라풀하다.

산을 내려올수록 비탈진곳에 많은 녹차밭이 전개된다. 장대들은 오색천으로 펄럭이고 지나온 그 인도와 네팔 경계, 그곳에서 더 가면 인도의 〈상그리라〉 지방으로 들어간다고 한다.

계속 전개되는 녹차밭과 대나무숲. 그리곤, 삼나무 외엔 별로 보이는 것이라고는 없다.

또, 한 마실이 길 아랫 비탈진 곳에 나타난다.

물안개 마을을 덮는다.

다밭이 있는 곳엔 영낙없이 사람사는 집들이 섞여있다. 길은 구불구불 많은 녹차 밭이 온 산을 덮는다. 산은 깊고 계곡 또한 우람하다. 역시 이곳도 히말라야의 그 줄기임에서랴.

오랜시간 산을 내려 강과 같은 한 개울을 건너자 수종들이 바뀐다. 그 평지에도 차 밭들은 있으나, 나무들은 삼나무 외엔 버들과식물이 그 전부다. 간혹 야자목들도 있다. 지형도 기후도 바뀐다. 기온이 산 위 보다 높은 탓일까? 나무들도 아름드리 굵다. 물없는 하천이 꽤나 넓다. 지평이 광활하다. 평지엔 많은 차 밭들. 빈밭에는 염소들이 놀고 있다. 시킴을 벗어나자 인도땅에 들어와서일까?

길 좌우엔 군인들의 흰색으로 도장된 집단숙사들이 즐비해있다.

길가의 버드나무과 식물들이 몇 아름식이나 될 것들이 즐비하게 병열해 있다.

소들이 한가롭게 길을 간다. 힌두교의 나라여서일까?

아침 8시, 시킴을 떠나 12시 칼카타 지방의 〈마찌가〉라는 마을을 지나간다.

이곳에는 강 폭이 꽤나 넓다. 온통 골재 투성이다. 이곳에서 다시 공항까지 6km의 거리라나? 그로부터 다시 고속도로에 드는데, 우리가 생각하던 그런 고속도로는 아니다.

차들은 붐비고, 자전거와 사람들이 끼어든다. 벌써 인종 많은 인도 땅을 떠올리게도 된다. 몹시도 붐빈다. 자동차, 오토바이, 릭사, 자전거, 심지어는 개와 소떼들까지도 이 길을 가고 있다.

아무튼 인종들로 붐비는 나라, 차와 그 빵빵대는 소리로 정신이 나갈 정도다. 12시 30분 그 곳 공군들의 전용 비행장이라는 〈박두구라〉 공항에 도착한다. 마치 시골 간이역 같은 생각이 든다.

〈〈박두구라〉에서 〈칼카타〉 공항으로〉

그곳 기상에서 보는 풍경들은 마치 오전에 이리로 오든 그 풍경들과 진배없다.

길은 히말라야 험한 산길을 타고 구불구불, 민가가 모여있는 그 주변들엔 역시나 많은 차밭들이 단지를 이루어 바둑판처럼 비쳐온다.

외길 장대 같은 길이 난 곳에 집단도시, 그 옆으로 길게길게 강이 휘감고 돈다. 이 광활한 대지 위에 곳곳마다 사람사는 도시가 있다. 푸르고 각진 땅은 모두가 차밭으로 〈칼카타〉까지에 이르는 것일까?

푸른밭과 푸른 도시가 골골이 접해 있는 한 도시가 전개된다. 아니 한 도시의 연결일까? 드디어 평원위의 한 도시, 수림도 많고 푸르럼도 짙다. 한 30분만에 〈칼카타〉 공항에 도착된다.

정각 오후 3시.

이곳은 일찍이 영국에서, 동부 알프스 쪽을 지배하기 위해 건설한 신도시라고도 한다.

시내에 들자 공항 쪽과는 그 건물들이 달라져오더니 역시 인도다운 모습을 드러낸다.

마차와 인력거, 택시와 삼륜차 오토바이 등이 얽힌다. 도로 양 옆으로 하천이 있는데, 담수 처럼 뿌연물이 고여있다. 진녹색을 띄우고……, 역시 인도다운 길에는 사람도 차들도 많다.

그러나 어느나라보다 활기 있어 보인다.

푸른색 노랑태를 두른 3륜차들이 즐비하고, 택시들도 노랑색 일색이다. 인종도 많다.

마치 인종시장 같기도 하다. 점점 사람과 차들의 홍수, 사람들은 남쪽 인도와는 달리 신(스레퍼)은 다들 신고들 다닌다. 차들은 밀리고, 시내에 들자 정거하는 시간이 점점 많아진다. 같은 시가지 속엔 잘사는 집 못사는 집들이 섞여 있다.

〈2월23일 목요일 칼카타에서〉

아침 10시 조금지나 호텔을 나선다.

이곳 '칼카타' 는 1681년까지도 한 작은 마을이었다고 한다.

영국인들이 들어오면서부터 무역의 중심지로 발돋음했다고 한다. 예전에는 호랑이를 비롯 많은 야생동물들의 서식지로, 내 소년

시절에 읽었던 이곳 출신의 노벨문학수상자 타골(Rabindranath Tagore(1861~1941)의 희곡 『우편국』이란 한 작품이 생각난다. 나도 그때, 내가 태어난 강원도 어느 산골마을의 한적한 마을의 한 〈우체국〉을 생각하며, 이 작품을 읽은 적이 있었다. 그래서 그 것이 항상 인상에 남아 내 젊은 날, 1960년 10월12일(수)자로 시작 〈광주학생운동사건〉을 기념해서 개최되는 「전남일보」주체 〈전국 남녀 학생 연극 경연대회〉의, 지정작품으로 10여차례에 걸쳐, 이 작품을 번역해서 연재한 적이 있다. 그러기에 이 곳은 더욱 나에게는 감회 깊은 곳이기도 하다.

그러나 지금의 이 〈칼카타〉, 타골이 간지 100년도 아니된 지금, 이 마을 이 도시는 내 머릿속 그 〈칼카타〉와는 판이 했다.

그때의 이 칼카타의 풍경은, 한가하면서도 먼 기다림이 있는, 그리고, 한 마실에 그 소식을 전해주는 우체부와 우체국……, 내가 그때 6.25 사변 중, 실의에 빠져있을 때여서인지는 몰라도, 아무튼 이 곳은 그때, 한적한 촌락이었던 곳임에는 틀림없었다.

허나? 지금의 이 칼카타는 사람들의 홍수, 사람과 차들로 미어지고 있다.

붉은 황토색과 노랑, 붉은색 차와 사람들, 그야말로 인종시장 같이도 느껴진다.

사람들은 인도의 다른 지역과는 달리 신(스레퍼)을 신고 다닌다.

시가지로 나서자, 차들은 밀리고 정거하는 시간이 점점 많아진다. 혼잡속의 혼잡.

같은 시가지속에 잘사는 집, 못사는 집이 섞이고 차와 사람들로 미어지고 있다.

길에는 신호등도 없다. 그저 적당히 피하고 적당히들 간다.

1947년 영국식민지 당시에 지어졌다는 많은 관공서와 빅토리아 여왕 기념관 및 마이단 공원 앞을 지나간다. 이 곳 수호신인 〈칼리〉 여신을 모신 칼리사원에 이르자, 그 절 앞에 소년들이 개를 데리고 논다.

개와 서로 안고, 때리고 엉키고 껄고……, 그리도 순한개들, 그리고 그 시장 입구에는 인간들의 잡상이 거기에 있다.

다시 일행은 영국이 켈카타에 수도를 두고 있었던 시절의 중심지 〈달하우지 광장〉으로 옮겨 그곳, 가까운 빅토리아여왕기념관과 마이단 공원을 돌아본다. 그곳에는 또 1947년에 지어졌다는 많은 관

인도 콜카타 영국 빅토리아 여왕 기념관 및 마이단 공원 1901년 여왕 사후 건립

공서들이 즐비해있다.

켈커타 최대의 모스크로, 인도와 사라센 양식의 건물〈나코와 모스크〉를 돌아본다.

아직도 영국의 잔재가 많이 남아 있다.

거리에는 노랑과 파랑 어쨌든 칼라풀하면서, 차도 인종들도 많은 것이 인도답다. 간혹 보이는 교통 경찰은 흰색 옷에, 흰색 헬멧은 썼으나 그저 폼으로 서있는 느낌이다. 단속이란 없다.

한 시장안을 들어서자 사람은 미어지고 그 속으로 인력거는 간다. 차들은 산 같은 짐들을 싣고, 부리기도 한다.

신발 가게, 의류와 액세서리 철물과 유기 등 다양도 하다. 과일과 채소류, 농산물 들은 길을 점령해서 팔고들 있다.

그 복잡한 이 곳 시장, 거리 복판에도 전차가 땡땡거리며 지나가고 있다. 아주 작은 골목 하나를 지나 들어가니 제법 큰 광장이 나타나고 그곳에 붉은색 '타골' (Rabindranath Tagere(1866~1941))의 생가가 거기에 있다.

내 일찍이 그의 희곡「우체국」을 번역했던 세계적 노벨문학상 수상작가의 생전의 집이라고 한다. 그의 집 정원과 저택은 크고도 넓었다.

우리는 안내인을 따라 1층과 2층. 그의 많은 생전의 자료들이 전시 된 공간들을 둘러보고, 중정정원 한가운데 마련된 노천무대도 감상 할 수 있었다. 그 때 이곳, 남녀 대학생들로 보이는 십여명의 젊은이들이 그의 무슨 작품인지는 모르겠으나, 여럿 (7.6명)이서 공연연습을 하고있는 것을 목격할 수 있었다.

연극과는 무관한 일행들과 또, 그 때 가이드의 재촉으로, 이곳을 서둘러 나오기는 했지만 한편으로 서운한 생각도 없지는 않았다. 마음 같아서야 마냥 그들과 함께 섞여 이야기도 나누고 싶었지만, 단체여행이라 어쩔도리 없이 일행에 따를 수 밖에 없었다.

인도 콜카타 타골이 태어나고 살았던 타골하우스(동상 및 기념관)과
무대에서 그의 작품(미상)을 가지고 이를 연습하고 있는 학생들
1913년 노벨문학상 수상 18세기 세계30개 나라여행

그의 2층 자료실엔 또, 그가 일찍이 우리를 감동케 하였든 시 〈동방의 등촉〉이란 시와, 또 그가 생전에 일본인 극작및 연출가 오카구라(岡倉士郎 1909~1959)와도 교류했던 편지들이 전시되어 있다.

오늘이 이번 여행의 최종일이라 우리는 또 서둘렀다.

타골의 기념관을 나서자, 일행은 다시 테레사 수녀가 경영한다는 한 고아원을 찾아 나선다.

2,30평정도의 넓은 방엔, 어린 고아들이 헬쓱하고도 야윈 모습으로, 작은 광주리안에, 혹은 마루 바닥에 그냥 뉘워져 있다.

정말 여의고도 불쌍한 아이들 이었다. 물론 이를 돌보는 보모들도 있었지만, 나와 저 경북 영양 산골 마을에서 왔다는 인심 좋은 김만수 내외분께서, 그 헌금처에 들려, 많은 돈은 아니었으나 얼마만큼 정성껏 성의를 놓고 나온다.

벌써, 오후 5시가 지나 저녁시간인데도 큰길에는 사람들이 붐빈다. 퇴근시간이어서 더욱 심하다. 이들 시가지 지하철을 구경도 하고, 그 시장길 잡화상 길을 걷다보니, 이미 해는 저물기 시작한다. 길에는 사람들로 여전 붐비나, 찻길은 조금 뜸한 듯도 하다. 갑자기 한산한 거리로 나선다. 사람들보다는 차들이 많다. 저녁 6시가 되자 어두움이 내린다. 온 시가지엔 수목들이 짙고, 조명등이 그 속을 밝힌다.

붉은 네온사인, 더 높은 전주의 백열 조명등이 더욱 운치있어 보인다. 나이든 어떤 회장이란 사람, 많은 물건들을 산다.

나는 집에 있는 것들도 하나하나 없애 가는데...

길가의 백열등이 더욱 정감적이다. 생각과 고요 속에 흔들리는 백열등, 나도 나이탓이었을까? 이런곳엔 좀 어둡고, 옛스러운 전등불이 더욱 정겨웁다.

고가도를 내리자, 또 차는 밀린다.

흰 옷 입은 무슬림들도 눈에 띈다. 인종 많은 이 나라에 밤인데도 사람보다 차 또한 많다.

코카사스 3개국을 가다

아시아 북서쪽에 있는 〈그루지아〉라는 나라
2013년 4월 25일(木)

이 나라는 아프세론 반도 남해안에 있는 나라로 그 지명은 페르시아어의 바트쿠베, 즉 산바람이 심하게 부는 곳이라고 한다.

어젯밤, 모스크바 공항에서 시차와 오랜 기다림 끝에 이 곳(모스크바) 시각, 새벽 1시 15분에 하늘로 치솟는다. 〈바쿠〉행 su 1,852라 했던가?

눈을 감아본다.

이 생각, 저 생각들로 잠은 올 것 같지 않았다. 남녀 모두 체형들이 우람하고, 장대들 하다. 그러나 그들의 그림같은 아니 반달같은 검은 눈썹들이 매우 인상적이었다. 남자나 여자나 —.

그러기에 이들의 아이들이 우리 동양사람을 놀려댈 때, 눈 위에 양손가락을 하늘로 치켜세우며, 놀리는 것이 이 때문일까?

새벽(25일), 이 나라 시간 3시 반경 〈바쿠〉공항에 내렸으나, 이 한산하기 짝이 없는 공항 대합실에서 세시간이 넘도록 기다려, 〈바쿠〉 시내로 들어와 Hotel 방을 배정받고서야 조식을 끝내다. 시차때문인지 모스크바 공항에서의 기다림은 너무나 지루했다.

9시 좀지나서야 일행들은 카스피해에 인접해 있는, 고부스탄으로 떠난다. 이 곳은 유네스코 세계문화유산으로 등재된 그곳 석기시대의 암각화를 보기 위해서였다.

가는 길에 시내는 역시 사람들로 붐빈다. 이슬람권인데도 여자들은 〈히잡〉을 안쓰고 다닌다.

가로수에는 포풀라가 많다. 거리엔 통제와 경계가 삼엄하다.

이 곳, 「아젤바이잔」이란 말은 〈불의 나라〉라는 뜻으로, 원래 석유생산국인데다가 그 예전에는 물류의 교역 도시로 번영한 곳이다. 이 나라에는 고유의 언어와 역사가 따로 있으며 해안에는 많은 아름다운 공원들도 있다고 들었다. 가로수들은 포풀라. 시가지를 벗어나자 먼 곳에 시장이 선다.

왼쪽으로는 푸른 카스피해가 전개된다. 그 쪽으로 석유관이 연이어 나타나는 것으로 보아, 이 나라가 산유국임을 알수가 있다.

산과 들에는 유휴지들이 지천으로 깔려 있다. 길가에는 벌써 이 나라의 구석기새대의 암각화 그림들이 전시용으로 그려져 있다. 그 곳(암각화)으로 가자면 〈진흙화산〉을 거쳐야 하는데, 길가의 집들은 모두가 흙벽돌로 집을 짓고 있다.

고부스탄의 암각화를 살피다.

길은 울퉁불퉁, 차들은 낡은 찦차인데 요동이 심하다. 팥죽같은 이 뜨거운 진흙길을 가자니 신발이 빠지고 말이 아니었다. 지열이 심하고 불꽃이 이는 나라라는 말이 실감된다.

그리고 이곳은 세계7대 경관후보지,기드문 곳으로, 불덩어리같은 용암대신에 마치 팥죽처럼 진흙이 지면으로 부글부글 끓면서 솟아나고 있다.

이 진흙길을 벗어나자 그 들판에는 사막에서나 볼 수 있는 소소초(깡마른)도 지천으로 깔려있다. 그 위쪽으로는 풀과 나무 한 포기 없는 거대한 석산이 나타나는데, 모두가 깨지고 흘러내린 크나큰 바위들로, 온 산을 덮고 있다.

어떤 것은 집채만한 크기의 바위도 있고 작다해도 원두막 같은,

아무렇게나 마구 잘린 바위들이 무질서하게 여기저기, 어떤 것은 굴러내릴 듯, 또 어떤 것은 모로눕고, 서로 기대고 어깨어 아무렇게나 뒹굴어져 누워 있다.

예전엔 이 곳, 산 위까지도 바닷물이 찼었다는 전설이 있다. 본래 이 〈고부스탄〉이란, 돌산이란 말로 바다 밑에서 융기한 산이라고도 말한다.

그 중 한 산이 융기하여, 부서진 바위 위에 그린 그림들이었다. 이를 일명 〈고부스탄〉 즉, 돌산이란 이름으로, 융기한 산의 암각화라 명명하고 있다. 거기엔 돌북과 축제를 벌리는 사람들의 그림과 주술사 및 산양그림, 그리고 어쩌면 마치 북구 놀헤이박물관에서 본 바이킹 배들 같은 그림들도 있다. 그 실체는 무엇이었을까 하는 생각이 자꾸자꾸 일기만 하였다.

그리고 한 곳을 돌아나오는데, 또 한마을 축제 같은 분위기를 연출한 그림들이 여기저기. 어떤 것은 모로. 또 어떤 것은 가로 뉘어진 암각화들, 마구 쌓이고 굴러져 있다.

본래 이 산은 〈고부스탄〉, 즉 〈돌산〉이란 뜻으로, 나는 이곳에서 문뜩 우리나라 신석기시대로 추증되는 선사인의 생활상이 새겨진 우리나라 〈반구대〉의 암각화를 떠올린다.

그리고 이를 비교 반추해 보았다.

그것은 잠시동안 이었다.

그러나 나는 우리의 반구대, 그 암각화도 지금은 비록 물에 잠겨, 내가 이를 보러 갔을 때(1989년)는, 그 앞에 물이 깊어 가까이는 할 수 없었지만, 어쨌든 지금에 와서 생각해보면, 그 것(우리나라 반구대)은, 물 속 큰 바위벽의 일부였다고는 해도, 이에 견주고도 남음이 있으리란 생각을 떨칠수가 없었다.

더구나 그 때, 그 곳(은양) 천전리 계곡을 따라 오르면서 본 광장무대(제사장)하며, 냇가에 아무렇게나 마구 굴러내렸던 그 돌과 바윗돌에는 우리의 고대문자는 물론, 많은 그림과 환들이 그때 나를 놀라게만 했었다.

나는 이, 멀고도 먼 이곳에 와, 다시 선사인들의 그 기막힌 예술적 감각 내지는 그 생활과 조형예술에 다시 한 번 탄복할 수 밖에 없는 신비감에 들떠 나를 잃고 허둥댔다.

이곳, 암각화가 있는 이 고브스탄은, 본래 바다 밑에서 융기한 산으로 이곳 지명 〈고부스탄〉, 역시 '돌산' 이란 이름에서 왔다고 한다. 이는 현재 세계문화유산으로 등재되어 있으나, 그 유래와 원인은 아직 밝혀지지 않고 있다.

그리고 이 돌산에는 많은 뱀들도 서식한다고 조심하라는 가이드의 '주의' 가 뒤따랐다. 그 돌산 한 모퉁이를 돌아나오는데, 역시나 석기 시대의 한 마을, 돌북과 입구 바위위엔 축제하는 인형 그림들이 그려져 있다.

주술사 및 산양 그림, 바다 위 배그림도 있다. 이는 마치 저 노르웨이 바이킹들이 탔던 배들처럼 보이기도 하였다.

그리고 그 주거공간에는 소와 말 그림도 있고, 이곳에서는 일명 〈복바위〉라고도 불리는 큰 바위 굴속엔, 또 바다 속 배를 뿔로 받는 소 그림도 있어 이를 돌아보고 나오는데, 그래도 황폐한 이 돌산에는, 야생보리가 피어나고 엉겅퀴, 무화과 나무, 그리고 돌북과 축제하는 인형그림 바위들도 볼 수가 있었다. 그리고 이곳에 부기하고 싶은 것은 내가 이번 여행을 마치고 돌아오는 길 어느 공항에서 만난 일본 박물관에서 온 젊은 청년들이 있어 물었더니 그들도 이 고브스탄의 그 암각화를 보러 왔다는 것이다. 우리나라 박물관(문화관광부) 사람들도 한번쯤 가볼 만한 곳이라고 생각되었다.

다시 왔던 길을 돌아 시내로 돌아오는데, 허나 이 나라는 석유생산국이라는데도, 변두리 시가지엔 어쩐지 궁기가 줄줄 흐르고 있었다.

〈고부스탄에서 다시 바쿠로〉

시내에 들어오자 우리가 갔던 교외의 그 살 풍경한 모습과는 또 사뭇 다르다. 우선 고색짙은 옛거리와 석조건물이며, 또 새로지은 건축물들도 우람하고 격조있다. 우선 〈아나르다〉 배화교 사원을 방문하고, 24시간 불이 바위에서 뿜어져 나오는 시중, 〈아테시카〉의 불을 본다. 이는 마치 바위 속에서 바람을 타고 나오는 세찬 불길이었다. 그래서 불의 나라로 이름이 불렸을까? 석유의 생산국임이 실증된다.

이 나라 메이든 타워 안에 있는 〈쉬르반사라〉궁전으로 가는 고갯길, 이곳에는 예전 동서로 오고가던 대상들의 흔적이 그대로 남아있다. 그리고 바쿠성체로 가는 고갯길의 돌길이 그 옛날 이나라의 영화를 말해주듯 그렇게 아름답고 멋있을 수가 없다.

주위에는 많은 찻집과 주택 및 상점들. 나는 그 곳에서 잠시 쉬는 동안 많은 사람들이 선물가게로 가는데, 커피 생각이 간절하여 우리를 안내했든 이 곳 가이드를 따라 노천 커피가게에서 커피한잔을 든다.

그리곤 일행과 함께 〈Sirvansahlar〉궁전을 돌아보고, 4대문 안의 「처녀의 탑」(마치 우리나라 강원도 춘천에 있는 「처녀의 탑」과 도 같은, 그리고 이는 세계문화유산으로 등제된 곳)을 지나, 오늘의 숙소로 직행한다. 서울을 떠난지 장장 50여시간만에야 한 호텔을 찾아든다.

4월 26일(금요일) 맑다

호텔 조식 후, 〈사마키〉로 이동한다. 어제 그 유서깊고 웅장한 중심도시 〈바쿠〉, 그 외각 마을 산주변에는 많은 서민들의 산상마을, 시내를 벗어나자 푸른 초원과 푸른 이끼만인 민둥산이 나타난다. 산에는 별반 나무라고는 없다. 얼마든지 일구어 먹을 땅들인데.. 라고 생각해본다. 황무지로 버려져있다.

가도가도 나무한 그루 볼 수 없는 이끼낀 푸른 들판과 푸른산. 간혹 유체꽃같은 노오란 꽃들이 지천으로 피어있다. 그 곳엔 목장이라도 있을 법한데 그대로 버려진 땅들이 많다.

드디어 한 곳엔 말 몇 마리 노는 농장 하나가 나타난다. 어쨌든 평화로운 고장. 잘자란 이끼만으로도 온 산이 푸르다.

한곳에 이르니, 많은 양떼들이 산에서 풀을 뜯고 있다.

햇볕 받은 노오란 풀꽃들이 작게 작게 피어있다. 열시 정각에 이 곳, 이슬렘 수피파의 승지〈디리바바〉의 영묘앞에서 차가 멎는다. 차에서 내린 일행은 그 영묘를 관람 후, 다시 차로 돌아오자 그림처럼 뻗어나간 〈코카사스〉산맥을 바라보며, 비단길 〈실크로드〉 따라,

2500년의 역사를 간직한 〈쉐키〉로 향한다. 〈사막지〉란 지역을 지나고 있다.

옛 문화도시로 유명했던 이 도시를 다시, 재현하려는 운동이 일고 있단다. 이곳은 또 그 예전 〈시르반 왕조〉의 수도였다고도 한다. 많은 비림들과 호수, 집들의 품격이 높아만 보인다.

풀밭에는 배부른 양때들 엎드려 잠 들어있고, 아직 움돋지 않은 가로수엔 흰조명 페인트칠이 돋보인다.

산위에는 소들이 풀을 뜯고, 길은 굽이 굽이 돌아서 내린다. 가이드에 의하면 자두가 많이 나는 곳으로도 유명하단다.

산 위의 초원들이 평지와도 같다. 인심들이 순후하고 태평한 나라처럼 여겨진다.

졸며 자며, 얼마나 왔던가?

산위 초원 위에 포풀라가 병렬해있고, 초원 위의 어느 과목에선 꽃을 피운다.

몹시도 평화롭고 안정된 나라 같다. 어느 한 마을 평지 무덤가엔 꽃이 놓인 곳이 있는가 하면, 그 마을을 벗어나자 숲이 깊고 무성들하다.

산에는 아까와는 달리 많은 잡목들이 우거져 있다. 대형버스에 열명 남짓한 일행들과 사이좋게 가고 있다. 전방 먼 산 위에 흰 눈이 깔려 있다. 코카사스산맥이라고 알려준다.

아젤바이잔 최대의 국립공원에 들어오고 있다. 많은 나무들이 하늘을 가린다. 군데군데 이름 모를 과목들이 밥풀같은 하얀꽃을 피우고 있다. 이곳에 잠시 차가 멎자 일행은 차에서 내려 잠시 휴식을 취한다. 주위의 정경이 아름답고 그 길가엔, 많은 과일가게들이 있다.

이곳이 세계 제 1의 장수마을이라고 한다.

그곳 행길가에서 팔고 있는 작디 작은 사과와 배들이 그렇게도 맛있을 수가 없다.

수목들은 다양한데, 산야의 수목들이 이제 막 봄을 맞아 더욱 아름답다. 신록이 돋아나는 계절.

그리고 냇가의 푸른 숲엔 방목된 양때들 배부르고, 뭇짐승 살기 좋은 곳, 광물질들도 많은 지역인 듯, 그곳에 광업소가 있고, 개울에서는 암석들을 걸거내는 포크레인도 보인다. 어딜봐도 풍요로운 지역같다. 지금 우리가 가는 이 길. 그 예전에는 한 때 세계를 재패했든 티무르가 가고, 징키스칸과 많은 대상들이 지나갔던 〈실크로드〉의 길이라고도 한다.

풀을 뜯는 우마와 양때들이 이 푸른 들판에 한가롭기만 하다.

길가엔 유체꽃인줄 알았드니 노오란 벌꽃들이 벌때들을 부르고 있다. 그 먼 옛날 대상들이 걸었던 이 길. 저 멀리 코카사스 산맥에는 아직도 흰눈이 쌓여있다. 대상들도 이 길을, 그리고 저 눈을 바라보며 걸었던 길이다. 천년이 지난 지금 나는 편안히 차에 앉아 이 길을 간다. 그때를 상각하며,

일찍 이 〈칸〉의 쉐키왕국의 여름 궁전이 있든 곳, 그리고 지금은 아직 세계문화유산으로 등재돼있지 않으나 멀잖아 세계문화유산 후보지로 올라있는 〈캬라반사라이〉에서 점심을 든다. 그곳은 너와집 형태의 지붕으로도 유명하다.

이곳은, 또 옛 비단길을 떠올리듯, 카페트로도 유명하단다.

뿐만아니라 이곳에는 18세기에 지어진 여름궁전이 있어, 그곳 웅

대한 프레스코와 섬세한 스테인글라스로 장식된 아름다운 궁전, 〈쉬키칸 사라이궁전〉을 관람 후, 다시 일행들은 아젤바이잔국경도시인 〈발라칸〉으로 이동한다.

끝없는, 연초록빛 벌판 위에 양때들이 무리지어 가고 있다. 멀리 멀리엔 코카사스의 산맥들이 이어져 있다.

오후 5시 30분, 국경 아젤바이잔에서 그루지아로 들어가는 〈발리칸〉의 입국관리소에 도착. 간단한 입국절차를 기다려, 내 하나가 흐르는 그 다리를 각자 모두 짐들을 들고 걷는다. 이곳에서 다시 그루지아의 〈발리칸〉으로 들어간다고 한다.

해는 아직 지지않은 저녁 무렵이었다. 산과 들, 그 모든 것들이 아젤바이잔이나 그루지아가 다를 것이 없다. 물이 흐르는 강 하나가, 이 두 나라를 가르고, 이곳에서 나는 우리나라 임진강과 남북간의 경계를 떠울린다.

대상들이 묵었다는 〈카라반 사라이〉

그러나 이 나라는 사이좋게 오가고 이념도 같다. 차는 차대로, 일행은 일행들로 그 다리를 건너, 우리는 다시 차에 올라 〈쉐키〉와 연결된 대상들이 걸었던 그 길로 접어든다.

그곳, 산촌마을 같은 한갓진, 그루지아 와인의 주산지로 유명한 〈벨리계곡〉과 하이얗게 눈을 이고 선 코카사스 산맥을 바라보며, 그곳에서 하루 밤을 쉰다.

4월 27일(토요일) 역시 맑다

나는 집에서의 습관처럼 누구보다 일찍(아침 6시) 일어나 Hotel을 빠져 나온다. 우리가 묵은 Hotel은 시중 가장 높은 곳에 위치하고 있었다. 아랫길 말고 윗길을 찾아 오른다.

멀리 멀리 이 비탈진 시가지를 지나고도 또, 많은 들판을 지나 그 멀리에, 흰 눈을 이고선 코카사스의 연봉들이 보인다. 철학자 Solomon Dodashvili의 동상이 우람도 한데, 그는 책 한권을 끼고 서 있다. 성벽에는 그들의 옛 문자가 새겨져 있다.

다시 Hotel로 돌아온 나는 조식 후, 일행과 함께 아침에 갔던 그 길을 다시 돌아, 옛 성곽과 시가지를 돌아보고, 성녀 〈니노의 사원〉을 방문한다.

이곳은 그루지아에 처음 기독교를 전파한 성니노의 무덤이 있는 〈보르베 교회〉라고도 한다.

그곳 어느 수녀님은, 사람이 기루었든지 우리와 헤어질 때, 눈물을 닦고 있었다. 그들의 엄격한 계율을 짐작케도 한다.

스탈린의 고향 〈고리〉로 가는 길, 가도 가도 산마을, 우리의 시골 풍경과 진배했다.

수려하고도 푸른 초원, 산상 마을 한 농가에 들려 그집 별장 화덕이 놓인 식당에서 처음 맛 보는, 이곳 특유의 바비큐, 정말 맛있고도 풍성한 꼬치구이를 대접 받는다. 뿐만 아니라 이곳 음식은 이 곳을 여행하는 일반 관광객들에겐 큰 매력중의 하나라고 한다.

그래서 세계의 미식가들은 모두가 이 나라를 찾고 있다.

특히 다른 곳에서는 맛 볼수 없는 허브와 마늘, 케밥과 바비큐 등 나는 이국에서 처음으로 내식성에 맞는 이곳 음식과 또, 그들의 말할 수 없는 친절에 반하고 있었다. 그들은 매운 향료로서 허브와 마늘로 만든 수프, 광천수와 과일쥬스, 그리고 와인(세계적인), 그 모두가 세계에서 드문 고장이라고 한다. 그래서 이곳 음식은, 우리 관광객들에겐 매력중의 하나로 꼽히고 있다. 뿐만아니라 세계의 미식가들은 모두 그루지아 이 음식들에 반하고 있단다.

특히 다른 곳에서 맛 볼 수 없는 허브의 나라, 케밥과 바비큐—, 나는 이국에서 첨으로 내식성에 맞는 이곳 음식과 또 그들의 친절이 고맙기만 하다.

또 그들에겐 예로부터 전해오는 말이 있다.

처음 신이 그들에게 땅을 줄 때, 그들의 환상적인 음식맛에 놀라 그 자신의 땅을 몽땅 주었다는 전설이 있을 정도란다.

그 집에는 친절한 부부와 딸, 그리고 그 집, 할아버지 한분은, 포도 넝쿨 아래의 평상에 앉아 말없이 악기만을 다듬고 있었다.

나는 이곳을 떠나며, 그들 싸인북에 휘갈겨 내이름을 하나 남겼

고, 그들의 친절한 배웅을 받으며 떠났다.

아름다운 산중마을, 그 마을 아래로 푸른 초원과 산야가 이어시고, 이곳이야말로 사람사는 곳인가고도 싶다. 나는 도시에서 자랐으나 본래 산중 사람이어서 일까?

로마가 뭐고 그리이스, 그리고 뉴욕이 또한 뭐냐는 생각도 든다. 나는 왜 근간에 와서 남들이 오지라고 하는 산중마을(중국과 부탄, 시킴, 인도의 오지와 방글라데시 그리고 노르웨이 등)만을 돌고 있을까?

내가 가는 이 하이웻길은 마냥 싱그러웠다. 이 산상도로 좌우변에 넓은 밭들, 비옥하고 풍요롭게만 보인다. 그루지아의 수도 〈트빌리시〉로 향해 가고 있다. 앞으로 약, 세시간의 거리라고 한다.

떠날 때 그의 집 앞에서 나를 전송해주고 있는 내외분.

이곳은 독일 쪽 유학생이 많은 곳으로, 와인의 최대 주산지로도 알려져 있다. 그러기에 포도의 수확도 대단하단다.

산야엔 우마가 방목된 채 풀을 뜯고, 산비탈마다 정다운 집들이 열려져 있다. 이 세상에서 살기 좋은 곳이, 금년 초 처음 갔던, 부탄이라 들었지만 이 곳 또한, 둘째 가라면 서운할 것 같은 나라같다.

사람들 그 얼굴에도 자족하는 미소가 있다.

모든 나뭇가지, 이제 봄을 맞아 새움이 돋아나듯, 그렇게 행복하여 지어다. 영원히. 그렇게. 빌어주고 싶은 나라이다.

이러한 평화로운 나라 고운 나라에 또 한 편 세계를 놀라게 했던 스탈린이 났었다. 이 또한 아름다운 자연의 이변이랄까?

그러니 이 자연의 이치 그 누가 알겠는가? 자연은 무섭고도 신비로운 것이, 그리고 그 힘이 있다.

오늘의 도착지. 그리고 이 나라 최대의 도시이자 그들의 수도 트빌리시에 도착한다.

그 도시 한복판으론 진녹색 풀빛처럼 푸른 하천, 아니 진초록빛 강이 이 시중 한복판을 갈라 흐르고 있다.

4월 28일(일요일) 역시 오늘도 맑다

〈따뜻한 곳의 나라〉라는 뜻의 〈트빌리시〉, 실업율은 높으나, 절대 인권국가로 소문나 있다.

치안이 완벽한 나라로, 모든 건물과 도시가 새롭게만 보인다. 천년을 헤아리는 고대도시라고 한다. 시 중심가엔 〈티크나와〉강이 초록빛으로 흐른다.

〈나라까〉성과 황금버섯같은 민원센터. 그리고 평화의 다리, 이벤트홀, 황금교회 같은 건물들이 마냥 평화로와 보인다. 또한 어젯밤. 이곳 교외로 나가 거기서 여행사〈파라다이스〉측에서 배픈 만찬장의 밤 풍경은, 이 나라 티크나리강의 그 밤 풍경을 더욱 아름답게 비춰주고 있었다.

사방이 암벽으로 둘러쌓인 〈후추바리강〉을 따라 스탈린의 고향 〈고리〉로 출발한다.

산이 많아서일까? 개울도 잦다. 산상에는 고성, 그 위엔 누가 살았을까도 싶다. 그 산 옆으로 아름다운 마을과 들판에는 양때들, 이 모든 도시들이 산을 끼고 있다. 그 아래로는 냇물이 흐르고, 가는 길엔 많은 꽃가게며 잡화상들, 그곳엔 빨간지붕 피난민수용소가 있다.

그러한 이곳에, 전 세계를 놀라게 하고, 우리 민족에게 두 번이나 큰 죄를 지은 스탈린이 이 곳 사람이라니 어쩐지 믿어지지 않는다.

그는 실제 내가 경험한 우리나라 6 · 25전쟁과, 1937년 일제하에서 먹고 살기 어려워서 북간도와 시베리아의 극동 하바로브스크 부근으로 갔던, 무고한 조선사람들을 일본제국의 〈스파이〉로 몰아, 죽이거나 또 그 가족들을, 1937년 10월 27일 저녁엔 시베리아횡단열차에 태워, 극동 하바로브스크역에서부터 장장 몇 달, 몇 일이 걸리는, (가다간 멎고 또 멎곤 하는) 완행 열차에 태워 저 〈카자호스탄〉과 〈우즈베키스탄〉의 허허 벌판위에 버렸던 인물이 바로, 당시 쏘연방 수상으로 있었던 '스탈린' 이었던 것이다.

필자는 그로부터 (1937년) 꼭 60년 되던 해 (1997년), 바로 그 달 그 날 같은 시각에, 블라디보스토크역을 출발, 〈알마타〉를 거쳐 〈타쉬켄트〉까지, 장장 10여일간의 긴 장정을, 〈우리민족서로돕기운동〉 본부의 사람들과 직접, 이 길을 실제로 답사 체험해 본 사람 중의 하나이지만, 그 길은, 정말정말 멀고도 험한 길이었다.

아니 나는, 그때의 이 체험은, 행복한 체험이었지만 그 때, 그 사람들의 슬픔과 고초는 이루 헤아릴 수 없는 아픔이었다고 한다.

그러면, 참고로 스탈린에 의하여 1937년 극동 〈블라디보스톡〉에서 강제 이주명령을 받아 떠났던 그때, 그 후손들이 펴낸, 「카자호스탄」 일마타 교민들에 의한 「고려사람」이란 십육절지 타블로이드판에 실려있는 〈소련인민위원 소비에트 및 전소연방〈볼세비키〉공산당, 중앙위원회, 결정제 1428-326 에스에스호〉의 비밀, 기사하나를 소개한다.

이것이 그 당시 전 소련 공산당 중앙위원회 서기로 있던, 바로 그 스탈린의 지시문이었다고 한다.

〈1931년 8월 21일 일부〉

극동병강 국경지역에서 한인주민들을 추방함에 관하여, “소련 인민위원 소비에트와 전소연방(볼세비키) 공산당 중앙위원회는 다음과 같이 결정함.

극동변강에 일본간첩행위가 침투하지 못하도록 저지하기 위하여, 이하의 대책을 취할 것.

1. 전소연방(볼세비키)공산당 극동변강위원회, 변강 집행위원회와 내무 인민 위원부, 극동변강과리국에 극동변강 국경지역의 한인주민 전체의 추방을 제의함.
   포시에프스키, 몰로톱스키, 그로데콥스키, 한카이스키, 호롤스키.... 유즈노 카자흐스탄주 아랄해와 발하스호 지역. 그리고 우즈베크 공화국으로 이주시킬 것. 추방은 포시에프스키 구역부터, 그리고 그로테코위에 인접한 구역부터 시작할 것.
2. 지체없이 추방에 착수하여, 1938년 1월1일 전에 완수할 것.

이라는 엄한 지시와 함께 또,

3. 이주하는 한인들에게 동산용구와 가금 이송을 허락할 것.
4. 이주자들에게 그들이 남기고 가는 동산, 부동산과 파종할 종자를 보상할 것.
5. 한인 이주자들의 출발을 방해하지 말며, 월경절차를 간단히 함으로써 지망자들이 외국으로의 출국을 저지 할 것.
6. 소련 내부 인민위원부는 추방과 관련하여 한인측으로부터 있을 수 있는 폭행과 소동을 방지할 조치를 취할 것.
7. 이민 정착 구역과 지점을 지체없이 정하고 인민들을 원조하여, 그들이 정주지에 경제적으로 적응할 수 있도록 할 대책과 예정한 의무를 카자호공화국과 우주베크공화국 인민위원회 소

비에트에 부과함.

8. 이주하는 한인들과 그들의 동산을 극동변강으로부터 카자흐 공화국과 우즈베크공화국으로 수송할 차량을 극동변강 집행 위원회의 신청에 따라 적시 보장할 의무를, 교통인민위원부에 부과함.
9. 추방할 가족과 인원수를 3일 기한 내에 통첩할 의무를 전소련(볼세비키)공산당, 극동변강위원회와 극동변강집행위원회에 부과함.
10. 출발과정, 추방지역에서 출발시킨 사람수, 정주지에 도착한 사람수와, 외국으로 출국시킨 사람수에 대하여 1순 1회 타전 보고할 것.
11. 한인들이 떠나는 지역의 국경경비를 강화하기 위하여 국경수비군을 3천명 증가할 것.
12. 국경수비병들을 한인들이 살던 집에 배치할 것을 소련 내부인민위원부에 허락함.

소련인민위원회 소비에트 전소련(볼세비키) 공산당

위원장 웨 · 몰로토브

중앙위원회 서기 이 · 스탈린

그 스탈린이, 바로 이 나라의 사람이었다니, 나는 실로 아연해질 수 밖에 없었다.

이 자연의 아름다움도 선악을 함께하고 있는 것일까? 그 모든 것은 하나일 수 없는 것과 같이...

그리고 스탈린은, 이 곳 사람이었다고는 하나, 실제 그곳에서는 존경받지 못한 사람으로, 그는 15세때 교통사고로 왼쪽 손에 부상과 왼쪽 얼굴에는 천연두로 얼룩진 그의 얼굴, 그는 실지 이 나라(구루지아)에서는 환영받지 못한 사람으로 알려져있다.

그것은 그가 「레닌」 밑에서 곰처럼 숨어 앉아, 활동하면서 이 나라 많은 애국지사들을 숙청했고, 집권 후에도 이 나라에 기여한 바는 하나도 없었다는, 이 나라 가이드의 설명이었다.

그의 생가 전시관에는 또 그의 어렸을적 몇점의 사진과, 레닌 밑에서 활동하던 많은 사진, 그리고 모택등의 「만수무강」을 비는 연하장, 그리고 이곳에서 주목할만한 것은, 내 여러해 전 얄타에 갔을 때 그곳에서의 미국 루즈벨트 대통령과 영국의 처칠, 그리고 자기 셋이서 찍은 3자회담때의 사진도 함께 전시되고 있었다.

그 외에도 모스크바의 3상회의, 그리고 포스담회담 때의 사진도 걸려 있다.

그의 집 앞길에는 하늘을 찌를듯한 포풀라, 마냥 시원하게 뻗어 있다.

그리고, 그 곳에서 바라다보이는 우측 코카서스산맥에는 흰눈이 하이얗게 깔려져 있었다.

스탈린은 본래부터 자기보다 잘나고, 똑똑한 사람들을 싫어했다니 이는, 모든 독재자 들의 소행들을 닮고 있다.

그는 실제 한국전쟁(6 · 25)을 바라지는 않았다곤 하지만, 김일성의 요청에 의하여 탱크를 보낸 장본인이기도하였다.

그리고, 그 곳 박물관에는 6.25때 내가 읽었던 한국판 「스탈린전집」도 비치하고 있었다.

그는 실제, 김일성보다는 박헌영을 선호한 사람이었다고도 전한다. 허나 김일성은 경쟁자 박헌영을 일찍이 미국스파이로 몰아서 처형했다.

나는 지금도 생각난다. 1950년 6·25전쟁이 일어나던 해, 나는 구제중학 6학년 학생이었다. 남하하지 못한 나는, 서울에서의 북한 의용군을 피하여 지하에 숨어지내다가, 수복직전 죽어도 고향땅을 향하다가 죽겠다는 심산으로, 당시 서울 서점가에 나돌던, 「김일성 접집」과 「스탈린전집」, 그리고 「볼세비키당사」 한권씩을 호신용으로 사서, 륙색에 넣고 죽령고개 마루턱에서 인민군을 만나, 혼줄나게 실랑을 부리던 생각을 잊지 못한다.

밖으로 나오자, 그 정원 한쪽에는 그가 평소에 탔던 전용열차 한 칸이 전시되어 있었다. 일행은 그 열차에 시승도 해보고 하는 말이, 모두가 하나 같이, 독재자들은 모두 고소공포증 아니면, 추락과 격추를 겁내는 〈겁쟁이〉인가 보다라고 하였다.

일행은 그 집을 나와, 흰눈이 쌓인 코사사수산의 그 눈을 바라보며, 포플라길 하이웨이로 들어선다.

차안에서는 고요하고도 감미로운 음악소리. 우리의 피로를 식혀준다.

길 가 모든 나무들엔 움이 터고, 이 길도, 그 예전 동서를 오고가던 대상들이 지나던 〈실크로드의 길〉이라고 가이드는 일러준다.

고가도로를 내리자 전나무길, 그 초원위에 신록이 푸르다.

이곳 산간의 집들이 마냥 평화롭게만 보인다.

이제 막 움터나는 나무에선 여름을 재촉하고, 노오란 유체꽃들이 들판에 노오랗게 피어있다.

이 평화로운 지역에 「스탈린」이 나고—, 먼 산엔 흰 눈, 캅카스산 그 아래로는 큰마을 하나가 맑은 호수를 끼고 있다.

그 호수의 물 빛깔은 마치 옥색 에메랄드를 깐 듯 아름답다.

나는 이곳에서 우리나라 춘천의 소양강을 떠올린다. 아니 이곳 모든 정경이 북한강을 끼고 흐르는, 경춘가도와도 닮았다고 생각한다.

나는 그 아랫길, 신록에 쌓여 이 절경과 함께 가고 있다. 저 푸른 물은 코카사스의 얼음물이라고 한다. 그 눈이 흘러내려 이 아름다운 내를 만들고, 호수를 만들었다고 한다.

이곳 양철지붕에서는 강열한 햇빛이 반사되고 있는것도 이 곳에는 눈이 많다는 증거라고 한다.

밭에서는 이제 막 움터나는 사과 꽃 그리고 배꽃 등, 길에는 소와 말들이 한 무리를 지워 개울따라 자꾸자꾸 가고 있다.

이젠 눈 덮인 저 산이 점점 가까워지며, 지천거리에 있다.

냇물에선 레프팅하는 몇사람 파도를 일구며, 노를 저어 물과 함께 가고 있다.

정면엔 우람하고도 험준한, 산이 나타나는가 했더니, 저 산을 넘으면 〈러시아〉 땅이라고 누군가 일러 준다.

잠시 냇가에 차를 멈추고 잠시 휴식을 취한다. 그곳엔 코카사스에서 흘러내린 눈 녹은 물이 바위 틈새로 맑게맑게 흐르고 있다. 나는 이 물에, 손 한번 담그고 올라와 이 지역 철학자로 유명한 〈카즈베키〉의 동상 앞에서 사진 한 장을 찍는다.

일행을 싣고 달리는 버스가 다리 하나를 지나자, 러시아의 군용도로가 나타난다.

그로부터 온 산엔 흰눈이 깔려있다. 그러나 기온은 동일하다. 온 산이 침하작용으로 움푹움푹 파여진 채, 눈이 쌓여 있다.

내 몇 년 전에 갔던 스위스의 룻제룬 그 눈 덮인 그 설경도, 이만은 못했을 것도 같다.

그 산위로 또 흰 뭉개구름 떠가고 있다.

많은 차들이 러시아 국경 너머로부터 오고 있다.

그 아래로, 한적한 마을엔 세계 부호들의 별장과, 스키어들의 임시 숙소가 있다.

나는 이곳 평균기온을 물었더니, 안내인은 보통 영도 이하라고 일러준다.

나는 수년전 백두산 북파등정때를 떠올리게도 된다. 그때 우리는 산쪽으로 수미터도 넘는 눈을 안고 올랐지만, 그때와는 또 다른 설경들이다.

이곳은, 지금 러시아의 군용도로라고 가이드는 말한다. 고도 2,400m인 이곳, 정상엔 1888년, 「에카도리」여재가 세운 전망대가 있고 십자가가 있다. 우리는 그곳에 도착하자 잠시 차를 멈추고 휴식을 취한다. 그곳에서 만난 우리나라 현대차 무척이나 반갑다. 이곳은 또 러시아와의 국경지대라고 한다.

그 산, 눈 녹은 물길이 가로지르는 그 오른쪽이 바로 러시아의 땅이라고 가이드는 일러준다.

덜 녹은 눈길, 10여개의 눈길 터널을 지나는데 그 길이 험할뿐더러 터널천정에서는 얼음물이 우리가 탑승한 차위로 마구 떨어진다.

겨우겨우 여러개의 터널을 빠져 나온 그, 맞은 쪽 〈카즈베키〉산에도 만년설이 희다.

다시 좀 평퍼짐한 길로 내려서자 그 이름도, 이곳 철학자 〈카스베키〉의 이름을 딴 만년설산—. 그 아랫마을에 도착한다.

그 설산을 마주한 언덕위의 한 Hotel, 그 이름도 〈카스베키〉호텔이라 이름한 그곳에 도착한 것이 저녁 7시. 일찍 석식을 끝내자 나 혼자 그곳, 다락같은 넓은 옥상에서, 바라본 눈 덮인 〈코카사스〉의 많은 산들과, 카스베키 만년설산의 정경은 이루 형언 할 수 없는 신비가 나의 무지함을 탓하듯, 그저 싸늘하게만 비쳐왔다.

또 하루가 간다.

카즈베키 호텔에서 본 만년설

4월29일(월요일) 맑다

일찍 조찬을 끝낸 일행은 버스에 올라, 험하디 험한 그 앞 산을 오른다. 개울을 건너고, 한 민가 골목을 지나, 암석과 많은 잡목 사이로 난 비포장 산길을 자꾸자꾸 오른다. 한참만에 어제 우리가 묵었던 Hotel과 그 아랫 동리가 맞은 쪽, 〈카즈베키 설산〉아래로 드러난다.

이곳부터 차에서 내린 일행은, 한자이상이나 실히되는 눈길을, 조심조심 밝으며 그 정상으로 오른다.

해발 2,200미터가 실히되는 그 정상, 깎아지른 절벽에는, 영적인 분위기의 〈게르게티 삼위일체의 성당〉이 보인다. 마치 성벽위의 성당 같기도 하다.

나는 일행과 떨어져 그 맞은편, 그 누구도 오르지 않는 풀밭따라, 그 성당 맞은 편 봉우리에 선다.

일행은 모두 그 성당에 도착할 무렵에야, 겨우 여기까지와서 그 곳을 아니 갈 수도 없었다.

나는 다시 이 풀밭길, 우둘투둘, 때무덤, 길없는 풀밭을 걸어 일행들이 가고있는 그 성당을 향해 가고 있었다.

그 입구에 이르자. 뒤쳐진 일행들과 합류하고, 그 성당아래 절벽위에 위치한 바위샘에서 우선 찬물 한컵을 들이킨다. 그리고는 다시 그 성당 십자가 고성으로 오른다.

그 성당, 교회에서 나는 가슴에 십자가 하나를 걷고, 잠시 벤치 하나에 앉아 묵상한다.

다시 오던 길을 따라 차 있는 곳에 와 승차, 그 길을 내리는데 몇년전 〈시킴〉에서 히말라야의 칸첸증가봉 최상산봉(해발8,586m)의 그, 해 뜨는 정경을 보기 위해 이른 새벽, 그 곳 전망대를 찾았던 일을 다시 한번 떠올린다.

내려오는데 산에서 굴러내린 바윗돌로 집을 짓고, 담을 내고 사는 그들의 삶이 우리나라 제주도 산간마을 풍속과도 닮아있다.

시내로 내려오자 까아만 암석과 그 사이사이로 희고 하얀물이 그 품을 뿜어내며 흐르고 있다.

민가에서 키우는 소들은 우리의 소들과 진배없다. 흑우가 많다. 새벽 6시에 올라, 9시 호텔에 도착한다.

인정들이 남같지 않았다. 가는 사람들마다 손을 흔들어 아침인사를 보낸다.

오늘은, 또 이곳 〈카즈베키〉에서 〈트빌리시〉로.

아침 10시30분, Hotel을 떠난다.

이제 왔던 그 눈길, 러시아와의 국경지대를 거쳐, 산아래로 내려서자 봄의 신록 또한 아름답다. 자두와 배꽃들이 작고도 소담스럽다.

차안에서는「백만송이 장미」로도 이루지 못했던, 이곳 출신의 어느 무명 화가의「사랑의 이야기」란 노랫 소리가 흘러 나온다.

그러자, 우리의 가이드 정씨가, 설명을 곁들인다.

그 소리는 처절하고도 아름답다.

예긴 즉, 그루지아의 한 시골 태생인 〈삐로스마니〉라는 한 청년은 일찍 부모를 여의고, 이곳 〈트빌리시〉 기차역의 하역부로 일하면서, 틈틈이 그림을 그린 것이 우연히도 이곳을 여행하던 프랑스인을 만나, 프랑스와 러시아에 소개되었고, 그의 그림은 의외에도 큰 반영을 일으켜 세계의 주목을 끌었다고 한다. 그로 인해 집을 마련하고 안정을 찾았을 때, 다시 그에겐 더없이 서글픈 사랑이 운명처럼 다가온다.

이곳, 트빌리시에 공연 온 유랑극단의 어느 삼류 (여)가수, 「마가리타」에 반하여, 겨우 장만했던 집을 팔아 그 돈으로 백만송이 장미꽃으로 그녀를 애원했지만, 그녀(마가리타)는 결국 돈많은 남자를 따라 떠나고 말았다고 한다. 그 후 그는 선술집을 배회하다 일생을 마친 불우한 사람이었으나, 그가 죽은지 63년만에서야 알라 · 토카체바의 노래 「백만송이 선홍빛 장미」로, 그 처절한 사랑이야기는 되살아 나 있다고 한다.

그 노래소리는, 애절하기 보다 어쩌면 그 빠른 템포는 우리가 가는 이 길, 막 움터나오는 민가의 살구꽃과 배꽃의 그 여린 맛을 더해

주고 있었다.

주위는 신록으로 싹트고 있다. 다리를 지나자 그 아래 모래밭에서는 흑우들이 논다.

계속 길 옆으로, 눈녹은 얼음물이 내를 이루며 계속 따라 붙는다.

때로는 급류가 되고 때로는 넓게, 좁게 흐르고 있다.

산을 기대고 멀리멀리 간격을 두고 지은 집들이 마냥 부럽기만 하다.

나는 그 행복지수가 가장 높다는 부탄의 시냇물과 산 비탈의 한 집 두집 떨어져 살면서도 행복지수가 세계에서 가장 높다는 그 곳을 떠올린다.

거기처럼 길에는 배부른 양떼들이 노는 이, 한유한 정경들이 마냥 부럽기만 하다.

내 나이 20만 젊고, 이해하는 아내가 있다면 이곳에 와 살고도 싶다.

드디어 일행은, 해발 2천200미터의 절벽 위 설산을 배경으로 서 있는, 저 영적 분위기의 〈게르게티 삼위일체〉의 성당에 도착한다.

터어키쪽으로부터 흘러내린 세갈래 물길, 그 물길 따라
그루지아,아젤바이잔, 아르메니아 삼국으로 나뉜다.

코카사스 지역에서는 그 규모가 가장 크다는 이 교회내부에는, 보석과 금으로 치장된 예수님과 성마리아상, 그루지아인들이 종교에 갖는 그 경외심을 엿볼수 있다는 그 대상이기도 하다.

그 아랫마을, 어느 식당에서는 점심 요리에 나온 연어구이 또한, 나의 입맛을 돋우기도 하였다.

오후엔, 성 니노가 처음 기독교를 전파한 십자가 〈두아리 교회〉를 돌아 본다.이는 초기 기독교의 그 모습을 간직한 유일한 교회라고 한다.

터키쪽으로부터 흘러내린 세갈래 초록빛 물길이 갈리는 이곳, 사람인자(人)를 연상케하는 그 갈림길, 전망대에서 한참동안을 일행들이 사진찍기에 바쁘다.

다시 〈트빌리시〉에 도착한 일행은 어느 지하식당, 아까 차안에서 흘러 나오든 〈삐로스마니〉가 그렸다는 '그 나귀등에 앉은 그림을 감상하며, 그 나라 무희들과 함께 춤을 춘다. 또 오늘 하루의(저녁) 만찬을 끝내다.

4월30일(화요일) 아르메니아로 가다

Hotel에서 조식 후 국경도시 「사다클로」라는 곳으로 떠난다. 소요시간 1시간 30분,

푸른 들판에 유채꽃이 아름답다. 국경지대(사다클로)에서, 다리 하나를 사이에 둔 검문소 하나를 지나자, 나라가 바뀐다.

나라(그루자아와 아르메니아)와 나라, 사이엔 하천하나가 나라를 가르고, 그 위에 다리 하나가 있었다.

각자 짐을 들고 걸었다.

아르메니아의 인구는 300만에, 우리나라 전라남북도와 경남을 합친 정도의 조그만 나라라고 한다.

친 러시아국가로 알려진 이 나라는, 인접국가인 터키와는 적대관계에 있으며, 우리가 거쳐온 3국 중, 가장 못사는 나라로 알려져있다.

그러나, 머리가 가장 우수한 민족으로 옛소련 연방시절엔, 미그기를 첨 만든 사람(미코안)이 이나라 사람이었다고 한다.

그러나 이 나라는 예로부터 고립되고 천시받던 나라로, 많은 외세에 의하여, 특히 터키에서 일차대전 때 많은 사람이 학살당한 약소국이었다.

일행은 대형 버스에 오르자 〈대베르〉라는 협곡에 들어선다. 개울과 바윗돌, 그 흐르는 물이 마치 역류하듯 위로 위로 계곡따라 흐른다.

이 나라는 원래, 아리아 민족으로 아랍족에 가깝다고도 한다.

지각변동으로 푹꺼진 계곡, 그 안으로 내가 흐르고 있다.

드디어 정상위의 〈카즈파스〉교회에 이른다. 왼쪽 산위엔 흰눈이 깔려있다. 세계문화유산으로 등재 된 〈하고파트〉고성에도 흰눈이 깔려있다.

계곡 따라 집이 있고, 그 정상 고층건물들엔 사람사는 흰 빨래들과, TV안테나가 사람사는 생존의 의의를 더하고 있다.

한마을이 전개되고, 과목들이 즐비한데, 이제 막 움트고 꽃을 피우는 계절, 별로 사람은 눈에 띄질 않는다.

대학의 기능까지 갖추었다는 고성과 교회, 이곳에서 나는 예쁜어린이 신발모형 몇 개를 산다. 꽤나 큰 마을 같다. 이 마을을 〈사나힌(Sanahin)〉마을이라 하든가? 그곳에서 이제 막 학교(유치원)에서 파하고 돌아오는, 귀여운 아이들과 함께 사진하나를 찍는다.

그, 마을을 내려오는데 계곡 속의 너와 집들이 녹음 속에 무척이

나, 정겹고도 고요들 하다.

큰 도로가에 내려서자 계곡을 타고 병렬한 건물들이 줄을 잇는데, 산을 기댄 한 음식점, 쓰레기로 만든 그 나물 요리가 어찌나 내 구미에 맞던지, 내 아내 생각을 하게 한다.

못사는 나라라고 하는데도, 그들의 정성스런 음식이 내구미를 돋군다. 그리고 맛있고도 다양들하다.

이곳에서 일행은 다시 출발. 아르메니아의 혼이 담겨 있다는 세반호를 향해 또 떠난다.

지난 해에 내가 갔던 시킴이란 나라, 세계 행복지수가 가장 높다는, 그곳과도 같은 산간마을 풍경이었다.

길도 굽고 꼬불꼬불, 거기 산위에 흰양떼들 산을 타고 오른다.

마치 내고향(울진) 불영계곡 같은 환상이 인다.

봄이 오면 꽃을 피우고, 가을이면 단풍들어, 더욱 고울 것도 같다.

지금은 신록의 계절, 군데군데 봄꽃들이 어여쁘다.

양귀비 꽃이 빠알갛게 그 어여쁨을 뽐내고, 냇물이 희뿌옇게 거

품을 내며 파도쳐 흐른다. 많은 반석들에 부딪쳐 ---

언젠가 남미 〈페루〉라는 나라, 마추비츠 그 계곡을 타고 흐르던 그 물을 연상케도 된다.

그 물이 파도를 이루며 흐르고 있다.

한참동안 졸며자며 가는데, 차안에서는 음악소리, 그 피요르도의 노래인 것도 같다.

나는 그 언제였든가? 노르웨이에서의 그 피요르드 여행때를 떠올리게도 한다.

길고 메아리치는, 그러고도 마치 꾀꼬리 울음 같은 그 멜로디에 나는 잠을 깬다.

길가 흑우들의 모습은 색깔만 다르지, 우리나라 소들과 진배없다.

길은 계속 내리는 것만 같은데, 반대로 냇물은 거꾸로 흐르는 것도 같다.

기분 좋게도 나는 이 나라 신록의 계절, 이 길을 간다. 전방 산위에는 흰눈이 깔려있다.

드디어 아르메니아의 세 번째로 큰 도시 〈사나한〉에 이른다. 20년전 이곳은, 지진으로 2만명 이상이 매몰된 지역으로, 아직도 미복구 상태라고 한다.

현재의 인구는 300만, 외국에 나가 있던 600만 교포들이 이를 도왔다고 한다.

그러나 인접국가인 터키는 당시 러시아의 식민지이면서도 러이사와의 크린전쟁때 반대로 터키편에 섰던 그들이었으나 마치, 히틀러가 이스라엘인을 희생으로 하듯, 터키인들은 인접국 아르메니아인을 대학살하고, 그 사막 위에 노약자를 버려 굶어 죽게 하였다고 한다.

그처럼 어렵게 어렵게 (마치 우리나라 20세기 70년대초반, 독일 간호사들의 희생정신을 떠올리게도 하는, 가이드의 설명이었다) 살아온 민족이었다.

온 마을이 사과꽃으로 덮혀있다. 뒤에는 깍아지른 절산, 터키에 박해당한 민족, 그 산 비탈엔 이름 모를 꽃들이 무더기 무더기 피어 있다. 사과꽃 같기도 한 것이—,

길에는 많은 산양떼들, 그리고 흑우들이 풀을 뜯고 있다.

힘없는 나라, 그리고 고립된 나라, 내가 거쳐온 3국 중, 가장 못사는 나라로 알려져 있다.

그러나 이 나라엔 구 러시아 시절, 전세계를 놀라게 했던 미그기를 창안한 과학자도 배출해 있다.

전방에는 코카사스에서 뻗은 산맥들이 눈을 이고 희다.

산 위에는 많은 잡목들, 참 아름답다.

나는 가을 단풍 들때를 연상해 본다. 얼마나 아름다운 풍경일까?

가을에도 한 번 더 오고픈 이 곳, 신록과 그 단풍들때를 생각해 본다.

드디어 휴양림 〈힐리산〉의 국립공원에 들어선다. 〈힐리〉의 모자 동상이 푸른 개울가에 우뚝 서있다. 이곳은 일명 예술가의 마을로도 불리우고 있다.

나는 예전 우리나라(50년전), 경기도 북방 벽제를 지나 장흥쪽 옛 개울 마을을 떠올리게도 된다.

산비탈 작은집아이들이 손을 빨고 내려선다.

전방에는 〈아라라츠산〉이 흰눈을 이고 다가온다. 죽기전에 꼭 봐야 한다는 자연 경관으로, 소문난 〈아라라츠산〉은 소련 통치 시절, 스탈린의 어떤 정치적 야욕으로 인해 현재 터키 영토에 속해있지만, 그 예전 아르메니아 영토였던 이 〈아라라츠산〉은 성경에서 대홍수 이후 노아의 방주가 도착한 곳으로도 유명하단다.

그 자신들을 노아의 자손으로 생각하는 그들에겐 이 〈아라라츠〉 산이야말로, 그들의 민족정신이 서려있는 곳이기도 하단다.

이 산은 이 나라 어디에서도 볼 수 있는 사계절 흰눈을 이고 선, 장대하고도 신령스러운 산으로 알려져 있다.

또 그 들 국립공원이기도 한 「힐리」라는 아름다운 예술가의 마을을 지나, 얼마나 달렸던가?

세계에서 가장 넓은 세반호를 찾아, 차는 쉼없이 달려가고 있다.

지금의 국립공원으로 지정된 이곳은 깊이 90m에, 그 강폭이 1,900m라는 이 호수, 그 주변이 모두 1,600m라던가? 한 때 스탈린이 지배하던 그 시대, 농업용수로서 물을 빼 그 양이 줄었다고 하지만, 세계 산상호수로는 이만한 수량을 담은 호수가 그리 많지 않다.

〈세반〉이란 말은 〈검은 호수〉란 뜻으로, 해발 1,900m높이에 있는 이 호수는 항시 구름에 가려 검게만 보여, 이를 〈검은호수〉라고도 명명해 오고있다.

최근에 개통되었다는 한 터널을 지나자 구름비가 흩날린다. 길에는 그 호수에서 잡은 생선을 장사 아저씨들이, 이를 구워 팔고 있다.

드디어 세반호에 당도한다. 큰 바다를 보는 것도 같다. 구름이 드리워 검게만 보인다.

그래서 〈세바〉 즉, 〈검은호수〉란 이름이 붙었다고 한다.

세반호는 바다가 없는 아르메니아의 대표적인 호수로 깊이 78km에 그 넓이 또한50km에 달하는, 세계에서 가장 큰 호수로 알려져있다.

호수안에는 또 〈세반교회〉 하나가 있는데, 지금은 수면이 낮아지면서 육로로 연결되고 있다.

세반교회는 세반호의 심장부에 위치한 교회로, 수많은 외세의 침략을 맞으면서도, 아르메니아인들의 피난처 및 항쟁의 중심지이기도 하였단다.

한 눈에, 바다 같은 끝없는 호수가 전개된다.

그 안에 섬 하나가 떠있다.

세반호에서

이 나라엔 바다가 없어 여름엔 이곳에서 해수욕을 대신한다고 한다.

예전에는 물에 잠겨 있었다는 작은 섬위에 교회 하나. 세반호엔 강버들과 포플라가 그 격조를 더하고 있다.

아직도 모든 나무들이 움터기 이전, 먼 산 위에 눈의 희고, 그 눈이 평원처럼 깔려 있다. 어느 것은 말 안장처럼 순하기도 하고 어제 갔었던, 그 험준했든 코카서스산은 아닌 것도 같다. 유순하기 거지 없으라. 해발이 높은 이곳에서 보아서 일까?

세반호를 떠나, 길을 내리는데, 가로수로 포플라가 아직도 발아이전, 그러나 그 곧게곧게 병렬한 그 모습이 나는 좋다.

하늘엔 이슬비 그치더니 해가 나며, 저 코카사스의 산위의 검고 흰구름, 아름답기만 하다.

외줄기 긴 전주들은 한가닥 줄을 이어 끝없이 따라온다.

그 위에, 단 까치 한 마리라도 앉았었으면 싶다.

포풀리와 버드나무 숲속의 집들, 다 아름답게 비쳐온다.

태양은 푸른 초원을 비추어 준다. 많은 구름들을 해치고—,

그 초원 위엔 한무리의 양떼들, 모여서 풀을 뜯고 있다. 평화로운지고 —

푸른 초원위의 포풀라의 병력과 그 안의 양떼들, 너무나 아름다운 풍경들이다.

알 수 없는, 석고 조각상 하나가 팔을 들어 하늘을 본다. 누구의 무엇을 뜻하는 조각상일까? 그것이 이 나라의 한의 상징인지도 모른다.

이곳, 오석(까만돌)이 유명하다길래, 그 세반호수 한마을에서 이를 사려다가 가이드의 만류로 이를 사지 않은 나는, 도중에서 가이드가 차를 세우자 모두가 뛰어내려가 길가 비탈길에 지천으로 흘러내린 오석들을 주우려고 야단들이다. 나는 단 하나 까아만 그 돌하나를 줍자 먼저 차에 오른다.

나는 본래 산골 태생이 어서일까?

근간에 와선, 부쩍 산중 나라와 그 도시 여행이 잦아지고 있다. 부탄과 시킴, 그리고 동티벧과 인도, 중국의 숱한 산간 오지로만 여행해오고 있다.

이 나라 수도 〈에레반〉에 도착하자, 시내엔 많은 포플라나무잎들이 푸르다.

누구의 동상 하나가 시내를 굽어보고 서 있다. 한에 사무친 나라 이곳에도 역시나 많은 차들은 붐빈다.

5월1일(수요일)

〈에레반〉시 한중앙 광장을 맞이한 〈manniott Hotel〉에서 단잠을 깬다.

일어나자 새벽 일찍, 로비로 나와봤으나 일행중 아무도 없다.

버릇처럼 산책을 겸해서 Hotel 앞 광장으로 나선다. 이 광장 한 바퀴를 돌아 왼쪽으로 난 큰 대로를 걸어본다.

아직 이른 새벽이라 모든 상점들은 문을 닫고 있다.

똑같은 빌딩들이 하나 같이 웅대하고, 상점들의 창가 전시품들도 우리와 진배없다.

고급스런 옷가게며 일용품 가게, 그 전시품들도 우리와 다를 것이 없다.

다시, 걸어 중앙 광장을 마주한 Hotel로 돌아오자, 우리를 안내한 박양이 로비에 나와있다.

나는 아무도 내려와 있지 않은 로비에서 이 글을 끄적인다.

조찬 후 일행들과 함께 이 나라의 문화유산인 석굴로 간다. 거리엔 미루나무가 병렬해 있다.

301년에 기독교를 국교로 받아들인 이 나라다.

거리엔 희고 붉은 양귀비 꽃이 어여쁘기만 하다.

시내를 벗어나 교외로 나서자 그곳에도 포프라 가로수가 푸르다.

먼 산들엔 역시 흰눈이 깔려있다.

끝없는 평야가 푸르게 푸르게 열려있다 이곳에도 많은 함석지붕들이 아침 햇빛에 눈이 부시다. 눈 많은 지역인 것 같다.

주변의 신록들이 이제 막 움터나는 계절, 왼쪽으로는 5,450m나 되는 〈아랠르그〉 산에 흰 눈이 장관이기도 하여라.

그러나 이젠 터키에 빼앗긴 이곳은, 또 노아의 방주가 도착했다는 현장으로 어쨌든 그들에겐 한서린 땅이며 해한에 사무친 산이기도 하단다.

어제는 계곡만을 달려왔는데, 오늘은 이 푸른 산, 고원 위를 달리고 있다.

많은 과목과 양떼들, 길에는 별로 차도 사람들도 눈에 띄질 않는다.

세계문화유산인 〈아자트주상절리〉의 조망을 보고, 동굴 수도원이자 건축가와 석공들이 바위 속을 파내어 정통 아르메니아 양식으로 축조되었다는 〈게가르츠 수도원〉을 돌아본다.

오늘이 이곳 5월1일, 〈메이데이〉라 많은 인파들이 몰려 온다. 그 중 아이들의 천진한 모습에서 나는, 이곳에서 인간의 본 모습을 보는 것도 같다.

점심 후, 오후엔 〈엘레반〉으로 향한다.

그 곳 빅토리아 공원으로 가는 길에는 한 여인의 칼을 쥔 동상, 터키쪽을 향하여 응시하고 있다. 얼마나 한에 사무친 나라일까 하는 생각이 든다.

저주와 응징의 뜻이 거기에 있다.

다시 분수공원을 거쳐, 같은 아르메니아 인들을 대학살했다는 대공원에는 그 죽은자의 혼들을 추모하는 불꽃이 활활타는데, 그 옆

에는 이를 추모하는 화환들이 놓여져 있다. 민족전사들을 위한 그 추모탑은 높고도 높았다.

어쨌든 한많은 민족으로 부상되고 있다.

5월2일 목요일(마지막날)

일찍 일어나 세수부터 끝내고 모든 준비(귀국) 마치다.

한 세상 꽤 많은 여행을…… 나 스스로에게 감사한다.

내 어렸을 적, 어느 이의 세계유람 팔자라든, 그 말과 그 사람에게도 고맙게 생각되는 지금이다. 그분의 영전에 고마움을 드리고 싶다. 그 분은 시골에서 가난하게 자라난 학교에도 못 가본 사람이었지만, 떠돌며 남들의 신수를 봐 준 사람이었다. 그러나 그때 누구하나 그의 말에 귀닮아 주는 사람 없었고 반겨주는 사람도 없었다.

지금 생각하면 그저 고맙고도 내 운세를 잘 맞추었던, 그 한 불쌍한 사람이었을 뿐이다.

나는 어렸을 때를 회상하며, 조실한 어머님 대신 나를 키워주신 할머님과 아버지, 그리고 어머님 영전에 감사드린다.

이곳 에레반의 이른 아침 날씨는 맑았다.

아침 6시 20분, 혼자서 어제 못갔던 반대 길 따라 어느 숲 우거진 대로를 걷는다. 무슨 꽃 향기 속에 마냥 무성한 나무들이 병렬해 섰다.

평화로운 개 한마리 아무 걱정도 없다는 듯. 그 광장 복판에 앉아 있다.

평화로운 고장, 숲들이 울창한 어느 공원엔 붉은 스카프를 두른 한 청년의 동상이 오른손엔 술병인지(물병), 왼손엔 컵 하나를 들고 서있다. 모두가 한에 사무친 동상 들이다. 이 나라엔—,

숲속 곳곳마다 쉬어가라는 나무 걸상들이 정교하게 놓여져 있다.

가로수 큰 나무에선 배꽃 모양 흰 꽃이 하나 둘 떨어지고 있었다.

모든 가로수가 한아름 넘게 서서 그늘을 지운다. Hotel에 도착했으나 아직 일러서인지 아무도 나와 있지 않다. Hotel 앞 관광, 어제 5월1일 메이데이를 기념으로 뿜어 올리던 그 많은 분수들도 조용히 멎어 있다.

오전 8시30분, 이번 여행의 마지막 날. Hotel을 떠나 아르메니아의 바티칸으로 불리는 〈에커미아친〉으로 간다. 이는 세계문화유산으로 지정된 세계 최초의 교회인 〈성 마더 성당〉이라 했던가?

성당 내 박물관에서 보관하고 있는 3가지의 성물들을 관람한다.

그 중, 하나는 롱기누스의 창으로, 이는 예수님이 십자가에 못 박혀 돌아가실 때 예수님의 옆구리를 찔렀다는 로마병사의 창이라고 한다.

그리고 예수님 못박히신 십자가 조각, 노아의 방주 파편들이 전시되어 있다.

이어서 일행은 아르메니아에 처음으로 기독교를 전파한 흐립스민이란 수녀의 무덤이 있는, 〈흐립스민 교회〉로 간다. 그녀는 절세의 미녀로 왕의 구혼을 물리치고 시종 마리아를 따라 모든 고난과 수난을 격은 성녀로써 추앙되고 있다.

마지막으로 7세기에 세워져 930년 지진으로 파괴된 〈즈바노츠 성당〉을 마지막으로 관람하고 앞뜰에서 우리 관광객들을 위해 열심히 불러주던 두 청년의 싸인을 받는다. 그리고는 이곳 한 민속촌의 그 어느 식당에서 열심히 일하든 그 순진무구한 소녀들의 전송을 받으며 공항으로 향해가고 있었다.

그 길에서 아니 마지막 떠나는 아르메니아의 기창에서도 〈아라라츠산〉의 높은 산에는 흰눈이, 그리고 그 위로 뭉게구름 하나가 떠가고 있다.

사진에서 본 잊어버린 여행들

내 이 글(기행문)을 마무리하면서 어느 날 우연히도 그 간에 찍었던 사진들을 보게 된다.

나에게는 여행 못지않게 젊어서는 어딜 가도 많은 사진들을 찍었기에 그 수는 엄청나게 많았다. 어느 해 하루는 아내가 내 방에 올라와 이제는 저 많은 책들과 사진들을 없앨 것은 없애고, 어디(대학이나 도서관)에 라도 기증하고 마는 것이 좋겠다고 한다. 그러나 이젠 예전과는 달라 컴퓨터며 전산시대가 도래한 이후로는 어느 대학이나 도서관에서도 별로 책 기증을 반겨하는 시대는 아니었다. 젊어서는 용돈을 줄이고 굶어가면서도 모은 나에게는 더없이 소중한 책들인데도 막상 줄 곳이 없었다. 그래서 우선 내가 가장 아껴온 사진첩부터 정리키로 하였다. 사진이야말로 또 내 경험으로 보아 옛 죽은 사람들의 사진은, 아쉽다는 생각보다 별로 좋은 생각이 들지 않았기 때문이다. 그러나 남길 것은 남기고 그 낡은 앨범사진들을 한 장 한 장 뜯어서 마당에 불을 지펴 사룬(태운)적이 있었다.

그리고 얼마 전 그 많은 도서들은 내 저서 한 권식만을 남기곤 시골 충남에 새로 생긴 금강대학교에 이를 모두 기증하고 말았다. 그래서 내 서가엔 지금 내가 썼든 십 여종의 저서들과 사진 류 그리고 그때 다 버리질 못했든 앨범 몇 권만이 남아있다.

각설하고

이 글 중 첫 〈머리말〉 가운데에는 어느 사주쟁이 말이 나온다. 그때 그는 나를 보고 세계를 떠도는 팔자라고 하였다. 나는 이 졸고 「세계의 오지를 가다」를 마무리 하고, 그 교정을 보다가 그래도 어딘가 나에게는 미진한 것이 많았다.

내가 대학에서 정년 후, 여행을 다녔을 때는 그렇지를 못했으나 지금 이 글을 마무리하면서 생각해보면 더 없이 아쉬운 생각뿐이다.

그러다가 이 글(책) 마지막 교정을 보다가 우연히도 내 지난날의 남았던 몇 권 사진들과 봉투 속에 아무렇게나 뜯어서 넣어 두었던 예전의 사진들을 발견한다. 그 중엔 지금도 아슴하거나 잘 떠오르지도 않는, 또 내가 대학재직시절의 그 몇 장 사진들이었다.

내 딸(素원)이 프랑스 유학을 끝내고 그곳에서 박사학위를 취득했을 때, 함께 갔든 〈몽셸 · 뮈셸〉의 아름다운 바다와, 그 고성 위에서 바라본 바다 건너 영국과도 마주한 그곳의 정경들이었다. 그리고 막내가 하버드대학에서 박사학위를 받았을 때, 그의 처와 함께 북미 끝 바다건너에 있는 케나다의 외로운 섬 "노버 · 스코티아"를 차를 빌려 일주하며 찍은 사진들하며, 그리고 장손 진호가 코넬대학에 입학했을 때, 온 가족이 그의 애비가 대절한 차에 올라 행복하게도 뉴욕에서 코넬까지 넓고도 넓은 그 대자연의 정경을 바라보며 가족 간의 더없는 사랑을 나누며 가던 때의 사진

뿐인가 막내(승화)가 스텐포드대학에 가 있을 때, 그곳에서 멀지 않는 아름다운 해변의 〈쏘살리토〉와 ,같은 예술가들의 마을로 불린다는 샌프란시스코 어느 해변에서의 사진

그리고도 더하여 네바다주와 캘리포니아주가 함께 한 얼음 덮힌 카멜호반의 어느 한 리조트에서 하룻밤 사이에 내린 한길 넘는 폭설로, 오도 가도 못하고 갇혔을 때, 그곳에서 손자(진영), 손녀(하영)들의 손을 잡고 눈길을 오르며 그들의 썰매에 환호하던 사진들, 그리고 그곳을 나와 나는 그들의 전송을 받으며 10일 남짓 남미 브라질의 레오디자이넬에서의 아름다운 해변과 예수님 동상이 양팔을 벌리고, 온 세상을 안을 듯이 서있는 그 우람하고도 장대한 그 곳 바위산을 오르내리며, 그 아름다운 바다를 바라보고 섰던 때의 사진들...

뿐만 아니라 또 있었다. 내 고희(古稀)를 치르고 난 그 해에 또 아이들이 마련해 준 여행으로, 북미 시애틀에서부터 쿠르즈여행길에 올라 캐나다의 벤쿠버만을 거쳐 얼음바다를 해치고 그 몇 날 며칠을 주노와 알래스카만에 이르기까지, 다시 그곳에서 육로로 들어가 피어벵크스까지, 그곳에서 메킨리산과 유콘강 따라 개들이 썰매를 끌고 가는 그 오지의 뱃길과 육로를 번갈아가며 그곳, 사람들의 순후한 인심과 자연의 아름다움을 만끽하던 때, 이 모두가 꿈만 같이 떠오른다.

이와 같이 그 많은 사진들과 함께 그 과거사들이 이 사진첩들에 남아있으나 혹은 장소와 일시 그 감상을 적은 것이 없어졌다. 그것들은 앞에 있는 오지라기보다 어느 의미에서는 내 생애에서 가장 행복한, 한편으로 더없이 외로운 시절의 여행이기도 하였다.

그리고 나는 분명 기록을 남긴 듯 한데도 지금 찾아보니 온데간데없어 이를 세세히 기록해볼 재간이 없다.

그래서 내 나이로 보아서도 앞으로 여행은 더 있을지 모르겠으나 여기에 수록 못했던 그 지명들과 아쉬움만을 몇 자 적어 남겨두고자 한다.

갑오년 또, 한 해를 맞이하며...

잊어버린 여행

세계의 오지를 가다

지은이 / 장 한 기

2014. 3. 15. 초판발행

펴낸곳 / 도서출판 엠-애드
펴낸이 / 이 승 한
서울시 중구 충무로4가 36-7 2층
전 화 / 02)2278-8063/4
팩 스 / 02)2275-8064
e-mail/madd1@hanmail.net
등록번호 / 제2-2554

편 집 / 임 영 희
표지디자인 / 이 수 미

정가: 12,000원

ISBN: 978-89-6575-055-0 03810